APRÈS LA MORT

L'ENFER

VIENT DE PARAITRE

APRÈS LA MORT

ÉTERNITÉ
ET IMMORTALITÉ

Par JULES BAISSAC

Un Volume de 260 Pages. — Prix : 3 50

Les deux Volumes : l'Enfer et l'Éternité et l'Immortalité
achetés ensemble : Prix, 6 fr.

APRÈS LA MORT

—

L'ENFER

D'APRÈS DES DOCTRINES DANOISES ET ANGLAISES

PAR

LOUIS ÉNAULT

PARIS

J. ROTHSCHILD, ÉDITEUR

13, RUE DES SAINTS-PÈRES, 13

—

1888

DROITS RÉSERVÉS

PRÉFACE

La première idée de ce livre étrange, dont un Français n'aurait jamais été l'auteur, est née dans le cerveau d'un pasteur danois, au milieu des brouillards de la patrie d'Hamlet; non loin de ce château d'Elseneur, où le jeune et mélancolique prince de Danemark redisait aux flots du Sund son fameux monologue :

To be or not to be... To sleep to dream.

« *La mort c'est un sommeil...c'est un réveil peut-être...* »

Mais cette idée, d'une originalité saisissante, portait en elle un principe de vie. Aussi le livre a vécu — et il vivra !

Franchissant ses frontières, cette idée est allée en Angleterre où elle opéra une grande évolution.

Elle y fut accueillie avec le sombre enthousiasme que les Puritains éprouvent parfois pour certaines théories religieuses, qui les flattent et les attirent.

C'est ainsi que ce petit livre, qui a fait plus de bruit qu'il n'est gros, est parvenu jusqu'à nous, laissant partout une trace de son passage, et empruntant lui-même quelque chose aux différents milieux qu'il traversait.

Il n'eût pu voir le jour dans un pays catholique, où le dogme positif impose à tous son esprit et sa lettre immuables. Pour naître et se développer, il avait besoin des facilités indulgentes du libre examen, posé en principe, et des licences de l'interprétation individuelle appliquée à tous les textes, et poussée jusqu'aux limites extrêmes de la fantaisie.

Aucun des auteurs qui ont traité ce sujet palpitant et redoutable de l'Enfer, en jetant, comme des broderies capricieuses, leurs propres pensées sur sa trame sombre, n'a eu la prétention d'écrire un livre d'orthodoxie religieuse. Ils se sont tout simplement proposé d'attirer un moment l'attention d'une société oublieuse et légère sur un des articles de foi les plus terribles de la religion révélée, à savoir les peines infinies — dans leur intensité comme dans leur durée — infligées par la justice divine au pécheur mourant dans sa faute inexpiée.

A une époque croyante, où tous les esprits s'inclineraient devant le symbole promulgué par l'Église, un tel livre serait inutile. En pareil cas, en effet, la loi morale et la loi religieuse sont acceptées par tous, avec des sanctions qui les protègent — ou qui les vengent — et, seul, le prêtre, interprète et représentant de Dieu sur la terre, peut élever la voix pour traiter ces matières graves et réservées.

Mais quand l'autorité du pasteur est méconnue par le troupeau ; quand l'incrédulité est partout ; quand les générations affolées rompent violemment avec les traditions, jusqu'ici respectées par la longue suite des âges, alors toute tentative est bonne, qui a pour but de rappeler nos âmes à la contemplation des choses de l'autre monde, et qui, nous ×portant au delà de celui-ci, ouvre devant nos yeux, les longues perspectives de l'éternelle vie, qui doit voir l'accomplissement de la justice suprême.

C'est pourquoi il nous a paru utile d'offrir ces pages à nos lecteurs.

Elles éclatent, comme un glas de mort, ou comme un tocsin d'incendie, au milieu des préoccupations matérielles qui nous absorbent et nous dévorent ; elles nous secouent avec une violence salutaire, et nous arrachent à nos torpeurs malsaines.

Ces Missives de l'Enfer, en nous chantant un Sursum, corda ! *aussi retentissant qu'il est terrible,* nous rappellent que la destinée de l'homme n'est point enfermée dans les bornes étroites de son existence d'un jour ; elles nous font songer à l'heure inévitable et menaçante où il nous faudra rendre compte de nos actes et de nos pensées au Juge infaillible qui sonde les cœurs et les reins, et qu'aucun coupable n'a jamais trompé.

L'homme qui n'est pas corrompu jusque dans ses moelles, et qui, au milieu de l'indifférence envahissante de ce temps-ci, garde encore un souvenir de l'âme immortelle, ne fermera pas ce petit livre, après l'avoir lu, sans un frisson de terreur. Et n'a-t-il pas été écrit quelque part que « la Crainte est le commencement de la Sagesse ? »

Louis Énault.

APRÈS LA MORT

I

Je sentis l'approche de la mort. Il y avait eu en moi un moment d'inconscience, après les frissons et les hallucinations désordonnées de la fièvre. De nouveau je me retrouvais en état de veille... Mais quelle veille, bon Dieu! Toute la force de la vie s'était évanouie en moi. J'étais étendu sur le dos, sans force, sans énergie, incapable de tout mouvement; mes paupières, que j'avais soulevées avec effort, retombaient sur mes yeux, paralysées. Ma langue était devenue trop épaisse dans ma bouche desséchée. Ma voix, ma propre voix, résonnait à mes oreilles d'une façon si étrange que je ne la reconnaissais pas, et ceux qui me gardaient, et qui croyaient que je ne les entendais pas, disaient entre eux :

— Il a fini de souffrir !

Étais-je encore moi ? En vérité, je ne le savais plus ; mais, les souffrances que j'endurais, l'esprit de l'homme ne saurait les imaginer. J'avais cette conviction terrible que j'étais mourant... Oui, je sentais la mort qui venait — rampant vers moi. Cette seule pensée de la mort faisait autrefois frémir tout mon être ; mais je n'avais pas encore bien compris ce que pouvait bien vouloir dire cet horrible mot... mourir ! Je l'apprenais maintenant, et je l'apprenais avec horreur.

Avais-je de la foi ? J'avais cru, jadis... mais il y avait bien longtemps de cela ! et c'est en vain, maintenant, que j'essayais de rappeler en moi quelque reste de croyance pour venir à mon aide dans cette heure d'angoisse... Rien, rien, rien ! comme l'homme qui se noie, je me serais, à cette heure suprême, rattaché à un brin de paille... pas même cela... trop tard ! trop tard ! c'est en vain que j'essayais de lutter ; l'angoisse de l'agonie dévorait ce qui me restait de force.

Et, par un phénomène contraire, ce que j'aurais

voulu oublier se dressait devant moi — lumineux devant mes yeux éteints — Je veux dire ma vie passée... cette vie prête à s'engloutir dans le néant... J'avais fait peu de bien et beaucoup de mal. Du fond de ma conscience une voix s'élevait maintenant pour me le dire. Mes actes, dirigés par l'égoïsme, n'avaient eu d'autre but que la satisfaction de mes désirs. Depuis mon enfance, je n'avais marché que dans le sentier du mal... je le comprenais... je le voyais... et je voyais aussi mes fautes se dressant devant moi l'une après l'autre... et appelant l'expiation suprême, quand déjà l'instant du repentir était passé.

N'avoir pas cinquante ans, posséder tout ce qui peut rendre la vie agréable... et mourir ! Cela me semblait impossible, bien que la mort se fût déjà emparée de moi, et, qu'autour de moi, tout me parlât d'elle, et la demi-obscurité de cette chambre de malade, et le visage de ceux qui me gardaient, et le silence de cimetière qui enveloppait ma couche comme un linceul. Ce fut un moment plein d'horreur. Tous les yeux étaient fixés sur moi... les oreilles se tendaient pour entendre passer mon dernier souffle... un frisson courut dans ma moelle, et j'eus la sensation d'être déjà enterré. .enterré vivant.

Une seule pensée me rassurait un peu... et je l'étreignais avec une sorte de violence... Après tout, me disais-je, il ne peut m'arriver pis que ce qui arrive au commun des mortels !... Misérable consolation, celle que l'on va chercher dans le malheur des autres !

La fin de tout était proche. Je rouvris les yeux, et je vis la terreur peinte sur mon visage réfléchie sur le visage des autres. Un soupir profond ; un gémissement étouffé ; une convulsion suprême : j'étais trépassé !

Ce fut alors une sensation inconnue qui s'empara de moi. La mort avait glacé mes fibres ; mais il me semblait que j'étais comme délivré d'une entrave — libre — étrangement libre ! La lumière de ma conscience, éteinte un moment, se rallumait, et je m'éveillais comme d'un évanouissement. Où étais-je ? Dans le brouillard et dans la nuit ; dans le royaume du vide et de la désolation. Je ne puis pas dire que ce fût l'obscurité, car, sans être éclairé par aucun rayon, je voyais pourtant. Dans ce nouvel état, la première sensation que j'éprouvai, ce fut une sensation de froid... mais d'un froid intérieur, et qui venait des plus intimes profondeurs de mon être. Des frissons passaient sur moi sans me laisser de trêve ;

mes membres tremblaient; mes dents claquaient. Une vapeur maussade m'entourait, me causant un insurmontable dégoût. Encore une fois, où étais-je? Il me revint à l'esprit l'histoire d'un homme riche, mort tout à coup, et rouvrant ses yeux dans l'enfer. Était-ce moi, cet homme riche? Non, car il soupirait lui, après une seule goutte d'eau pour rafraîchir sa langue, car son supplice était le supplice du feu... et moi je tremblais sous l'étreinte du plus terrible froid... Ce froid s'expliquait d'ailleurs par une nudité complète, dont j'avais conscience. J'avais également conscience de mon identité personnelle; mais je n'étais plus que l'ombre de moi-même, mon corps terrestre n'avait plus d'existence réelle : il en était réduit à une simple apparence.

Ceci n'excluait point chez moi le sentiment de mon extrême misère. La force virile, cet orgueil des anciens jours, m'avait complètement abandonné. Je sais que les hommes méprisent les lâches; mais j'étais tombé au-dessous même du mépris, qui s'attache à ce nom.

Je fis mon entrée en enfer à l'heure même où l'on célébrait mes funérailles sur la terre, avec la pompe qui convenait à la figure que j'avais faite dans le monde; à l'heure où les prêtres, avec des paroles pleines d'onction, assuraient à ceux qui avaient peut-être envie de me pleurer que j'étais admis déjà dans ce royaume de bonheur et de gloire, où toutes les larmes sont essuyées, et où le chagrin n'existe plus.

Je marchais vite. Était-ce la terre que touchaient encore mes pieds? Je ne sais. L'impression était celle d'un sol étrange, spongieux et mou. C'était peut-être ce pavé de bonnes intentions que l'on dit être celui de la route qui conduit à l'enfer. Sur un tel sol, la marche était singulièrement désagréable ; mais j'allais toujours, enveloppé d'un brouillard épais et glacé, me dirigeant instinctivement vers une faible lueur, qui brillait dans un lointain dont je n'aurais pu apprécier l'étendue... J'en étais peut-être séparé par des milliers de milles. Cependant le brouillard semblait devenir moins épais. Était-ce un effet de mon imagination? Je ne pourrais le dire ; mais les choses paraissaient prendre des formes autour de moi. Je croyais voir les grandes lignes, un peu incertaines, de vagues architectures. Il y avait là des châteaux, des palais, des maisons de toutes sortes, émergeant des ténèbres. Au bout de quelques instants, je commençai à distinguer des formes humaines, rares d'abord, bientôt plus nombreuses, errant au milieu de ces constructions fantastiques. Je les regardais avec horreur, trop certain que j'étais maintenant un être de la même nature que ceux-là. Tout à coup une troupe de ces esprits m'entoura. Je fis un effort pour leur échapper ; mais un autre groupe fondit sur moi, et, bien que je ne fusse qu'une ombre, ils voulaient me saisir et s'emparer de ma personne, et, voyant qu'ils ne pouvaient me retenir, ils poussaient des cris... Mais quels cris !... Leurs voix frappaient mon oreille comme un misérable sifflement, ou un grognement sourd. Sous l'impression d'horreur que j'éprouvais je voulus crier moi-même. Je ne produisis qu'une sorte de râle impuissant... Dans ce tourbillon de voix je ne pouvais distinguer que ces deux questions incessamment répétées :

« D'où venez-vous ? Quelles nouvelles de là-haut ? »

Pauvre de moi ! Les nouvelles de là-haut, elles ne m'importaient guère en ce moment, et ce n'est pas « d'où je venais » qui m'occupait. « Où allais-je ? » C'était ce terrible inconnu qui me remplissait d'angoisse.

Par bonheur une seconde troupe, errante et misérable comme la première, et s'avançant par la même route, vint se heurter contre celle-ci, et, grâce à la confusion qui résulta de leur choc, je parvins à m'échapper. Je poursuivis ma route, haletant, affolé de peur, et j'atteignis enfin un endroit solitaire, où je pus me recueillir.

Je compris que j'étais perdu, perdu sans ressource; perdu à jamais. Accablé par cette pensée, je me laissai tomber sur le sol. Voilà donc où j'en étais venu ! J'étais mort, et je me trouvais maintenant en enfer, c'est-à-dire dans le royaume de la désolation, des pleurs, des grincements de dents, et des tourments qui dépassent tout ce que l'imagination peut rêver. Voilà donc la fin d'une vie de plaisir. Pourquoi, ah ! pourquoi m'étais-je contenté de faire une halte hésitante entre la foi et l'incrédulité, entre le ciel et l'enfer... et cela jusqu'au dernier moment ! Quelques mois plus tôt, qui sait, peut-être quelques jours seulement avant la catastrophe terrible, il était temps encore d'échapper à l'épouvantable destinée qui m'attendait... Mais j'avais marché aveuglément vers le dénouement fatal. Aveuglément ? Non, certes! mais les yeux ouverts... Je méritais mon sort...

Cette dernière pensée ne laissait point que de me donner je ne sais quelle amère satisfaction... S'il est permis de dire qu'il reste en enfer place pour quelque chose qui ressemble à de la satisfaction... ce qui est vrai, c'est qu'en dépit de l'amour de moi, que, sur la terre, j'avais éprouvé, à un degré que personne peut-être n'avait jamais atteint, je me haïssais maintenant d'une haine dévorante, implacable. En me rappelant les soi-disant bonnes intentions de ma vie de péché, j'éprouvais une irrésistible envie de me mettre en pièces... de me déchirer moi-même... Ah ! moi aussi, j'avais travaillé à paver la route de l'enfer.

Mais ce sentiment n'emportait avec lui aucune idée de contrition. Je me sentais perdu, irrémédiablement perdu... Je me condamnais ; je me maudissais moi-même... mais le repentir était loin de moi. Me repentir ! Oh ! si seulement je l'avais pu ! Mais cela même n'était plus en mon pouvoir... Si du moins j'avais pu pleurer ! Le pauvre riche de l'Évangile soupirait après une goutte d'eau... Moi je soupirais après une pauvre petite larme humaine. Je sentais que les larmes m'auraient délivré de toutes mes douleurs... Mais il m'était à tout jamais refusé, ce précieux don des larmes.

Tout à coup je tressaillis. Derrière moi, une voix venait de se faire entendre. Je retournai la tête, et je vis une jeune femme, avec un enfant dans ses bras. Ses traits, plus encore que sa voix, révélaient une nature sympathique.

— C'est en vain, me dit-elle, avec une pitié tendre, que vous essayez de pleurer... J'ai moi-même essayé, et plus d'une fois, et encore, et encore... et je n'ai jamais pu !.. Il n'y a pas ici assez d'eau pour en faire une seule petite larme !

Hélas ! je sentis qu'elle disait vrai. Il y eut un temps où je pouvais pleurer... et où je ne voulais pas... maintenant, je voudrais... et je ne puis pas !

La jeune femme — on eût dit une toute jeune fille — s'assit à côté de moi. Rien ne saurait rendre l'expression touchante d'amour et de mélancolie qui se lisait sur son visage, tandis qu'elle regardait l'enfant qui reposait sur son sein — pauvre petit être, qui semblait n'avoir vécu que quelques jours. Après un instant de silence, elle se tourna de nouveau vers moi. Mais ce n'était pas moi, c'était son enfant, qui l'occupait tout entière.

— Ne pensez-vous point qu'il est vivant? Vous le pensez, n'est-ce pas ? me demanda-t-elle. Dites qu'il n'est pas mort ! — Non, il n'est pas mort ! bien qu'il reste très tranquille, et qu'il ne crie jamais !...

Je pensai bien qu'il était mort ; mais, en vérité, je ne me sentais pas le courage d'ajouter encore à la peine de la pauvre créature ; aussi je lui dis :

— Il est possible qu'il dorme ! Les bébés dorment tant !

— Oui, oui, il dort, dit-elle à plusieurs reprises, tout en le berçant dans ses bras, doucement.

— Ils prétendent, continua-t-elle, que j'ai tué mon enfant, mon pauvre petit enfant ! Ils mentent, n'est-ce pas ? Comment l'idée de tuer son enfant viendrait-elle à l'esprit d'une mère.

Et, tout en parlant, elle pressait contre son cœur la chère petite créature, avec une tendresse frémissante.

C'était un spectacle déchirant, et qu'il me fut impossible de supporter davantage. Je me levai et la quittai. Cependant, je me sentis moins malheureux, parce que j'avais oublié mon malheur pour ne plus songer qu'au malheur d'une autre. Mais, après tout, je pouvais oublier ses douleurs... Les miennes se levaient et marchaient sur mes talons... me suivant partout.

J'allais toujours, me dirigeant vers la lointaine lumière, comme si une puissance magique m'eût attiré dans cette direction. A ma droite et à ma gauche, ces royaumes du brouillard semblaient cultivés et habités. Des formes fantastiques et des figures étranges s'offraient à ma vue; mais je les prenais plutôt pour les ombres des êtres qu'elles représentaient que pour les êtres eux-mêmes. Cependant tout ce que je voyais me remplissait d'effroi, et chaque détail ajoutait encore à ma peine. Peu à peu, toutefois, je comprenais ce qu'il y avait d'affreux dans cette existence négative. Comment m'arriva l'intelligence de ces choses, un incident que je me rappelle le fera comprendre.

Je me tenais devant la façade d'une de ces ombres de bâtiments, qui avait tout l'air de ce que l'on nomme une taverne. Sur la terre des vivants, j'avais une véritable horreur de pareils lieux, et je n'y serais point entré sans ressentir une véritable honte. Mais, maintenant, tout m'était souverainement indifférent. A l'intérieur, les gens faisaient la fête, jouant, buvant, et le reste. Mais c'était une effrayante gaieté que celle de ces horribles ombres. Une d'entre elles, que l'on pouvait prendre pour le maître de la maison, me fit signe d'entrer. Un feu engageant brûlait sur l'âtre. Glacé comme je l'étais, je m'élançai vers cette flamme.

— Ne pouvez-vous entrer par la porte? grogna

le tavernier bourru, en m'arrêtant brutalement.

— J'ai si froid, si froid ! balbutiai-je tout interdit.

— Vous n'en êtes que plus fou d'aller tout nu, répliqua l'autre, avec la plus laide grimace. Nous avons pour règle de ne recevoir ici que les gens bien mis !

Involontairement, je songeai à ma bonne robe de chambre turque, si chaude et si moelleuse, et je m'imaginai que je portais encore ce vêtement confortable ; que j'avais sur la tête ma toque d'appartement et mes pantoufles aux pieds... Et, cependant, j'étais nu, et la sensation du froid dans tout mon être était plus intense que jamais.

J'allai vers le foyer et j'approchai mes mains tremblantes de la grille. Mais la flamme brillante ne répandait pas plus de chaleur que sa vaine image que l'on aurait peinte sur une toile.

Je me détournai avec un véritable désespoir. Les ombres au milieu desquelles je me trouvais poussèrent des huées insultantes et me traitèrent d'idiot. Puis une d'elles me tendit une coupe. Je n'avais jamais été un ivrogne ; mais le sentiment du vide qui était en moi me poussa à m'en saisir, et je la portai vivement à mes lèvres, résolu à l'épuiser d'un trait. Néant de mes désirs et de mes illusions !

La coupe était vide. Je faillis m'évanouir.

La déception que je venais d'éprouver se peignit si fidèlement sur mes traits que les rires recommencèrent, ajoutant l'ironie à mon désappointement. Je n'en pris nul souci. Ce mauvais monde ne me semblait digne que d'une méprisante pitié.

Cependant, ce semblant de fête continuait : j'en suivais les détails d'un œil troublé, et dans une confusion d'idées où il ne m'était pas possible de me reconnaître.

— Quelle est donc cette maison ? demandai-je au tavernier, d'une voix aussi désagréable et aussi déplaisante que la sienne.

— C'est *ma* maison ! répondit-il.

Cette réponse ne m'apprenait rien ; aussi, au bout d'un instant :

— Comment cette maison se trouve-t-elle là ? lui demandai-je ; cette maison et tout ce qu'elle renferme.

Il me regarda avec un ricanement qui me disait de la façon la plus claire du monde :

— Toi, tu n'es qu'un imbécile !

Il daigna cependant me répondre :

— J'ai pensé à la chose, et elle a été !

Cette parole jetait une lumière sur la question.

— Ainsi, répliquai-je, cette maison n'existe qu'en idée ?

— Comment pourrait-elle donc exister autrement?

— Eh! oui, jeune homme ! fit un des joueurs en se tournant vers moi, nous sommes ici dans le pays de la magie, et il s'y passe des choses dont on n'a pas l'idée sur la terre. Il nous suffit de penser à un objet pour l'avoir aussitôt. N'est-ce pas que voilà vraiment un endroit charmant ? hip ! hip ! hurrah !

Et avec un éclat de rire qui me glaça, car il révélait tout autre chose que la joie, il jeta les dés sur la table.

Maintenant je comprenais tout. La maison que je croyais voir n'avait d'existence que dans l'imagination des autres et dans la mienne. Le feu sans chaleur, les bougies sans lumière, les cartes, les dés, les boissons, tout, jusqu'au tablier déchiré du tavernier, tout était illusion et mensonge — une seule chose était vraie, c'était l'implacable nécessité qui contraignait ces ombres d'hommes à faire maintnant en esprit ce qu'ils avaient fait en réalité sur la terre. C'était pour cela que le tavernier était obligé de tenir un cabaret de dernier ordre ; pour cela encore que la compagnie qui se rassemblait là était obligée de jouer, de boire, de jurer, enfin de se livrer aux vains simulacres du plaisir, pendant que le désespoir leur broyait le cœur.

Je jetai un regard sur moi-même. Ce vêtement, qui ne pouvait me couvrir, et qui pouvait moins encore réchauffer mes membres glacés, ce n'était qu'une illusion... Arrière, m'écriai-je, arrière, déception et mensonge! et je crus déchirer l'ombre de ces misérables vêtements, et je les jetai loin de moi, et je m'enfuis d'une course insensée, sans savoir où j'allais, regrettant seulement de ne pouvoir me fuir moi-même; n'ayant plus conscience que de ma honteuse nudité, poursuivi de huées odieuses et de diaboliques éclats de rire, qui me faisaient songer aux coassements d'une troupe fangeuse de grenouilles.

Pendant combien de temps continuai-je d'errer, pauvre esprit sans repos que j'étais, je ne saurais le dire. S'il y avait dans l'enfer quelque chose qui ressemblât à la division du temps, ce serait, sans nul doute, une illusion comme le reste. La lumière que j'apercevais dans la distance était toujours mon but; mais, loin de l'atteindre, elle me semblait toujours de plus en plus faible. Je commençai à croire qu'ici comme partout j'étais encore le jouet du mensonge. Cette lumière sans cesse pâlissante allait bientôt s'évanouir, et il était certain pour moi que je ne tarderais pas à me trouver dans les plus profondes ténèbres.

Du fond de ces ténèbres, j'entendis comme un gémissement, tout près de moi. Je retournai la tête, et j'aperçus, non sans peine, tant l'obscurité devenait grande, une figure accroupie, qui me jetait des regards furtifs. La face était étrangement convulsée, et le personnage avait au cou une corde dont ses mains s'efforçaient de garantir les deux bouts de toute atteinte. Parfois aussi les doigts se promenaient machinalement autour du cou, comme pour desserrer la corde. Il me regardait avec des yeux que la terreur faisait sortir de sa tête; mais il ne disait rien. Si je voulais causer avec lui, c'était à moi d'entamer la conversation : ce que je fis.

— La lumière va décroissant toujours, dis-je, en me tournant vers le point d'où émergeait le pâle rayon. Je crains que nous ne nous trouvions bientôt dans une complète obscurité.

— Oui, répondit-il, d'une voix qui ressemblait à un gloussement ; il fera nuit tout à l'heure.

— Et cette nuit-là durera longtemps?

— Comment le saurais-je? peut-être quelques heures ; peut-être quelques siècles !

— Y a-t-il donc tant d'écart dans la durée d'une nuit et d'une autre ?

— Nous ne le savons pas ; nous ne pouvons pas le savoir. Nous n'avons pas la mesure du temps... C'est toujours long... effroyablement long !...

— Mais il est certain, n'est-ce pas, que nous reverrons la lumière du jour ?

— Une sorte de crépuscule, c'est tout ce que nous pouvons espérer ici... Mais vous êtes, je crois, un nouveau venu parmi nous ?...

— Tout à fait nouveau, répondis-je avec un soupir... Je viens de mourir.

— De mort naturelle ? demanda le spectre.

— Assurément... pourquoi donc d'une autre ?

La question lui déplut, car il tourna vers moi sa face tourmentée, affreusement grimaçante, et entre nous il y eut un silence.

Pour mon compte, je ne tenais point à continuer une conversation aussi déplaisante. Mais le spectre reprit bientôt :

— Il est dur d'être condamné à voir son existence entre les mains d'un autre, qui peut vous faire périr ! Il n'y a pour moi de repos nulle part. Ma vie n'est qu'une fuite éternelle. Je ne rencontre pas une créature qui n'ait envie de me pendre !... Vous-même peut-être, vous seriez bien capable... Je vois cela dans vos yeux... Seulement, comme vous ne faites que d'arriver, vous êtes trop préoccupé de votre propre destinée pour être déjà bien dangereux. Voyez-vous les deux bouts de cette corde? Eh ! bien, mon seul souci est d'empêcher qu'on ne s'en saisisse, car, si l'on y parvenait, je serais perdu.

Le spectre s'arrêta un moment ; puis il reprit :

— Pure folie que tout cela, je le sais, car on ne peut prendre aux gens ce qu'ils n'ont pas... Comment me tuerait-on puisque je suis mort? Mais, n'importe ! quand cette idée s'empare de moi, pour insensée qu'elle soit, il faut que je prenne la fuite, comme si j'avais à perdre mille vies; comme si l'enfer était peuplé de meurtriers, acharnés à me pendre !

Il fit entendre un grognement sourd, qui s'éteignit bientôt dans le silence, tandis que ses doigts essayaient encore de relâcher la corde qui l'étranglait.

Nous nous assîmes..., mais pas pour longtemps... Je fis un mouvement avec le bras qui frôlait mon malheureux voisin. Il s'imagina sans doute que je voulais m'emparer de la corde, dont il tenait les bouts étroitement serrés dans ses mains, il s'enfuit, rapide comme l'éclair.

II

Je restai immobile là où je m'étais arrêté, et je me trouvai bientôt enseveli dans les ténèbres, — ténèbres d'une intensité rapidement croissante, et qui devinrent bientôt complètes et absolues.

Ces ténèbres, comment les décrire ? l'intelligence de l'homme ne peut les concevoir. On dit parfois d'un brouillard épais qu'il est à couper au couteau. Mais cette façon de parler ne signifie plus rien quand il s'agit de peindre la nuit des enfers. Cette nuit est si lourde qu'elle oppresse, qu'elle accable les âmes damnées: elles sont comme pressées entre deux montagnes, incapables de se mouvoir; incapables de respirer. Aucune conception humaine ne peut donner une simple idée de cette nuit-là... excepté peut-être l'expression de la Bible quand elle parle des ténèbres extérieures — ce qui doit vouloir dire excessives.

J'étais donc assis dans mon étroite prison, grelottant de froid, tremblant de peur, misérable autant qu'il soit possible de l'être... Moi qui, peu de jours auparavant, voyais le monde à mes pieds, et savourais toutes les joies de la vie. Mais, chose effrayante à penser! tout en grelottant de froid, je me sentais dévoré par un feu intérieur. Car c'est là le caractère particulier des tourments de l'enfer de présenter ce redoutable contraste : le froid au dehors, le feu au dedans! Comparés à ce feu de la colère divine les sables brûlants du Sahara semblent frais comme une onde limpide. Et que dire de cette autre angoisse si profonde ?... Les damnés dans l'enfer sont continuellement sous l'empire du plus cruel effroi — l'effroi de la mort. Et, à mesure que l'obscurité augmente, augmente aussi la crainte qui torture ces âmes, agonisantes dans les affres du trépas ; heureux encore si l'on pouvait mourir en effet! Mais non! il faut vivre dans une éternelle agonie, au milieu de ces cris du désespoir, que personne n'exauce, et qui invoquent en vain la pitié, la miséricorde et le pardon.

Savez-vous ce que c'est que d'être couché sur un

lit de douleur, nuit après nuit, invoquant le sommeil qui ne vient pas, misérable proie de la souffrance et du chagrin ? Eh ! bien, ce sont là de pures délices, si l'on compare ces nuits à la nuit de l'enfer, infinie dans ses tourments comme dans sa durée. Les douleurs de la terre sont des chansons de nourrice ; la Nature toute-puissante réclame ses droits — et les obtient. Vous finissez par vous endormir ; le sommeil emporte vos douleurs, et parfois les doigts roses des songes les transforment en plaisirs, et renouvellent chez vous la source des forces épuisées, et vous vous réveillez, au matin d'un nouveau jour, plein de fraîcheur et d'espérance, et de joies renaissantes... Ici, rien de pareil ; ici la souffrance sans bornes... et sans fin, inéluctable et fatale, et contre laquelle rien ne peut prévaloir.

— Pendant cette nuit d'angoisse, à laquelle je ne saurais rien comparer, partagée entre les supplices de la glace et du feu, je songeai à mes fautes inexpiées... J'avais derrière moi tout une vie de péché — une vie passée, finie et close — mais qui était là tout entière devant mes yeux, visible et distincte comme la page d'un livre qu'il fallait lire, non pas seulement dans son ensemble — mais dans ses plus minutieux détails. Il me semblait que c'était seulement maintenant que je m'apercevais que j'étais ou — pour parler plus justement — que j'avais été un pécheur, car, sur la terre, c'est à peine si je m'en doutais quelque peu. La facilité trop grande, avec laquelle j'étais parvenu à supprimer chez moi la conscience, était bien la preuve de l'habileté consommée, sinon de moi-même, tout au moins du démon, ce perfide ennemi de l'homme. Je ne veux point dire que cette suppression fût absolue et complète; non! mais je sus l'enfermer dans une si étroite prison qu'elle ne parvint plus que bien rarement à me troubler. Elle s'efforçait bien parfois de se faire entendre; mais sa voix était si faible et si douce que je n'y prenais pas garde. Non seulement je ne pensais pas à mes fautes; mais je les oubliais si bien qu'elles étaient pour moi comme si elles n'étaient pas!

Mais à présent je les vois — toutes! — elles sont présentes à ma pensée... Aucune n'est absente de la liste fatale, et elles sont plus nombreuses que je ne l'aurais jamais cru possible. Ma vie est là devant moi, comme un livre ouvert, les plus minces détails, ceux auxquels je ne croyais même pas devoir accorder la plus légère attention, prennent aujourd'hui une redoutable importance. Le péché, comme un vêtement, enveloppe de toutes parts mon âme, en proie au désespoir, et qui ne trouve de repos nulle part.

Je n'étais point, cependant, ce que le monde appelle un méchant homme ; j'étais égoïste ; mais non pas dénué de tout sentiment de pitié ; la sensualité chez moi ne nuisait point aux goûts intellectuels. J'étais dominé par des appétits violents ; mais j'étais trop du monde pour que mes passions pussent offenser ou gêner personne ; j'avais même une bonne nature ; j'étais affectueux et secourable, du moins quand mes appétits dominants n'étaient pas en jeu. Je n'étais pas seulement aimé de tout le monde ; mais je jouissais aussi de la considération générale. On m'estimait et l'on me respectait : en un mot, j'avais l'approbation de tous, et si je n'étais pas dévoré du désir de servir les autres, j'aimais assez me servir d'eux. Naturellement, sans croyance arrêtée, sans effort, je vivais pour cueillir les joies du moment. Il y avait eu, cependant, une époque dans ma vie, où j'avais eu la foi... C'était aux jours déjà lointains de mon enfance. Mais quand j'entrai dans la vie du monde, cette foi sans racines se desscécha et mourut, comme une fleur sans eau sous le brûlant soleil de midi. Plus tard, à certaine période de mon existence, elle sembla vouloir s'épanouir de nouveau; mais, s'affaiblissant en moi comme le reste, elle ne fut jamais assez vigoureuse pour porter des fruits. Cependant, j'en avais toujours gardé quelque reste dans mon cœur, et elle se réveilla tout à fait à mon heure dernière.

Dans les années de ma force virile, je n'avais eu d'autre souci que de satisfaire mes passions. Les divertissements à la mode, la vie joyeuse, le culte de la beauté, les piquantes aventures, les plaisirs des sens, je ne donnais point d'autre but à mes jours.

Alors aussi je me sentais du feu dans les veines, mais ce feu de la vie ne me consumait pas sans délices; tandis qu'à présent la flamme qui me dévore, et dont mon âme est l'aliment éternellement renaissant, me cause un supplice sans fin comme sans espérance, auprès duquel être brûlé vivant ne serait rien !

Eh ! pourtant, je n'ai pas avoué tous les tourments de cette première nuit passée dans l'enfer. J'ai honte de confesser ici ce qu'il ne m'est pourtant pas permis de cacher. Outre les supplices qui nous sont ici communs à tous, il en est un qui m'est particulier. Les autres, le plus souvent, n'ont à porter que le poids de leurs propres fautes... Mais moi, je succombe encore sous un autre fardeau... J'ai mes tortures à part — et pour moi seul — qui ne me laissent ni trêve ni relâche. C'est une courte histoire — mais les histoires de ce genre ont parfois une singulière importance dans une vie d'homme.

C'était le trente et unième anniversaire de ma naissance. Je me trouvais dans une taverne, loin de ma demeure. Après une année d'absence, car j'étais allé jusqu'en Terre-Sainte, je rentrais chez moi, le plus infortuné des hommes, brisé par le chagrin, courbé sous le poids de douleurs que laissent après elles les passions déçues. Nous avions été trois au départ... Nous n'étions plus que deux au retour. Une tempête soudaine nous obligea à chercher un refuge dans une misérable auberge.

Il y a parfois d'étranges choses dans l'existence des hommes. Depuis de longs mois je me croyais mort à toute sympathie... et ce fut juste à ce moment que je rencontrai l'être qui devait me faire sortir de mon indifférence, et me rappeler à la vie. Cet être n'était qu'un enfant en haillons ; un garçon de huit à neuf ans, dont la mère avait appartenu à une troupe de comédiens ambulants. C'était un pauvre petit diable, négligé, abandonné, un vrai sauvage, dont rien ne semblait pouvoir consoler le chagrin. Il avait aimé tendrement, passionnément — comme moi — et il avait perdu tout ce qu'il aimait — toujours comme moi.

Mais ce n'était pas tout. La nature de cet enfant avait sur moi un pouvoir de fascination étrange. Son impétuosité, sa violence même, son orgueil tout d'une pièce, son indomptable sauvagerie, tout en lui faisait vibrer comme une corde sœur, au plus profond et au plus intime de mon être. Il me semblait que moi seul j'étais capable de le comprendre, et quelque chose me disait que, me trouvant à sa place, j'aurais agi, senti et pensé comme lui. En dépit de ses haillons c'était un aimable enfant. Ses yeux noirs humides avaient une expression qui vous allait au cœur. Ses cheveux bouclés, que le peigne n'avait point touchés, voilaient à demi des traits qui, sans être régulièrement beaux, exerçaient sur vous une sorte d'attraction irrésistible. C'était une de ces têtes d'enfant comme Murillo aimait à les peindre. Tout de suite il me prit le cœur, et, comme personne ne se souciait de s'occuper du garçon, je l'emmenai.

Sa mère était connue sous le nom de Rosalinde, et l'enfant ne lui savait pas d'autre nom. Mais Rosalinde devait être un nom de guerre, et aucun indice ne pouvait me renseigner sur elle. La pauvre créature s'était noyée, et tout avait été enseveli avec elle dans sa tombe humide. Une seule chose pouvait faire espérer que l'on découvrirait un jour l'origine de l'enfant. C'était une figure de cygne, entourée de mystérieux hiéroglyphes, dont le tatouage sur son bras droit devait être ineffaçable. Il répondait au nom vulgaire de Martin, et parlait une sorte de jargon, composé de lambeaux de différents idiomes, dans lesquels je retrouvais d'incontestables vestiges de ma propre langue.

Je le pris. Il ne tarda point à grandir dans mon affection, et devint pour moi un véritable favori. Il ne me quittait presque pas, et l'on disait que j'en avais fait mon jouet. Il y avait peut-être du vrai là dedans. Les qualités physiques de mon favori se développaient avec toute la force d'une nature luxuriante; mais, à coup sûr, aux dépens de ses qualités morales. Ayant la conscience de sa force, énergique, volontaire et passionné, il n'était certes pas facile à conduire. J'ai honte d'avouer que je pris parfois un méchant plaisir à exciter ses passions encore endormies, que bientôt je refrénais sévèrement.. Et, cependant, il était déjà mon maître; ce qui s'explique par ce fait que je voyais en lui comme un reflet de ma propre nature. Ce qui est certain c'est que je l'aimais... et je n'ai pas besoin d'aller jusqu'au bout de mes dix doigts pour trouver le nombre de ceux que j'ai aimés.

Du reste, l'enfant répondait à mon affection avec une ardeur passionnée. Plus d'une fois, quand, dans l'emportement de sa nature indépendante, il s'avisait de résister à mes volontés, il m'est arrivé de mettre mon pied sur son cou. Alors, il s'humiliait tout à coup, enlaçait mes genoux, et faisait tout pour obtenir son pardon. Dans ces moments-là, il aurait subi les plus affreux traitements sans se plaindre, attendant patiemment de ma part un retour de tendresse. Lui que, parfois, les plus sévères punitions n'auraient pu réduire, fondait en larmes à mes pieds, comme si j'avais été le seul être qui existât pour lui dans tout l'univers. Cette affection de l'enfant me touchait plus que je ne saurais le dire, et faisait vibrer profondément ce qu'il y avait en moi de meilleur et de plus vrai. Nous nous aimions davantage après chacune de ces crises. Au bout de quelques années de cette affection pleine d'orages et de tempêtes, mêlées d'alternatives de fureurs et de tendresses, je m'aperçus tout à coup que l'enfant avait grandi, et qu'il était devenu un homme — un homme fait à mon image — c'est-à-dire singulièrement impétueux dans les désirs de sa chair, et d'un intraitable amour-propre.

A ce moment, il y eut entre nous une nouvelle crise — une crise suprême, — près de laquelle toutes les autres n'étaient rien. Il osa me défier, là où je ne pouvais supporter aucun défi. Il osa essayer de devenir mon rival dans l'amour d'une femme. Je le rejetai loin de moi.

Il me quitta, vaincu mais non soumis, affectant un dédain superbe, et jurant que je ne le reverrais jamais. Il était homme à tenir son serment. Quelque temps après, je reçus de lui une lettre dans laquelle il m'offrait le choix, ou de lui céder, ou de ne jamais le revoir — dans ce dernier cas, il passerait chez les Turcs — ou bien il irait au diable. Je ne tins pas compte de cet ultimatum ; mais je demandai une soumission entière, absolue et sans condition. Il ne répondit point, et je commençai à croire que je l'avais perdu pour toujours. J'en étais troublé et malheureux — car, pour pénibles qu'eussent été nos derniers rapports, je l'aimais toujours... et mon cœur me disait que s'il était véritablement perdu, sa ruine était mon ouvrage.

Ce fut à cette époque que je fus atteint par le mal qui devait m'emporter. Il arriva une seconde lettre de lui, absolument inattendue, dans laquelle régnait une sorte de mystère, mais d'une douceur et d'une humilité que je ne lui avais jamais connues.

Il me suppliait de le revoir : il allait revenir à moi comme un enfant repentant. Plus de dissentiment entre nous à l'avenir. Un pouvoir supérieur avait parlé. Dans cette lettre, il faisait mention d'ELLE ; mais en termes si brefs et si ambigus qu'il me fut impossible de comprendre sa pensée.

Cette lettre resta sans réponse. J'étais trop malade pour écrire, et ne me souciais point de prendre d'intermédiaire de moi à lui.

Qui pouvait donc avoir amené un tel changement dans sa manière d'être ? Cette incertitude troubla mes derniers instants ; elle les hâta peut-être. Pareille à l'Érinnys antique elle m'a poursuivi jusqu'en enfer, ajoutant une torture à mes tourments. Comme un charbon vivant, elle me brûle. Qu'était-il devenu quand je l'avais rejeté loin de moi — de moi le seul être qu'il connût et qu'il aimât sur cette terre. Était-ce moi qui avais causé véritablement sa perte ? Ah ! ce doute, c'était pour mon âme comme un enfer dans l'enfer.

III

Combien de temps demeurai-je immobile dans l'obscurité de cette terrible nuit, je ne pourrais le dire... Tout ce que je sais c'est qu'au milieu de ces silencieuses ténèbres, je revécus toute ma vie terrestre, la jugeant et la condamnant avec une sévérité qui n'était que trop justifiée par mes remords.

Enfin, je vis reparaître comme une imperceptible lueur... avec quelle joie et quelle renaissante espérance, je serais incapable de le dire. Ce fut le moment le moins pénible de mon séjour en enfer... Si faible que fût cette lueur, elle me rattacha en quelque sorte à ma misérable existence. Je fis appel à mon courage, et je marchai dans la direction de ce rayon incertain. Les terreurs de l'enfer m'environnaient. J'arrivai bientôt à un endroit où il me fut possible de me reposer — ou, du moins, de ne plus marcher. J'étais parvenu assez vite à comprendre quelle était la nature des êtres qui m'environnaient, et à me diriger au milieu des ombres qui tourbillonnaient autour de moi. Insensiblement je me conformai aux nouvelles conditions de vie qui m'étaient faites, et, tout en gardant ma propre individualité, je m'accoutumai peu à peu à faire ce que je voyais faire aux autres. L'enfer n'est après tout qu'une caricature de la terre et de ce qui s'y passe. Que je compris bien, alors, à quel point j'avais été le jouet de folles et puériles vanités. Il faut que vous sachiez que les malheureux, condamnés comme moi au séjour de l'enfer, sont poussés par une irrésistible impulsion à répéter tous les actes mauvais de leur vie terrestre, tels qu'ils les commirent autrefois, sous l'empire d'une folie coupable. Chose étrange, mais que j'ai déjà laissé soupçonner, nous pouvons ici nous procurer facilement tout ce que nous souhaitons. Il nous suffit de penser à une chose, et elle est faite. Les passions funestes et les désirs coupables sont les maitres de notre vie infernale comme de notre vie terrestre... mais ce sont des passions et des désirs imaginaires, dont les objets n'ont aucune réalité, et dont nous ne pouvons, par conséquent obtenir aucune satisfaction. Ici, tout est illusion et mensonge. Nous le savons, et, malgré cela, quoique nous en ayions, nous sommes contraints à revivre notre vie passée. S'il plaît à un certain nombre d'esprits d'avoir une ville, comme celle que vous voyez dans votre monde sublunaire, tout à coup cette ville apparaît devant nous, comme la plantation d'un décor scénique. Une église, un théâtre, un parc public, un lac, des bois, des montagnes, nous sont également donnés, dès que nous souhaitons les avoir... Mais tout cela n'est qu'une ombre... moins encore! un simple jeu de notre imagination, qui ne s'appuie sur aucune réalité. Mais cette ironie de notre misérable destinée est poussée si loin, que tout concourt à entretenir notre illusion. Un de nous veut-il continuer à mener ce que l'on appelle là-haut la vie élégante, il voit venir tout à coup autour de lui des intendants sans foi, des maîtres d'hôtels ivrognes, et des valets infidèles — tout comme sur la terre. Quelqu'un veut-il être général et se mettre à la tête d'une armée, il trouve aussitôt une troupe de sicaires, altérés de sang, tout prêts à obéir à ses ordres — pourvu toutefois qu'il ait été général pendant sa vie — car, voyez-vous, même en enfer, il faut avoir un nom pour faire son chemin.

Ceci posé vous ne serez pas étonné d'apprendre que j'ai une jolie installation, non loin de la ville, véritable reproduction de la maison de campagne que j'habitais de mon vivant, avec parc et rivière anglaise. J'ai la vie d'un gentleman, et je vois nombreuse compagnie. Mais, comme je le faisais par principe pendant ma vie, je ne vois que des gens très comme il faut. Peu d'hommes ont connu, et moins encore ont épuisé mieux que moi les sources vives des plaisirs... Et maintenant? Ah! maintenant, voilà pour moi une des grandes tortures de l'enfer... J'ai toujours faim et soif de plaisir — qu'il soit pur ou impur — mais je n'ai plus de sens à satisfaire. La réalité s'est évanouie; son image seule est restée... il y a des moments où je crois que je deviens fou !

Laissez-moi vous le dire tout bas ; je rencontre chaque jour d'anciens amis et de vieilles connaissances à moi ; mais je ne les trahirai pas, me rappelant à temps combien le monde est bégueule! Ce serait honteux de blesser les sentiments des ladies, et des hommes comme il faut, en leur apprenant que quelques-uns de leurs parents sont ici !

Tenterai-je une description de l'enfer ? Je ne me

crois pas capable de la mener à bien... J'essaierai pourtant...

L'enfer a sa géographie à lui ; mais personne ne peut en fixer les limites. Il est infini. Je suis convaincu que le soleil, la terre et la lune mis ensemble ne parviendraient point à le remplir. Quant à ce que l'on appelle des limites, l'enfer n'en a que d'un côté, et je ne sais si personne a jamais pu les atteindre.

Dans la direction de ce pâle crépuscule dont j'ai déjà parlé, et qui ne cesse de croître et de décroître alternativement, il y a un grand gouffre — sorte d'abîme sans fond — qui sépare le paradis de l'enfer. C'est du paradis que nous vient ce crépuscule. De l'abîme, à des intervalles qui semblent réguliers, sortent de sombres vapeurs, voilant peu à peu la céleste lumière, et finissant par l'obscurcir tout à fait. Alors c'est la complète nuit qui revient pour nous, et l'abîme apparaît, semblable à un lac aux ondes de feu, mais dont les flammes n'éclairent point. C'est la résidence de Satan, et la demeure des âmes damnées. Je n'en parle qu'avec crainte et tremblement. Peu à peu, cependant, l'abîme dévore ses propres ténèbres, de nouveau la douce lueur se montre, et va croissant jusqu'à ce qu'elle atteigne l'aimable teinte de l'aurore d'un beau jour d'été. De temps en temps, comme si un rideau de nuages et de brouillards venait de se déchirer tout à coup, une cataracte de lumière, jaillissant du cœur même de la gloire céleste, inonde l'espace de son radieux éclat. L'enfer en est ébloui jusque dans ses profondeurs. C'est une vision du paradis, dans sa beauté et dans sa béatitude éternelles, qui est ainsi données aux damnés — je me trompe ! pas aux damnés ! — car bien que nous ayions été précipités dans l'enfer, nous ne sommes point encore jugés. Et ce n'est pas seulement le paradis que nous voyons à ce moment ; ce sont aussi les âmes bienheureuses qui l'habitent... Cette vision n'a, du reste, qu'une courte durée, et elle remplit les uns d'espérance et les autres de terreur.

L'enfer a aussi un fleuve, dont les eaux sont noires, lourdes et boueuses. Vous pensez peut-être au Léthé. Le fleuve bienfaisant où nous pourrions boire l'oubli n'existe point. Ce n'est qu'un mythe consolant, et le fleuve dont je parle est, au contraire, une réalité terrible. Il est alimenté par les mensonges et les injustices du monde ; c'est ce qui rend ses ondes si troubles, parfois semblables à du sang caillé. Souvent, quand les crimes de la terre sont plus nombreux, le fleuve infernal monte et déborde, submerge ses rives, et laisse après lui la peste et la contagion. C'est à peine si l'on en peut supporter l'horreur ; mais nous supportons tout, nous autres, spectres endurcis de l'enfer.

Nous avons ici parfois de la pluie et de la neige. Cela nous arrive quand la vanité et la folie de la terre dépassent la mesure permise. Le monde, sans doute, en peut supporter beaucoup ; mais il en a quelquefois plus que sa part. Le surplus nous revient, et tombe sur nous sous forme d'ondées ou de flocons.

L'enfer aussi a un certain ordre politique et social. Les familles se groupent, et les esprits du même siècle aiment à se réunir tous ensemble. Nous avons aussi une sorte de développement progressif. Les derniers venus prennent les dernières places. Ceux, qui ont eu dans le monde la même manière de sentir ou d'agir, se recherchent chez nous malgré la différence des nationalités ou des siècles, de manière à former différentes villes, c'est ainsi que nous avons la ville de l'injustice, habitée par les hommes politiques ; la ville de la Sainte-Inquisition ; les grandes cités des Juifs et des Mormons ; celle des hommes antédiluviens ; bien d'autres encore.

Je commence à me rendre compte des ressorts secrets qui font agir les hôtes de l'enfer. C'est, d'un côté, un insatiable désir, et, de l'autre, un cuisant remords. Le châtiment est ici d'une double nature. Les uns sont éternellement la proie des mêmes passions mauvaises auxquelles ils se sont abandonnés sur la terre — mais qu'ils ne peuvent plus satisfaire à présent. Les autres, au contraire, sont condamnés à commettre en pensée les mêmes crimes dont ils se souillèrent pendant leur vie — mais à les commettre en ayant pour eux une haine mêlée d'horreur. L'avare rêve trésor ; le voluptueux, jouissances impudiques ; le glouton, festins somptueux ; le meurtrier, assassinats. D'autres, au contraire, s'épuisent dans l'inutile poursuite des vertus qu'ils n'ont pas pratiquées sur la terre. L'homme injuste s'efforce de réparer ses torts ; l'homme au cœur dur veut se donner aux œuvres charitables ; les parents dénaturés ne veulent plus vivre que pour leurs enfants.

Mais nos souffrances n'ont pas pour objet la punition finale de nos mauvaises actions — puisque nous ne sommes pas encore jugés. — Cette punition viendra plus tard. Ces souffrances ne sont que la ésultante de notre vie passée... Hommes et femmes, qui voyez encore la lumière du jour, réfléchissez à ceci, que toute faute, grande ou petite, a ses conséquences inévitables au delà même de la vie.

De toutes les choses de là-haut je n'ai apporté ici que moi-même. Moi-même ! c'est-à-dire un brûlant remords, qui ne sera jamais apaisé ; une soif de désirs qui ne sera jamais étanchée ; un inconsolable regret de ce que je laisse derrière moi ; le souvenir de mes fautes, source d'amertume et d'angoisse... Oui ! voilà, voilà la peinture fidèle de moi-même — de moi en enfer.

IV

Les circonstances dans lesquelles je suis venu au monde ne sauraient être regardées comme heureuses. Mes parents étaient d'un caractère si opposé, si peu faits l'un pour l'autre que l'on avait vraiment raison de s'étonner qu'ils eussent pu se marier ensemble. Mon père était un homme d'intérieur, très simple et très droit, absolument sans prétention. Il était à la tête d'une importante maison de commerce. Mais il ne payait pas de mine, et, à première vue, on était tenté d'en prendre à l'aise avec lui. Eh! cependant, pour qui se donnait la peine de l'examiner avec quelque attention, il y avait dans l'expression tranquille de son visage, et dans son œil calme et clair, un je ne sais quoi où l'on reconnaissait que ce n'était point là un homme ordinaire.

Ma mère, que j'ai toujours regardée comme le personnage important de la maison, était très belle, très gracieuse, et jouissait de l'estime de tous. Les années mêmes lui avaient été clémentes ; elles avaient épargné sa beauté, parce qu'elle-même avait su se mettre à l'abri de l'atteinte des passions violentes. Quelques-uns la croyaient froide, et la disaient privée de sentiment. Mais c'eût été une grande erreur que de s'imaginer qu'elle manquait d'énergie. Elle était surtout une femme habile, douée d'un remarquable esprit de conduite, et difficile à tromper. Moi-même, son favori, son idole, je n'y serais point parvenu.

Le monde l'admirait. Était-elle aimée ? je ne saurais le dire. Peut-être n'aimait-elle que moi. L'aimais-je ? Ce que j'éprouvais pour elle c'était plutôt de l'admiration. Cette admiration, elle la méritait. Je n'ai jamais connu une femme qui fût plus que celle-ci ce que l'on appelle *une dame* — une dame dans toute l'acception que le monde donne à ce mot. Elle était parfaite : parfaite comme beauté, comme manières, comme tenue, comme toilette ; en un mot, parfaite à tous les points de vue où se place la bonne compagnie ; parfaite aussi dans l'accomplissement de ce qu'elle regardait comme son devoir; irréprochable dans sa conduite, modèle de piété, parée, comme d'un vêtement d'honneur, de sa vertu sans tache ; ne disant rien, ne faisant rien, ne permettant rien qui pût donner prise au plus léger soupçon. En un mot, c'était une dame des pieds à la tête.

Aujourd'hui, en jetant les yeux en arrière, je la comprends, — comme je comprends tout ce triste passé. Je la pénètre comme je ne l'avais jamais fait encore. Je vois clairement que le monde était tout pour elle : il était son guide, et elle faisait de son approbation le but de tous ses efforts. Je ne veux point dire par là qu'elle fût indifférente aux choses belles et bonnes à un autre point de vue. C'est ainsi qu'en religion, elle était sérieusement pratiquante. Personne ne paraissait obéir plus consciencieusement aux suggestions de la piété ; personne n'avait plus de respect pour le clergé, ni plus d'assiduité aux offices. On ne la quittait jamais qu'avec un sentiment d'édification.

La magnifique demeure que nous habitions était divisée en deux. — Je parle au figuré, bien entendu. Une moitié était le royaume de ma mère ; mon père gouvernait l'autre — très paisiblement. Moi, l'enfant, j'appartenais surtout à ma mère. Je tremblais devant mon père. Que voulez-vous? son œil tranquille me troublait. Il semblait satisfait de cet état de choses; mais je suis certain qu'au fond du cœur il m'aimait.

La gaieté semblait le mot d'ordre de ma mère. Elle voulait la vie élégante. Mon père, qui avait pour lui l'excuse des affaires, ne prenait guère part à ses plaisirs; si parfois il s'y mêlait, moi, dans mon aveuglement d'enfant, j'étais comme honteux de sa présence. La simplicité de sa mise et la modestie de ses façons ne révélaient guère en lui le maître du logis.

Notre maison avait une autre habituée; c'était la sœur de mon père, laquelle formait avec ma mère le plus frappant contraste. Le monde avait commencé par la traiter de vieille fille. C'était un mélange tout particulier de singularité et de négligence. Rien de fashionable dans sa tenue. On la regardait comme une excentrique et une capricieuse personne. Le fait est que l'on ne savait jamais ce qu'elle allait faire la minute d'après. Oh! celle-là n'était pas une dame comme ma mère, quoiqu'elle eût pu le paraître aussi, pour peu qu'elle eût voulu s'en donner la peine. Elle était la nature même; le cœur tout gonflé de sentiments et de pensées; primesautière et naïve à l'excès dans sa conversation sans apprêt, allant tout droit devant elle. « Une originale ! » disait ma mère ; mais, après tout, la seule personne au monde qui pût amener un sourire sur le visage de mon père. Non sans doute, la tante Betty ne pouvait être proposée pour modèle — comme ma mère. En fait de perfections, elle n'en avait qu'une — son cœur débordant de tendresse, toujours prêt à se sacrifier, et faisant ses délices du bonheur des autres. Jamais elle ne pensait à elle. Cette belle âme était pleine d'une foi aussi profonde, aussi fervente, aussi naïve que celle d'un enfant. Sa vie chrétienne connut sans doute tour à tour les jours de disette et les jours d'abondance, — il n'en pouvait être autrement avec une nature comme la sienne ; mais son cœur ne fut jamais ébranlé, parce que, dans ce cœur, elle portait son Dieu. Elle a pu se tromper sur l'étendue de certains commandements ; mais il en est un qu'elle a toujours compris et pratiqué — et dont elle avait fait sa loi suprême : « Aimer Dieu et son prochain ! »

Elle n'avait, pour ainsi dire, jamais été séparée de mon père, et elle semblait maintenant indispensable à notre maison. Elle était vraiment la reine du foyer ; mais elle n'usait de son pouvoir qu'en se faisant la servante de tous. Tous les ennuis, tous les soucis du ménage, elle les prenait à sa charge, et ils n'étaient qu'un souci léger pour ses épaules. Elle se serait épuisée pour nous tous, et même pour chacun de nous en particulier. Elle aimait cela... Elle, si patiente et si douce pour toute autre chose, devenait intraitable pour peu que l'on voulût la contrarier sous ce rapport. Ma mère étant la dame elle ne mettait jamais la main aux choses du ménage. Tout était abandonné à la tante Betty, même le soin de mon père et de moi. Mais les soucis du ménage étaient bien la plus légère portion de son fardeau volontaire ; elle prenait à son compte toutes les besognes désagréables ou difficiles : elle se faisait tour à tour bouc émissaire ou bouclier, heureuse si elle pouvait pallier les bévues d'un domestique, ou essuyer les larmes d'un enfant. Elle agissait comme si elle n'eût pas eu d'autre vocation que celle-là, et elle qui, en dépit de son apparente simplicité, était bien la plus avisée de nous tous, elle se montrait infatigable dans ses efforts pour cacher à tous les yeux le défaut d'harmonie qui existait entre mes parents. Elle leur servait de trait d'union. Il était bien évident que celui à qui elle se sacrifiait ainsi c'était mon père, pour lequel elle éprouvait une affection fraternelle aussi belle qu'elle était rare. Elle rendait la maison brillante et gaie ; elle en réchauffait la froideur avec son ardente sympathie, et, cachant le chagrin qui parfois lui étreignait le cœur, elle essayait de combler l'abîme qui séparait le mari de la femme, et, faut-il le dire, hélas ! le père de l'enfant.

Et quelle tendresse et quelle bonté pour moi ! Comme elle fut bien la plus douce et la meilleure des créatures... Ma mère se montra toujours pour moi d'une indulgence pleine de tendresse. Je ne dois pas dire qu'elle me gâta. Son intelligence l'arrêta toujours sur cette route dangereuse... Mais ma tante ! C'est à elle que je dois d'avoir été un enfant pieux et sage. C'est par elle que j'appris à lire ma Bible, semant ainsi la bonne semence dans mon cœur. Plus tard, dans tout le reste de ma vie, rien ne me fut plus profitable que les exemples qui m'avaient été donnés par cette créature aimante et craignant Dieu. Ah ! quel suave souvenir j'ai gardé de ce temps-là !... Je le conserve encore au milieu même des amertumes de l'enfer.

C'est ainsi que, grâce à cette excellente personne, je fus élevé dans la crainte de Dieu. Mais bien que le germe déposé dans mon âme ait grandi et donné des fleurs, cependant il ne produisit jamais aucun fruit. A mesure que j'avançais en âge, l'empire de mes sens devenait sur moi plus dominateur. Bien jeune encore, je marchais déjà dans les voies du monde, qui ne sont pas celles de Dieu.

Tante Betty mourut. Elle avait fait elle-même le sacrifice volontaire de sa vie. C'est à ce prix, bien souvent, que le devoir s'accomplit. Sa perte me remua profondément ; mais cette impression profonde fut de courte durée. J'allais déjà travailler à la maison de commerce de mon père. Ma mère m'avait destiné à l'armée, ou, s'il était possible, à la carrière diplomatique. Elle m'avait donné sa beauté ; je devais hériter de la fortune de mon père, et je ne manquais pas d'habileté. Je lui donnais quelque orgueil, et elle éprouvait le désir, bien naturel d'ailleurs, que je lui fisse honneur dans le monde. Mon père, qui ne s'était guère occupé de moi jusque-là, s'opposa, cette fois, fort énergiquement à ses désirs. Il voulait me voir suivre ses traces, et prendre la direction d'une maison qui jouissait depuis longtemps de la considération générale. La vie, disait-il, a ses batailles en dehors de celles que se livrent les armées. Il avait raison ;

mais je me montrai un bien mauvais soldat dans son régiment.

J'avais reçu le don fort agréable, mais bien dangereux, de me faire des amis partout où j'allais. C'est là un pernicieux talent, quand il est joint à des dispositions comme les miennes. Le Monde ouvrit ses bras, non pas seulement pour me recevoir, mais pour m'enlacer, pareil aux belles nymphes étreignant Hylas, l'aimable et charmant jeune homme, qu'elles entraînèrent dans l'abîme. Mes lèvres n'étaient pas encore ombrées du léger duvet de la virilité que j'étais déjà corrompu. Les dangereuses compagnies ne manquaient pas autour de moi, et ce n'était pas mon sexe qui m'offrait les plus mauvaises.

Je fus placé sous la direction immédiate de mon père, qui ne négligea rien pour m'arracher à mes voies perverties. Avertissements, reproches, contrainte même, tout fut employé, mais tout fut inutile; je résistai et je le trompai... Les efforts de ma mère furent plus heureux; car elle parvint à me faire écouter les conseils de la prudence, et à concilier mon ardeur pour le plaisir avec une certaine prudence mondaine qui sait éviter le scandale.

J'avais vingt et un ans quand mon père mourut.

Jamais, depuis le jour où nous perdîmes tante Betty, je n'avais revu un sourire sur son visage. Ce sourire personne n'eût pu le rappeler chez lui. Ma mère prit sa dot et se retira dans sa solitude, heureuse, disait-elle, d'avoir fait son devoir dans le monde. Bien jeune encore, je fus admis comme associé dans la maison de commerce dont le frère de mon père devint le chef. Bientôt après, je tombai sérieusement malade.

Ceci m'amène à l'un des plus sombres épisodes de ma vie — ce n'est qu'un simple épisode — une heure d'ivresse — mais qui devint l'origine de mon plus profond chagrin... Quand même je pourrais être lavé de toutes mes fautes, je sens bien que ce sombre souvenir ne me quitterait jamais.

Je ne souffrais plus, mais le mal m'avait laissé singulièrement abattu. C'était au commencement du printemps. Mon médecin me conseilla d'abandonner la ville, aussitôt que je le pourrais, pour la campagne ou le bord de la mer. J'étais en ce moment la victime d'une noire mélancolie. Je voulais et je ne voulais pas. Je ne me souciais pas d'aller dans notre maison de campagne; elle ne me paraissait pas assez calme, disais-je, et je détestais la mer. Mais, tout à coup, le caprice tourna : on devait s'y attendre. L'automne précédent, nous étions allés au bord des lacs. Je me souvins d'une maisonnette de garde, délicieusement située dans une feuillée solitaire. C'était un véritable berceau de clématites et de roses. La Paix n'aurait pu rêver d'une demeure plus digne d'elle. Si je voulais vraiment changer d'air, je ne pouvais imaginer un lieu plus charmant que celui-là.

Les difficultés furent vite aplanies, et je partis. Un vieux bonhomme de garde vivait là avec sa fille, Annie, encore sur la dernière limite de l'adolescence... Annie ! Ah ! je ne pensais point alors que ce nom résonnerait un jour à mes oreilles d'une si terrible façon...

Je ne tardai point à me remettre : les forces me revinrent. Mais, si beau que me parût ce site, vraiment enchanteur, je ne pouvais prendre plaisir à une vie terne et sans incident. Par ennui, par désœuvrement, je courtisai la jeune Annie. C'était une simple petite paysanne, n'ayant pas la moindre expérience du monde; mais rien n'était charmant comme la naïveté de son ignorance. Elle était franche, naturelle et libre comme les oiseaux de son bocage, fraîche comme la rosée du matin, sentant bon comme l'air parfumé des bois. Ignorante et sauvage, mais exquise et délicate, cette fille de la nature enchaîna tout à coup ma fantaisie. On nous laissait seuls ensemble, sans crainte et sans soupçon. Son père ne voyait en elle qu'une enfant. Elle avait à peine dix-sept ans. Elle fut attachée à mon service.

Annie, tout d'abord, fut à l'épreuve de la flatterie. Pied léger, cœur encore plus léger peut-être, elle en détournait inconsciemment la pointe, et je n'avançais pas mes affaires avec elle. Toujours gaie, toujours heureuse, pleine de gentillesse et de grâce, elle voltigeait autour de moi, secourable comme un bel ange, mais tranquille et inabordable. Non pas qu'elle vît le danger — elle n'en avait pas même le soupçon. C'était tout simplement chez elle cette crainte instinctive qui préserve de tous les pièges les simples enfants de la nature. Sur l'arbre ensoleillé l'oiseau vous regarde, et même chante pour vous — mais il ne se laisse pas toucher. Débordante du bonheur de vivre, Annie se réjouissait d'un rien, alerte et joyeuse comme l'écureuil au plus épais des fourrés. Elle connaissait l'affection; mais elle n'avait pas la conscience de ce que c'était que l'amour. Je n'ai jamais rencontré un esprit plus heureux; plus de fraîcheur ni plus de charme dans une créature humaine. Le ciel de son âme était aussi clair que la voûte du firmament au-dessus de nos têtes. Son chant aussi vif que celui de l'alouette quand elle monte là-haut dans un rayon. Elle ne s'inquiétait pas si le soleil brillait ou non.

Mais moi je me disais, dans mon âme égoïste : « Prends garde, petit oiseau timide, car je te prendrai ! » Ce n'était point amour de ma part; la différence des rangs était trop grande... Mais je voulais cueillir la fleur, quitte à la rejeter après l'avoir possédé.

Je réussis à opérer un terrible changement dans la pauvre créature. Elle était maintenant comme une plante flétrie ; comme un oiseau dont l'aile est brisée. Plus de chant, plus de rire. Elle avait perdu l'audace de son innocence. Elle allait et venait, tristement, silencieusement, levant à peine son œil plein de larmes. A partir de ce moment, elle s'attacha à moi avec une résignation tendre — aussi touchante qu'elle était sincère — à moi qui m'étais fait de sa perte un jeu misérable. Elle sentait bien, et son instinct ne la trompait pas, que, désormais, sa vie m'appartenait, et, blessée à mort comme elle était, elle m'aimait pourtant...

Oui, elle m'aimait... moi le meurtrier de son âme !

Mais, à ce moment, le repentir me gagna, et il me plongea dans le cœur la pointe de son aiguillon. Il y avait encore quelques bons sentiments dans mon âme : je fus touché par l'amour si complet et l'abandon si tendre de cette enfant. Charmante auparavant, elle n'était pas moins charmante après. En tout cas, elle était maintenant sous mon empire, changée à ce qu'on ne la reconnût point, mais adorable dans sa douleur même. Elle s'était montrée libre et sans crainte dans l'orgueil de sa jeune beauté. Maintenant, avec sa couronne flétrie et son front dépouillé de sa gloire virginale, elle baisait paisiblement la main qui l'avait courbée si bas.

Je commençai à l'aimer... ou à croire que je l'aimais... Je songeai au mariage, qui ne me paraissait plus impossible.

Mais la destinée en décida autrement. Ma mère avait tout appris, et elle se fit fort de me rappeler à la raison. Sa conduite, dans cette circonstance, fut singulièrement habile. Elle ne fit point d'opposition apparente ; mais elle n'en fut que plus persuasive quand elle me démontra la folie du parti que je voulais prendre. Il n'y avait point chez elle la plus légère trace de raillerie... Mais je ne m'en sentis pas moins atteint par le ridicule. Elle ne se servit point une seule fois d'expressions blessantes; elle ne traita point ma conduite de frasque insensée... mais elle s'efforça de me la faire considérer comme telle. Si j'avais aimé véritablement Annie, il est bien probable que ma mère n'aurait pas pu avoir sur moi une si prompte influence. Quand je revins à moi, et que je retrouvai l'usage de ma froide raison, ce n'était plus de l'amour, c'était tout simplement de la pitié que j'éprouvais pour la jeune fille perdue.

Ma mère parlait de tout cela avec beaucoup de franchise et de liberté. Elle parvint bientôt à diriger mon attention vers un autre but. Elle avait adopté une jeune orpheline américaine, à laquelle nous rattachaient les liens d'une parenté éloignée. Lily avait une dizaine d'années, et je n'en avais guère entendu parler jusque-là. Ma mère faisait maintenant d'assez fréquentes allusions à la fleur de beauté qui dormait encore dans ce joli bouton de rose. Elle me faisait entendre que, dans sept ou huit ans, il y aurait là toute une moisson de charmes incomparables, sans compter que Lily serait une héritière de premier ordre, qui ne manquerait pas d'attirer les regards des hommes. Si je consentais à ne plus m'occuper d'Annie, et à reporter mon attention sur

Lily, elle s'engageait à faire tous ses efforts pour me la garder. Au moment où Lily atteindrait sa maturité, je serais en âge de m'établir, et je pourrais parcourir le monde sans rencontrer son égale. La chose était vraie, et mon imagination travailla sur ce thème. Depuis ce temps-là, je pensai avec bonheur à la petite créole, ma promise.

Lily était vraiment une adorable créature, innocente et douce comme une colombe ; mais chez moi la fantaisie, devançant l'avenir, rêvait déjà les joies de la possession. Il ne fut donc pas difficile à ma mère de me rallier à son plan. Je trouvais déjà dans cette nouvelle relation un charme qu'il me serait impossible d'exprimer. Regarder Lily comme à moi déjà, bien qu'elle ne le sût pas ; la voir se développer lentement, dans son idéale pureté ; veiller sur un trésor qui devait un jour m'appartenir, c'était là, pour une nature comme la mienne, une irrésistible tentation.

J'accordai à ma mère une entière liberté pour en finir avec Annie comme il lui plairait, et je lui donnai ma parole que je ne chercherais point à revoir la malheureuse jeune fille. Était-ce ou non un véritable sacrifice pour moi ? C'est un secret que l'enfer peut révéler maintenant.

V

Je commence à me trouver ici chez moi... Chez moi ! Comme ces paroles, quand on les prononce sur la terre, réveillent en nous l'écho de douces choses qui suffisent à nous réchauffer le cœur. Ici, au contraire, elles sont remplies d'amertume.

L'irrésistible impulsion qui nous force à continuer dans ce sombre séjour les œuvres de la vie, c'est le pain quotidien de notre existence. Mais j'ai déjà dit que nous avions le désir sans avoir la réalité. La fable de Tantale explique bien notre situation : Vouloir et ne pouvoir !

J'ai repris ici-bas mes habitudes de là-haut ; je n'ai pas à me plaindre. Je me suis trouvé ici tout de suite sur un assez bon pied, et j'ai rencontré des gens fort bien. J'ai renoué d'anciennes relations, et je me suis fait de nouveaux amis, dans un monde que l'on serait heureux de fréquenter partout. Si je vous citais des noms, vous seriez bien surpris ; mais je me contente de généraliser. Le nœud de la société est formé de gens très respectables — toujours comme sur la terre — de bonnes gens, même, pourrais-je dire, qui ne demandaient qu'à mener une vie confortable, sans faire le malheur de personne ; satisfaits d'un lot parfois modeste, et ne songeant pas que de moins heureux étaient peut-être leurs frères et leurs sœurs. Les uns s'étaient occupés de leurs plaisirs, les autres de leurs affaires, sans prendre souci de leurs âmes..., puis, tout à coup, la mort a fermé leurs yeux, et quand ils les ont ouverts de nouveau, ils ont peut-être été fort surpris de se trouver en enfer... Ah ! si je pouvais revenir pour quelque temps à la vie, comme je les avertirais, ces malheureux aveugles, du sort qui les attend.

On s'imagine bien à tort qu'il n'y a que des coquins en enfer. C'est une grave erreur. Il suffit de bien peu de chose pour faire d'un homme un damné. Il suffit de mourir sans avoir trouvé le Sauveur. En dehors de lui, l'âme succombe sous le poids de la moindre faute ; avec lui, elle monte au ciel malgré des montagnes de crimes. Ce Sauveur, le connaissez-vous ? Je vous le demande comme quelqu'un qui ne peut plus le connaître, lui !

Il y a ici, je vous le jure, des gens qui n'ont, à proprement parler, commis aucune faute.

Le monde, avec ses fausses notions du bien et du mal, crierait à l'injustice s'il savait cela... Eh ! pourtant cela est ! Ils ne sont pas damnés pour avoir fait le mal ; mais tout simplement pour n'avoir pas fait le bien. Leur châtiment consiste dans une oisiveté forcée : plus de maison à diriger, plus de famille à soigner... Rien ! rien !

Mon existence, après que j'eus été régulièrement introduit dans le monde infernal comme il faut, ne manqua point de distractions. Je dis : « Quand je fus introduit, » car la présentation est de rigueur ici-bas comme là-haut ; avec cette seule différence que l'on ne demande pas, en parlant d'un homme, ce qu'il *est*, mais bien ce qu'il *était*.

Quand je vivais, je passais pour un homme élégant et raffiné, pouvant s'enorgueillir lui-même de l'ensemble de qualités qui fait le gentleman. Ici je ne suis plus cet homme-là ; mais j'en affecte les dehors — et, de ma part, ce n'est point là une prétention, — mais un trait de nature.

Je me suis vu tout d'abord accablé d'invitations.

Ici, comme partout, on recherche la nouveauté, et j'en étais une. Quand je n'aurais apporté avec moi que les dernières modes adoptées par la fashion, cela seul aurait suffi pour faire de moi une acquisition précieuse. Mais, sans me flatter, je puis dire que j'offrais dans ma personne un véritable modèle de correction et d'élégance. Je n'avais visé qu'à cela toute ma vie. Vous raconterai-je un joli dîner de club infernal auquel je fus tout récemment invité ? La compagnie était un peu mêlée. Le *high-life* d'un côté, et, de l'autre, la gourmandise étaient le mot d'ordre de la plupart des convives. Une telle invitation n'avait rien de trop flatteur pour moi, qui avais toujours eu pour devise « la modération en toute chose » et qui ne visais qu'à me garer de toute vulgarité. J'allai cependant à ce dîner : chère exquise, et vins des grandes marques. C'était bien le monde où l'on s'amuse, s'il en faut juger par les plaisanteries assez lestes et les anecdotes assez licencieuses qui circulaient joyeusement autour de la table. Eh ! que dirai-je des tentations nées de l'ivresse, et courant dans ces veines au sang brûlé ? Tentations réelles, mais qui ne devaient être suivies que d'une jouissance illusoire. Du reste, dans ce prétendu banquet, tout était faux, excepté l'excitation au péché, et nos mets, comme nos boissons, n'étaient que de vaines apparences. Voilà ce que sont les fêtes de l'enfer !

Pendant ce dîner de club, où rien ne semblait manquer de ce que peut rêver la gourmandise, la pensée d'un pauvre homme, sur la terre, mangeant sa croûte à la sueur de son front, revenait sans cesse à mon esprit. Le pain sec qui satisfait sa faim, l'eau qui étanche sa soif, lui composent un festin royal, si on le compare au mensonge du nôtre... Car il mange et il boit, lui ! tandis que nous !...

Vous éprouverez peut-être quelque surprise en apprenant que les gens du monde, en enfer, ont leurs soirées, leurs bals, leurs réceptions. « Madame reste chez elle ! » absolument comme s'ils étaient encore sur la terre. Mais si, là-haut, ces choses de la vie fashionable sont déplorablement creuses, combien doivent-elles l'être davantage encore ici, dans le royaume du vide et du néant ! — Je n'ai jamais compris la peine que se donnent les gens pour figurer dans ces réunions où tout est ennui, pose et ostentation, et dont tous ceux qui ont tant souhaité d'y prendre part ne sont jamais plus heureux que lorsqu'ils en voient la fin !

— Nous en voilà quittes ! disent les maîtres de la maison, quelle chance !

Et les visiteurs de penser :

— On va donc pouvoir dormir, maintenant !

Et voilà qu'en enfer on continue le même train de vie. On va dans le monde pour être vu, pour être admiré, pour faire l'agréable, et passer pour tel, bien plus que pour plaire réellement à son prochain.

Mais il y a une différence pourtant. C'est qu'en enfer on ne peut pas se tromper les uns les autres. Que ce soient les amis ou les ennemis qui se rencontrent, ils se disent toujours la vérité les uns aux autres ; entre eux pas de secret possible ! En voulez-vous des exemples ? Il y en a d'assez curieux.

William a été tué en duel, en combattant pour venger une insulte faite à sa jeune femme. Il rencontra son adversaire, mort lui-même, et récemment débarqué aux enfers. Il va droit à lui et se plaint de sa trahison. Mais l'autre lui répond froidement :

— Pauvre sot, vous voulez donc que nous nous battions encore pour qui n'en vaut guère la peine. Le passé est le passé. Ne nous en occupons plus et ne songeons qu'à être bons amis !

— Jamais ! répliqua l'autre. Vous avez insulté ma femme, et vous m'avez tué quand je voulais la venger... C'est quelque chose, cela !

— Il faut que je vous dise tout ! répliqua l'autre, car je vois qu'on s'est audacieusement joué de vous... J'étais l'amant de votre femme, et j'ai rompu avec elle... Voilà l'insulte que je lui ai faite... C'est pourquoi elle s'est mise en tête de me faire provoquer par vous... Mais tout cela est bien fini, et maintenant nous serons vraiment amis... si vous voulez !

Deux autres amis, deux cousins, échangeaient entre eux le dialogue suivant :

— En vérité, disait l'un, j'étais né pour être poète ; j'ai écrit des nouvelles, et mes premières publications ont fait une véritable sensation.

— Je le sais bien, répondit l'autre, puisque c'est moi qui ai fait la moitié des revues qui en ont parlé ! Oui, cousin, c'est moi qui vous ai mis à la mode. C'est assez facile, quand on a quelques relations et un peu d'entre gent. Après tout, le public est facile à prendre !

— Comment, vous avez fait cela ? Parole d'honneur ? Mais alors je vous dois d'éternels remerciements.

— Eh ! non ! Est-ce que nous ne nous aimions pas comme deux frères ?

Le prétendu poète devint pensif, puis, au bout d'un instant, il continua :

— Ma gloire ne vécut qu'un matin. Du premier bond j'avais atteint la renommée, et un bel avenir s'ouvrait devant moi, quand, tout à coup, comme à la baguette, il s'opéra un changement à vue. Les revues, qui m'avaient loué à outrance, me déchirèrent sans pitié. Pas un libraire n'osa m'éditer; je fus obligé de renoncer à la carrière littéraire.

— Je puis encore vous expliquer ce mystère. C'est moi qui me suis chargé de vous exécuter. Je le fis si bien que vous ne pouviez plus ouvrir la bouche sans exciter des risées. Pour vous, dès lors, plus de littérature possible !

— Comment, vous ! vous avez fait cela ?

— Sans aucun doute ! Mais ne vous emportez pas ! C'était pour votre bien ! Votre mère, à qui je n'ai jamais su dire non, m'avait prié de remuer les montagnes, s'il le fallait, pour vous sauver de ce qu'elle regardait comme votre ruine. Votre talent comme poète, disait-elle, est absolument nul, tandis que vous aviez une vocation véritable pour la fabrication du cirage, dans laquelle, du reste, votre famille avait remarquablement réussi. Maintenant, je reconnais bien que votre renommée littéraire n'était qu'un *puff*, et cela n'aurait jamais suffi à vous maintenir en selle bien longtemps. La critique pouvait bien gonfler votre ballon. Elle ne pouvait pas le faire planer dans les airs. Je vous lançai donc des bordées de malices et des volées de sarcasmes, partout où je vous vis imprimé. Le succès couronna mes efforts : c'est pourquoi vous êtes mort riche — grâce au cirage, et honoré de la considération des bons citoyens.

— Riche et damné ! s'écria le marchand de cirage et de littérature.

— Ce n'est pas le cirage qui vous a mené en enfer, répliqua le cousin, avec une douceur extrême, et je ne pense pas que la poésie vous eût conduit au ciel.

L'autre tourna les talons, avec une expression de mécontentement peinte sur le visage.

Beaucoup d'épisodes pareils à celui-là viennent égayer nos soirées en enfer.

Je pensais souvent au pauvre Martin. Que pouvait-il bien être devenu ? Il avait été maltraité, malmené par moi, et, s'il était malheureux, son malheur était mon ouvrage.

La jeune fille à propos de laquelle éclata notre brouille, était à peu près de son âge. La première fois que je la vis elle était occupée à nettoyer l'escalier de la maison. Si humble que fût cette occupation, l'enfant n'en était pas moins un charme pour les yeux. A son aspect, je sentis s'agiter en moi le démon de la concupiscence. Je proposai de prendre soin de son éducation, ce qui fut accepté. Elle ne paraissait point née pour rester dans l'humble sphère où je l'avais trouvée. Je la plaçai dans une famille de ma connaissance ; mais, malgré sa simplicité, elle ne fut pas sans comprendre que j'avais certaines intentions. Moi, cependant, j'attendais pour la cueillir que la fleur fût sortie du bouton. J'avais appris à attendre.

Par quel hasard elle et lui se rencontrèrent-ils ? Je ne le sais. Mais cette première rencontre leur suffit. Avec une rapidité d'éclair l'amour frappa leurs deux cœurs du même coup, et, tout de suite, ils comprirent qu'ils étaient l'un à l'autre.

Martin vint à moi, et m'avoua tout. Non seulement je refusai de lui céder la belle ; mais, aigri par mon désappointement, je fus dur avec lui jusqu'à la raillerie. Il me quitta en colère, résolu à faire par lui-même son chemin dans le monde. Aussi entêté que je pouvais l'être moi-même, il n'hésita pas un moment sur la ligne de conduite qu'il entendait suivre — et il enleva la jeune fille presque sous mes yeux.

Il la cacha si bien que je ne pus la retrouver. Quant à lui, il resta pour me braver en face. C'est alors que je le chassai de ma maison. Je crus l'avoir aussi chassé de mon cœur... mais je m'aperçus bientôt que je m'étais trompé.

Que pouvait-il donc avoir à m'apprendre, qui pût guérir, comme il le disait dans sa lettre, les blessures de nos cœurs ? Lequel des deux pouvait bien concerner cette révélation ? Elle ou lui ? Un pouvoir supérieur avait parlé, prétendait-il. Quel pouvoir ? Tout cela me jetait dans un doute à me rendre fou...

C'est là, certes, une question brûlante ; elle allume en moi un feu qui me dévore comme celui de l'enfer. De telles angoisses suffiraient à me faire retourner sur la terre, comme une âme errante. Saurais-je jamais ? Où ? Quand ? Comment ?

VI

Lily! ce nom me revient toujours à la mémoire, si intimement lié à ma vie que, dans la chère créature, je ne puis plus distinguer la femme de l'enfant.

Elle était créole, ses traits aimables et délicats n'appartenaient à aucun des types classiques de la beauté. Sa chevelure était abondante et brune, et ses yeux qui avaient des lueurs d'étoile, d'un bleu si profond, que, tout d'abord, on les croyait noirs, se voilaient de longues paupières, derrière lesquelles son âme se montrait et se cachait tour à tour — pareille à quelque jeune nymphe qui ne vous serait apparue un moment que pour redescendre dans les limpides profondeurs de sa retraite. C'était une silhouette légère, aérienne, mais singulièrement harmonieuse dans son ensemble ; pas très grande, avec des mains et des pieds d'une petitesse excessive, et d'une forme exquise. Telle était Lily. Mais son plus grand charme, c'étaient ses yeux. Qui ne le connaît ce doux enchantement des yeux de créole ? Maintenant encore ceux-là pénètrent mon âme. Jamais, pendant une seule minute de l'éternité, je n'oublierai cette lueur tendre, brillant d'un humide éclat, à la fois mélancolique et pleine de promesses, et dont mon cœur a toujours subi l'empire.

On s'imagine assez volontiers que le tempérament méridional est capricieux, et qu'il apporte l'égoïsme dans la passion. Rien de pareille avec Lily. Elle avait sans doute une chaude nature ; mais elle ne s'enflammait point jusqu'à la passion ; son ardeur même ne semblait avoir d'autre but que le bonheur des autres. Le bon, le beau, le vrai semblaient réaliser toutes les aspirations de son âme. C'était seulement quand il s'agissait de ces grandes choses qu'elle ne faisait point de concessions. Pour tout le reste elle ne demandait qu'à faire ce qui plairait aux autres.

Un médecin lui découvrit plus tard un vice d'organisation — son cœur était trop développé, ce qui amenait chez elle un excès de sensibilité. Débordante d'affection, pour toute récompense elle ne demandait qu'à être aimée. Quand elle était encore enfant, une douce parole, un bon regard la jetaient à votre cou; elle venait vous remercier et se blottir dans vos bras, comme un petit oiseau dans son nid. Rien n'était plus facile que d'éveiller sa sympathie. Les épreuves et les souffrances des autres, leurs joies et leurs douleurs, leur bonheur ou leur infortune ne la laissaient point un seul instant indifférente. La tendresse et la pitié étaient les seuls mobiles de ses actions.

Jamais créature ne fut moins faite pour vivre dans ce monde égoïste. Sa nature trop sensible était aisément blessée dans ses rapports avec les autres. Froissée, même légèrement, elle se repliait timidement sur elle-même. C'est ce qui fit d'elle une enfant solitaire, ne se livrant guère qu'à moi, si misérable que je fusse.

Ajoutez à cela une simplicité vraiment merveilleuse. Elle eût, j'en suis certain, gardé jusque dans sa vieillesse un vrai cœur d'enfant. Il ne pouvait lui venir à l'esprit qu'on eût l'intention de la tromper. L'effronterie elle-même se serait inclinée devant elle. Je la considérais comme un de ces êtres à part, vraiment privilégiés, qui marchent au milieu des vices et des hontes de la terre, sans que rien puisse ternir leur inaltérable pureté. Elle traversait la vie comme avec des ailes, planant au-dessus de ses souillures.

L'effort de son esprit se concentrait du reste sur peu de choses. Il y en avait qui restaient inaccessibles pour elle. Il lui eût été impossible d'apprendre une langue étrangère. Ne vivant que par le sentiment, elle devait fatalement devenir contemplative et rêveuse — et même un peu concentrée. Nous essayâmes bien de la secouer, comme on dit vulgairement... Mais on ne peut rien contre la nature. Elle resta toujours peu communicative. Mais à moi, — à moi seul — elle confiait toutes ses pensées.

Elle aimait l'histoire, qui raconte les actions, les malheurs ou les joies des hommes. Tout autre livre était pour elle lettre morte. Mais la Bible était sa passion. Ses récits grandioses ou touchants avaient été la première nourriture de son esprit s'éveillant à la vie. Rien ne la remua jamais plus profondément que la mort sur la croix du fils de Dieu, qui aima les pécheurs jusqu'à donner sa vie pour eux. Que de fois elle a lu ces pages émouvantes. Un ange a recueilli sans doute les larmes qu'elles lui ont coûté. Comme Marie-Madeleine, avec laquelle, du reste, elle n'avait aucun autre point de comparaison, elle brûlait d'amour pour le divin Crucifié.

Les croisades excitaient aussi chez elle un véritable enthousiasme. La Terre-Sainte, où le Fils de Dieu vécut et mourut, était l'objet de ses plus ardents désirs. Ses petites amies l'appelaient Lady-Croisée, et aux heures de silence, quand elles passaient près de Lily, elles formaient, pour la taquiner, une image de la croix avec leurs doigts. La pauvre enfant les comprenait, et elle souffrait cruellement de cette moquerie. La croix du Sauveur devint ainsi sa propre croix. Elle cessa de parler de la Terre-Sainte. Mais quand les lèvres sont muettes, le cœur n'est que plus éloquent ; le désir s'exalte dans le silence.

La beauté, et le plaisir qu'elle donne, avaient toujours été l'unique but de ma vie. Mais je n'avais jamais rien connu de plus simplement beau que le dévouement de cette jeune âme, toute pureté, toute franchise, qui n'avait pas même un levain d'égoïsme. Je passai ainsi près d'elle quelques années pleines de charme, lorsque ma mère eut tout à coup l'idée d'intervenir.

— Cela ne peut pas continuer ainsi, me dit-elle ;

vous entamez votre bonheur à venir : vous le perdrez ! Il faut vous séparer. Vous voyagerez pendant deux ou trois ans. Je resterai près de Lily ; je veillerai sur elle, et je ferai tout ce qui sera en mon pouvoir pour qu'elle soit capable d'assurer un jour la félicité de votre vie. Oui, mon fils, quittez-nous ! Vous comprendrez un jour la sagesse de mes conseils !

J'étais bien forcé d'avouer que ma mère avait raison, et je me déclarai prêt à faire le sacrifice qu'elle me demandait dans l'intérêt de mon bonheur, ou, pour mieux dire, des plaisirs que je me promettais. Il se trouva à ce moment que les intérêts de notre maison rendaient fort utile le voyage d'un des associés dans l'Amérique du Sud. Ce devait être une assez longue absence. Mon vieil oncle ne pouvait songer à partir. Mon cousin, plus jeune que moi dans les affaires ne s'en souciait pas. Aussi, cédant aux insinuations de ma mère, je m'offris. Lily fondit en larmes quand je me séparai d'elle. Ce fut à peine si ma mère put la rappeler à la raison. J'étais moi-même fort ému ; mais une pensée égoïste me consola.

— Patience, ma petite femme, dis-je à Lily tout en pleurs. Nous nous retrouverons ! Nous nous retrouverons, et les joies de l'avenir seront plus grandes encore que les douleurs du présent.

Je restai absent plus longtemps que je ne l'aurais cru. Je recevais souvent des nouvelles de la maison — des lettres aussi — des lettres de Lily — des lettres admirables — un ange aurait pu les écrire — des chefs-d'œuvre de tendresse délicate. Mais, hélas ! rien n'était plus opposé à ma nature que les aimables pensées qu'elle exprimait dans son style éthéré. Elles remuaient mes sens : elles n'allaient pas jusqu'à mon cœur. A coup sûr, c'était une joie mauvaise celle qui se trahissait par ces mots, qui me revenaient sans cesse à l'esprit : « Cette tendre fleur, cette pure innocence, elle est à toi. C'est toi qui apprendras à cette âme qu'elle est aussi de la chair et du sang... A cette fille du ciel qu'elle est aussi une enfant de la terre ! »

Enfin je revins et je la revis. Ce fut un charme — ce n'est pas dire assez — un enchantement ! Elle était pleine de grâce et d'élégance ; jolie, au delà de toute expression, avec des rougeurs virginales, et de longs yeux voilés... elle sortait à peine de l'enfance... elle n'avait pas quinze ans !

Je prononçai son nom. Ses yeux adorables, elle les leva sur moi. Un rayon de joie tremblait dans ses larmes. Je fus ravi de ce regard... J'étreignis l'enfant sur ma poitrine.

Furent-ils vraiment heureux, ces jours dont je voyais maintenant l'aurore ? — Oui, sans doute ; mais ce bonheur eut bien son amertume. Quand je voyais Liiy, maintenant, c'était comme autrefois quand je lisais ses lettres. Je m'apercevais de temps en temps que la sphère à laquelle son âme appartenait n'était pas la mienne. Comment parviendrait-elle à me satisfaire ?

Dans l'ivresse délicieuse que j'éprouvais en la tenant entre mes bras, je sentais bien qu'elle et moi nous n'aspirions pas un même but. Chez elle c'était toujours la même tendresse abandonnée — une vraie tendresse d'enfant — mais cette affection me laissait toujours des regrets. Le genre d'amour qu'elle avait pour moi m'était complètement inconnu. Nous nous aimions, et nous étions tous deux aussi différents l'un de l'autre que le jour et la nuit, que le ciel et l'enfer !

Quelque temps après mon retour, ma mère jugea encore à propos de venir se mettre entre nous. Il fallait permettre à l'enfant de se développer en pleine liberté. A nous voir ainsi continuellement l'un et l'autre, elle finirait par me traiter comme un frère — il fallait éviter cela ! Je devais prendre un appartement de garçon, et me faire voir le moins possible à la maison. Je pourrais, du reste, me montrer avec Lily aussi aimable que possible, tout en restant fidèle à la promesse solennelle que j'avais faite de ne pas lui parler d'amour avant qu'elle n'eût accompli sa dix-septième année.

Ma mère suivait toujours son plan ; je fis ce qu'elle m'avait commandé et pris un appartement en ville. Je vis bien qu'elle avait raison. Lily, près de moi, ne se serait point développée comme elle le devait. Dès que je fus parti, il s'opéra un changement en elle, et nos relations ne purent manquer de s'en ressentir. Elle cessa d'être une enfant ; son naïf abandon se changea en une réserve virginale et chaste. Je fus obligé de me tenir sur mes gardes. Ce fut un temps d'épreuve, mais il se passa bien.

Cependant je n'avais point oublié la pauvre Annie. Je fis des recherches. J'appris que son père était mort ; mais personne ne put me dire ce qu'elle était devenue. Ma mère l'aurait pu sans doute ; mais je n'osai point l'interroger. J'essayai d'étouffer mes souvenirs, et, avec l'aide inconsciente de Lily, je finis par y parvenir.

Il y avait pour moi du chagrin à l'horizon. Elle

avait toujours été délicate, et la crise naturelle de
la formation la rendait plus délicate encore. Nous
l'entourions de tous les soins imaginables. Nous
résolûmes de lui faire passer l'hiver dans le midi.
Elle était devenue pensive. L'enfant essayait maintenant de se comprendre elle-même, et, toute rêveuse,
elle étudiait son âme. Elle paraissait d'ailleurs plus
aimable que jamais, bien que tourmentée par
l'énigme que lui posait son être encore incompris.
Chez elle la joie de la vie se mélangeait maintenant
d'anxiété.

Tous trois nous gagnâmes le midi. Le séjour que
nous y fîmes restera pour moi une époque bénie.
Cette période de ma vie m'apparaît toute baignée
de lumière. La santé de Lily s'améliora. Une
année tout entière s'écoula paisible et douce —
sans laisser dans ma mémoire aucune trace fâcheuse. A coup sûr, ce n'était point le paradis...
mais aujourd'hui c'est l'enfer.

Oui, tous trois ensemble nous étions heureux.
Ma mère était l'amabilité même. De mon côté, je
m'efforçais d'être aimable aussi. Quant à Lily, on
eût dit le calice d'une fleur qui s'ouvrait pour recevoir la rosée du ciel. Oui, elle était heureuse, et elle
le faisait voir. Avec quelle grâce elle relevait sa tête,

penchée naguère ; quel éclat dans ses regards promenés sur la beauté des spectacles qui l'entouraient. Ce n'était pas seulement son corps, c'était son âme aussi qui développait, les uns après les autres, ses charmes adorables, dans une atmosphère vraiment faite pour elle : six mois avaient suffi pour opérer chez elle un incroyable changement. C'était l'aurore de la femme s'éveillant dans un incarnat céleste ; pareille à la rose qui livre ses pétales aux humides baisers du matin. Avec moi-même, ce n'était plus une enfant. Aussi soumise que jamais, et aussi tendre, elle marchait entourée de je ne sais quelle inconsciente dignité. Ce n'était plus la charmante mignonne ne vivant que dans l'affection dont elle était entourée. Elle avait trouvé en elle-même les richesses d'une vie mystérieuse et belle. Bientôt celle qui me surpassait de beaucoup par les dons naturels de l'esprit et du cœur, prit sur moi un ascendant absolu. J'étais heureux de subir son influence. C'était pour moi une joie nouvelle, et plus noble et plus pure que toutes celles que j'avais connues jusque-là. Lily m'élevait au-dessus de moi-même. Ce fut à peine si je m'en aperçus tout d'abord ; mais de nouvelles sensations, de nouveaux intérêts, de nouvelles espérances remplissaient mon cœur, m'apprenant peu à peu qu'il y avait dans la vie des choses meilleures que les joies de l'égoïsme et le plaisir des sens. De jour en jour, mon commerce avec elle affinait et ennoblissait ma nature. J'étais en beau chemin de devenir meilleur — que l'on me permette le mot — de devenir un homme.

Ses yeux s'étaient ouverts à la beauté de ce monde — une beauté particulière que je n'avais pas connue jusque-là — et, peu à peu, j'apprenais à voir par ses yeux. Mais ses regards, comme ses désirs, prenaient souvent l'essor, et s'envolaient par delà les limites de cette terre, qui ne pouvait contenter ses aspirations, et elle m'entraînait à sa suite. Quelle puissance souveraine dans une si frêle créature ! Et, pour en arriver là, pas le moindre effort de sa part. Je la suivais, comme si son esprit eût été pour moi une lumière dans l'obscurité. J'écoutais sa voix, comme j'aurais écouté la parole d'une prophétesse me guidant vers la source du bonheur infini. Un nouveau monde, le monde de l'esprit, s'ouvrait devant mes yeux éblouis, pareil à la vision de la vie éternelle, dont la douce aurore se levait lentement devant moi. Ah ! Dieu du ciel, quelles heures, quels souvenirs... Et, maintenant, quel désespoir !

Mais, sous cette aimable influence, je commençai à regarder en arrière, et à me sentir honteux — oui, honteux — de l'amour que j'avais eu pour Lily. C'était de l'amour sans doute — de l'amour comme j'étais capable d'en éprouver alors — mais de l'amour avilissant ce nom sacré, et qui, si elle l'avait connu, lui aurait causé une terreur mortelle. L'horreur de cette découverte lui fut du moins épargnée.

Nous entrions dans le printemps d'une seconde année depuis notre absence, et nous songions au retour. Lily avait éprouvé tout récemment des symptômes alarmants — des spasmes au cœur, avait dit le médecin. Nous n'étions point inquiets, cependant; espérant toujours qu'il ne surviendrait rien de sérieux. Lily, pendant ces dix-huit mois, avait vu s'épanouir la fleur de sa beauté dans une telle luxuriance de vie débordante, et d'éclatante jeunesse, ajoutant ainsi chaque jour quelque chose à notre joie, qu'il nous semblait impossible d'éprouver la moindre crainte. Mais la chère créature se sentit bientôt elle-même en proie à une véritable anxiété, qui se manifestait chez elle chaque fois qu'il était question de regagner nos foyers. J'essayai de découvrir ce qui se passait dans son esprit, et je ne saurais dire quel fut mon étonnement quand j'appris qu'un désir inapaisé remplissait son cœur — c'était le rêve de son enfance qui hantait de nouveau son âme. Elle voulait voir la Terre-Sainte. Peut-être, comme une étincelle cachée, cette pensée secrète avait-elle couvé au plus profond de son être pendant des années. Quoi qu'il en fût, elle me supplia de ne la point ramener chez nous avant qu'elle n'eût foulé ce sol sacré... pour si peu de temps que je voudrais. Elle sentait bien qu'elle ne trouverait point de repos avant d'avoir accompli ce pèlerinage... mais elle m'assurait que si je lui accordais cette grâce elle me bénirait jusque dans les cieux.

Ce désir de sa part ne me semblait qu'un futile caprice d'enfant; mais je n'en admirais pas moins, au fond du cœur, la persistance fidèle qu'elle apportait dans la poursuite de ce projet, né depuis longtemps chez elle. Ceci me touchait, et j'étais bien résolu à faire tout ce qui dépendrait de moi pour lui donner cette joie tant souhaitée. Elle m'aurait demandé des choses bien plus insensées que je n'aurais pas eu la force de les lui refuser. Quand elle priait, avec son beau regard d'ange suppliant, qui donc aurait pu lui résister ?

Je consultai ma mère : elle hésita d'abord, et finalement consentit. Nous avions employé les premières semaines de ce printemps à visiter les îles Ioniennes : bientôt nous fîmes voile vers l'Orient. Lily me remercia avec des yeux pleins d'amour qui me mirent au cœur un souvenir immortel — un souvenir qui, même ici, au fond de l'enfer, allume en moi un feu que rien ne peut éteindre. A partir de ce moment une paix céleste descendit sur ma jeune amie. Elle ne parlait guère ; mais elle se sentait complètement heureuse.

Nous touchâmes bientôt les côtes de la Palestine. Je la conduisis comme j'eusse fait d'une reine, au but de ses rêves. Je n'étais plus que le premier de ses serviteurs. Mais il n'y avait rien dans ses pensées qui rappelât l'orgueil des souveraines. Elle n'était à ses propres yeux qu'une humble pèlerine. Nous allions lentement, d'un sanctuaire à l'autre. Le mal de Lily était plus sérieux que nous ne le pensions ; mais elle ne voulait point entendre parler de repos. La maladie de cœur dont elle souffrait s'aggrava tout à coup. La fin fut aussi soudaine qu'inattendue. Ce fut à Bethléhem, dans un couvent où nous avions reçu l'hospitalité, qu'elle rendit le dernier soupir, quelques jours avant d'avoir accompli sa dix-septième année. Elle mourut avec le sourire heureux d'une jeune sainte — parce qu'il lui avait été donné de satisfaire son désir.

Avec elle, la mort perdit ses terreurs. Elle était étendue sur sa couche — pareille à une jeune martyre — pâle — mais d'une beauté céleste ; les mains croisées sur ce sein virginal, dans lequel n'avait jamais pénétré la pensée du monde.

Peut-être aurez-vous quelque peine à me croire, si je vous dis que, dans ces dernières heures, bien que je sentisse l'étendue de la perte que je faisais, elle avait encore pouvoir de m'élever au-dessus d'une douleur passagère. J'avais la certitude absolue qu'une place lui était préparée là-haut, dans un séjour inaccessible au chagrin comme à la mort, où nous serons réunis — éternellement !

Ses dernières paroles descendirent sur moi comme une bénédiction venant d'un monde supérieur :

— Merci, Philippe ! je suis heureuse ! que Dieu soit avec vous !

Le coup fut cruel pour moi, adouci, cependant, par l'espérance que, moi aussi, je serais bientôt au-dessus de l'atteinte des afflictions terrestres. Son dernier souffle se mêla au mien, dans un saint baiser.

Hélas ! à peine m'avait-elle quittée que je sentais se réveiller en moi les mauvais instincts de ma nature égoïste. Affolé par le désespoir je m'irritais en songeant au trésor qui m'était arraché, et à tout ce que je perdais de jeunesse, de beauté, d'affection... Que devenaient toutes ces joies qui m'étaient promises et que je ne goûterais pas?... Tous mes rêves allaient se réaliser... Quelques jours encore, et elle allait être à moi..... et, d'un seul coup, tout cela était anéanti ! J'avais les fureurs de la bête sauvage à qui l'on vient d'arracher sa proie...J'aurais dû, au contraire, me réjouir à la pensée de la voir échapper au sombre avenir que je lui préparais,... son bonheur n'aurait-il point péri au seul contact de mes passions exigeantes !

Ma mère aussi fut affligée ; mais elle ne perdit point la possession d'elle-même, et elle souffrait plus de ma peine que de la perte de cette chère créature, qu'elle aimait pourtant. Nous enterrâmes Lily dans la Terre-Sainte. Elle repose à l'ombre d'un sycomore, non loin de la grotte où naquit le Sauveur des hommes.

Nous revînmes, et ce fut sur notre route que je rencontrai le jeune Martin.

Voilà donc comment je devins l'homme que j'ai été. Je me livrai au monde, et ne vécus plus que pour les plaisirs qu'il donne, n'aimant personne que moi, et peut-être ma mère et l'enfant que j'avais adopté... Je dis peut-être, car je ne suis pas sûr de les avoir aimés réellement. Je me conformais aux pratiques extérieures de la religion chrétienne; mais j'étais loin de son esprit. Je ne faisais point partie de la bande qui étale ouvertement son mépris des choses saintes ; mais, depuis la mort de Lily, rien n'était plus sacré pour moi, excepté peut-être quelques souvenirs de ma première enfance. Oui, je pensais parfois à ces anciens jours passés sur les genoux de ma tante Betty. Mais, bientôt, je fermais mon cœur à ces pensées, et je les chassais loin de moi.

VII

Lentement s'accroît la lumière lointaine — pâle — reflet du paradis, — qui n'a jamais plus d'intensité que les lueurs de l'aube sur la terre des vivants. Notre temps se passe, sans que nous en puissions mesurer la durée, au milieu des regrets et des souffrances. Ne croyez point que si je vous écris des choses capables peut-être de vous intéresser, elles puissent m'intéresser moi-même. Nous n'avons même pas cet adoucissement à nos maux! Tout nous est devenu indifférent.

Seul le souvenir est resté! et il est resté dans toute sa fraîcheur. Des faits déjà lointains sont pour nous comme s'ils s'étaient passés hier. Parmi ces souvenirs, beaucoup me sont amers et je m'efforce de les fuir. Un seul m'est doux, celui de ma tante Betty. Quand je pense à elle, à son inépuisable tendresse, je voudrais pouvoir verser des larmes de reconnaissance ; mais mon œil reste sec comme le sable du désert. Comme elle était bonne pour moi ; bonne surtout pour mon père ! Quelle affection pour tous ceux à qui elle pouvait être utile. La dernière des créatures n'était pas au-dessous d'elle, quand il s'agissait de venir à son aide.

Sa santé n'était rien moins que robuste, mais elle n'en avait nul souci, quand il s'agissait d'alléger le fardeau des autres. Sa nature affectueuse lui donnait sur elle-même un empire absolu. Quand ma mère l'avait blessée — ce qui malheureusement n'était pas assez rare — et qu'elle avait essuyé ses larmes, elle s'efforçait de prendre une mine souriante, pour ne pas affliger mon père. L'amour du prochain était son unique passion. Ce qui devait être fait, c'était ce qu'elle faisait, sans s'arrêter jamais à aucune considération étrangère. Son éducation religieuse avait été quelque peu négligée. Si vous l'aviez interrogée sur la foi, l'espérance et la charité, elle vous eût sans doute effrayé par l'ignorance de ses réponses ; mais ces vertus, qu'elle ne savait pas définir, elle les possédait et les pratiquait, et elles faisaient d'elle une véritable enfant du ciel.

La chambre qu'elle avait choisie était simple ; mais embellie par son exquise propreté. Ce n'était point qu'il y régnât beaucoup d'ordre. Elle était, au contraire, remplie d'une étonnante variété d'objets de toutes sortes, petits et grands, qui donnaient à un observateur attentif la clef de son caractère. A côté de quelques pièces d'une valeur réelle, il y en avait un grand nombre qui ne pouvaient passer pour autre chose que des nids à poussière. Mais ma tante avait ses raisons pour y attacher du prix. Ils étaient à ses yeux comme autant de témoins qui racontaient l'histoire de sa vie. Tout enfant encore, j'avais déjà comme une vague notion de la sainteté de ces reliques, et j'avoue que je ne les touchais qu'avec respect.

Tante Betty s'était fait une règle de se vêtir plus que simplement, sans tenir aucun compte des exigences de la mode. Elle n'en savait pas moins le prix d'un beau présent, et se réjouissait qu'on le lui offrît, moins à cause de sa valeur que pour la marque de déférence dont il était la preuve. Mon père et ma mère ne négligeaient point l'occasion de lui faire ce plaisir. Ma mère lui donnait plus particulièrement des objets de toilette. Tante Betty recevait tout avec une satisfaction d'enfant, et enfer-

mait soigneusement ces cadeaux dans sa spacieuse
garde-robe, qui devenait ainsi un véritable magasin
de modes, rempli de châles, de chapeaux, de rubans, de fourrures et de dentelles... qu'elle ne portait
jamais. Tout cela devenait bientôt hors de mode ;
mais elle s'en souciait peu. Elle avait grand soin,
par exemple, de ne pas les laisser manger aux vers.
Aussi en faisait-elle de temps en temps de véritables expositions, pendant lesquelles ses chaises, ses
tables, son lit même, gémissaient sous le poids de
ses trésors, auxquels sa prudence avait voulu faire
prendre l'air. Elle se promenait tout à l'entour,
avec l'expression de visage d'une propriétaire satisfaite, secouant la poussière des étoffes, et passant
sur elles ses mains délicates, comme pour les lisser.
Mais ses yeux étaient ailleurs — comme sa pensée.
Parfois, dans un accès de gaieté, elle se campait
un chapeau à plumes sur la tête, se regardait dans
la glace avec un sourire singulier, comme si elle eût
comparé dans sa pensée la jeune et brillante Betty
d'autrefois, qui avait vu à ses pieds tous les hommes de son temps, avec l'austère et laborieuse créature que le monde d'aujourd'hui connaissait à peine,
et dont la vie s'enfermait à présent dans l'étroit sentier du devoir.

— Je suis une vieille oie ! disait-elle, en replaçant soigneusement le chapeau dans le carton parfumé de lavande.

Tante Betty possédait aussi une bibliothèque — petite, mais remplie de livres choisis — aux précieuses reliures. Elle les époussetait avec le même soin que les parures qu'elle ne portait point. Mais elle ne les lisait pas, n'ayant, disait-elle, ni assez de temps, ni assez de tranquillité d'esprit pour cela.

— Je les lirai plus tard, disait-elle, quand je serai vieille, et que l'on n'aura plus besoin de moi !

Je la vois encore dans cette petite chambre, assise, silencieuse, perdue dans ses pensées. Mais jamais elle ne se plaignait quand je venais ainsi la troubler. Elle m'aimait trop pour cela ! Mais elle me racontait des histoires — qu'elle composait elle-même, à mesure qu'elle les disait. Ce n'étaient certes point des morceaux littéraires — mais il y avait là une poésie à elle, pleine de chaleur, et de tendresse, qui charmait mon cœur d'enfant.

Ma première éducation religieuse, c'est à elle que je la dois ; si elle ne fut pas exactement dogmatique, elle n'en fut pas moins pratique. Les impressions qu'elle m'a laissées, si tendres, si douces, si profondes... Comment purent-elles s'effacer jamais ?

Un soir, nous étions assis tous deux à sa fenêtre : le ciel était clair, et brillait d'un éclat inaccoutumé, ce merveilleux spectacle agit puissamment sur ma jeune imagination. Ces étoiles, ce n'était pas la première fois que je les voyais : mais à présent que ma pensée retourne vers cette heure solennelle, il me semble vraiment que ce fut la première fois que je contemplai avec une réelle attention les étincelantes lumières de la voûte céleste. J'éprouvai le besoin de savoir ce que c'était que les étoiles, et ce qu'il y avait par derrière. Alors, tante Betty me parla des splendides demeures de notre père céleste, et de ses palais nombreux, d'une indescriptible beauté. Elle me dit que, plus tard, quand je quitterais la terre, j'irais les habiter, si j'avais été un bon et pieux enfant.

La perspective me plaisait sans doute, mais ma curiosité n'était pas satisfaite. J'en voulais savoir davantage ; je voulais avoir une réponse à mes questions. Plus d'un précepteur d'enfants aurait pu être embarrassé ; mais l'imagination de tante Betty était trop fertile pour qu'elle se trouvât jamais en défaut. Elle continua :

— Derrière les étoiles, mon enfant, il y a un grand et splendide palais, véritable séjour de la gloire, tel que l'œil de l'homme n'en a jamais vu. C'est là que demeure le Seigneur Dieu, assis sur son trône éternel, ayant à sa droite son Fils unique et bien aimé. Au milieu de ce palais, il y a un arbre de Noël, plus haut que les plus hautes montagnes de la terre, chargé de lumières et de présents magnifiques. Et que pensez-vous qu'il y ait sous cet arbre ? Des troupes de bons petits enfants, qui, après avoir mené une vie sainte, sont devenus les fils de Dieu et ses anges bénis. Ils sont maintenant toujours heureux et toujours bons. Cet arbre, préparé pour eux, fait leur joie, et leurs chants, qui louent le Seigneur, résonnent à travers l'immensité des cieux. Les présents suspendus aux rameaux de l'arbre de Noël sont à eux, et plus ils en prennent, plus il y en a aux rameaux toujours chargés.

Je trouvai cela charmant ; mais je revins à ma première question :

« Qu'est-ce donc que les étoiles ? »

— Les étoiles, mon enfant, je vais te le dire. Écoute-moi bien ! Autour du palais céleste, il y a une multitude de petites fenêtres — comme des œils-de-bœuf — à travers lesquels passent, pour éclairer la terre, les lumières de l'arbre de Noël. Ce sont ces lumières-là qui forment les étoiles. Chaque fois que les enfants, devenus de jeunes anges, ont fini leurs chants, ils regardent à travers ces fenêtres, pour voir si les petits garçons et les petites filles de la terre s'efforcent de faire de bonnes actions, et s'ils se rendent dignes de venir les rejoindre un jour. Chaque fois que tu vois les étoiles, tu peux donc te dire qu'il y a sur toi des regards d'ange. C'est pour cela que les étoiles scintillent, comme tes beaux grands yeux quand tu me regardes. Il faut donc que tu sois toujours obéissant et bon ; autrement les yeux des anges se rempliraient de larmes... et tu ne voudrais pas, j'en suis sûre, que les anges fussent tristes en te regardant !

Ces paroles me causèrent une telle impression que mes yeux aussi se remplirent de larmes, et je me jetai, en sanglotant, dans les bras de la tante Betty. Mais le désir d'en savoir davantage me rendit un peu de calme.

— Maintenant, petite tante, dis-moi, poursuivis-je, ce qui arrive aux enfants méchants.

Cette question la troubla visiblement. Elle avait le cœur trop tendre pour me parler de l'enfer et de ses tourments : aussi elle se contenta de me dire que l'on reléguait les méchants enfants dans un coin sombre, loin, bien loin du Seigneur et de son fils bien-aimé.

Je ne me trouvai point satisfait, et je déclarai qu'il devait y avoir quelque chose de plus.

— C'est vrai ! continua-t-elle ; tu as raison. Les méchants enfants sont enfermés dans une chambre horrible, dont le feu est éteint, où il fait un si terrible froid que l'on entend claquer leurs dents. On a aussi enlevé les lumières, et il règne dans ce lieu une obscurité profonde. Ils tremblent de frayeur, et, tout pleurant, ils frappent contre la porte de toutes leurs forces... Mais c'est bien inutile ; personne ne fait attention à leur tapage.

Je trouvai tout cela bien effrayant.

— J'ai peur, petite tante ! murmurai-je, en me pressant contre elle.

— Regarde les étoiles, mon chéri, et tu n'auras plus peur ! dit-elle, en passant sur mes cheveux une main caressante.

Je me rassurai. Les étoiles scintillaient, comme si elles eussent voulu me dire :

— Sois bon, petit enfant !

Je me sentis, à ce moment, tout à fait disposé à être bon.

— A présent, continuai-je, je voudrais bien les

entendre chanter! Comment chantent-ils, les anges ? le savez-vous petite tante ?

— Je vais te le montrer, répondit-elle, toujours prête à se rendre à mon désir. Et, avec sa voix si douce, elle me chanta une de ses hymnes préférées. Quelle suave résonnance elle avait dans cette pénombre du soir ! Elle n'était ni grande ni forte, sa voix ; c'était quelque chose comme une voix d'enfant ; mais d'une suavité pénétrante, et il me sembla qu'elle entrait dans mon cœur, pendant que je contemplais les étoiles, qui, du haut des cieux, semblaient me regarder, comme ma tante Betty me regardait elle-même, et me dire avec leurs scintillements redoublés :

« Sois bon ! Sois bon ! »

Bientôt mon oreille fut charmée comme l'étaient mes yeux. Je n'étais plus sur la terre ; j'étais dans le ciel, et les hymnes de tante Betty étaient maintenant chantées par les anges. Je les écoutais dans une sorte d'extase, qui remplissait mon cœur d'un sentiment de piété délicieuse, et, joignant mes mains comme ma tante Betty m'avait appris à le faire, je regardai à mon tour les étoiles, pour leur faire comprendre que, moi aussi, avec mon cœur, comme avec mes oreilles, j'écoutais les cantiques des anges.

Et ces chants de triomphe et d'allégresse, je les entendis toute la nuit, et, toute la nuit, je revis l'arbre de Noël céleste, dans son glorieux rayonnement.

Je parle ainsi avec bonheur de mes souvenirs d'enfance. Ceux des années qui suivirent — quand ils ne se rapportent point à l'aimable Lily — ne sont pour moi que chagrin et désespoir, et je voudrais qu'il me fût donné de les oublier... Mais je ne le puis pas... parce qu'ils font partie de mon châtiment.

Parfois, quand je ne sais trop quoi faire de mon temps dans l'enfer, je vais me faire voir un peu, à Rotten-Row, ou dans quelque autre promenade fashionable du même genre. Car nous avons ici Hyde-Park comme à Londres, les Champs-Élysées comme à Paris, le Prater comme à Vienne, l'Allée-sous-les-Tilleuls comme à Berlin, l'avenue de Lichtenthal comme à Bade, le Prado comme à Madrid, et le Corso comme à Rome, et je ne sais en vérité s'il y a une grande différence entre ces rendez-vous de l'élégance et de la mode sur la terre et dans les enfers. Peut-être même avons-nous plus de variété ici-bas que là-haut. Car vous autres, vous n'avez que la mode du moment, tandis que nous avons, nous, toutes les excentricités et toutes les folies de tous les pays et de toutes les époques, et leur réunion forme un tableau tellement absurde, et d'un ridicule si achevé, que malgré la souffrance dont rien ne me délivre, je ne puis m'empêcher d'en rire aux éclats de mon rire de damné. Réfléchissez un peu vous-même, et songez à l'effet que doivent produire, d'un côté, des femmes couvertes de volants et de falbalas jusqu'au cou, et, de l'autre, des créatures à demi nues; celles-ci déformées par les poufs qui leur donnent des rotondités monstrueuses; celles-là, maigres comme des échalas; ici des chapeaux qui ressemblent à des seaux à charbons, et là d'autres chapeaux plats comme des fromages. Mais, qui pourrait donc énumérer toutes les absurdités des manchettes et des corsages, des basques et des crinolines, sans parler des chignons, tantôt s'élevant jusqu'à la hauteur de la tour de Babel, et tantôt réduits à la simple expression d'une torsade indigente. Les modes de dix ans vous semblent ridicules... que direz-vous des modes de dix siècles?... Eh bien! ici, en enfer, nous les avons toutes ensemble, parce que chacun garde celle qui régnait de son temps. Ceci forme bien la plus étrange mêlée qui se puisse rêver. On ne peut, en la voyant, s'empêcher d'avoir honte de l'humanité. Et, ce qu'il y a de pis, c'est que les gens fashionables d'ici rougissent d'eux-mêmes — parce qu'ils se jugent — bien qu'ils essaient de se montrer fiers de leur parure. C'est la foire aux vanités... et nous en avons conscience... Je dis nous, parce que je suis sûr que je ne vaux pas mieux que les autres. Nous savons bien quels misérables fous nous sommes tous, ce qui ne nous empêche pas de vouloir faire les beaux, en nous habillant ici absolument comme nous le faisions sur la terre, à l'époque la plus brillante de notre vie... Et, ce qu'il y a de pis, c'est que ces vêtements ne nous vêtissent même pas, et que, quel qu'en soit le style, nous nous voyons les uns les autres au travers. Ah! si tous les dévots de la mode — hommes comme femmes — encore vivants au moment où j'écris, pouvaient voir — ne fut-ce qu'une minute — la figure qu'ils feront ici, sous les accoutrements dont ils sont aujourd'hui si fiers, ils auraient vite fait de renoncer à leur passion insensée pour la mode.

L'amour de la toilette n'est peut-être pas une faute par lui-même. J'ai dit peut-être! Mais il se rattache à des détails qui amènent fatalement la perte de l'âme. Il prend la place de choses qui valent mieux que lui, et, par lui, la vanité s'attachant à vous comme un nuage, vous empêche de découvrir le véritable objet de la vie. Les hommes et les femmes qui prennent la vanité pour règle de leur conduite, émiettent et perdent leur temps : quand ils meurent, ils n'ont point un cortège de bonnes actions pour les suivre, et les occasions de bien faire qu'ils ont perdues se dressent autour de leur cercueil.

Je voudrais terminer cette lettre en vous racontant une petite histoire que j'ai apprise, je ne sais où, en Italie. J'hésite pourtant à le faire, car il y a des choses dont il ne convient pas de plaisanter... surtout quand on est où je suis.

On assure que, de toute éternité, Dieu s'était proposé de créer l'homme. Ce projet de Dieu était connu du démon. Dieu n'en mit pas moins sa volonté à exécution, et il créa l'homme à sa ressemblance. Le diable fit des efforts désespérés pour découvrir le moyen de défigurer l'image de Dieu.

— J'ai trouvé! dit-il à sa grand'mère, qui, assise dans un coin du royaume infernal, faisait des filets pour prendre les étourdis. Je mettrai dans son cœur de mauvais désirs, de sorte qu'il aimera les choses défendues, et fera ses délices de la désobéissance — et ainsi il se perdra lui-même.

— Très bien, mon fils! très bien! dit la vieille dame... mais tu ne réussiras pas! Le mauvais désir peut être vaincu, et le Seigneur Dieu est celui qui le vaincra.

— Diable! dit Satan, vous avez peut-être raison : il faut que je trouve autre chose.

Il s'en alla jusqu'au fin fond de l'enfer, où il a son cabinet de travail. Il y demeura un espace de mille années, plongé dans une méditation profonde, et, de ses prunelles ardentes, s'efforçant de percer l'avenir.

— J'ai trouvé! s'écria-t-il de nouveau, en s'élançant dans un tourbillon de vent, de flammes et de fumée. J'ai trouvé!

— Quoi? demanda la grand'mère.

— Je remplirai le cœur de l'homme d'égoïsme et d'obstination; je le rendrai si infatué de lui-même qu'en toute chose ce sera à lui qu'il pensera tout d'abord. Je ferai de lui un misérable vaniteux.

— Très bien, mon garçon, très bien! dit la grand'maman... mais cela ne fera pas encore l'affaire! L'amour-propre et l'obstination peuvent être vaincus, et le Seigneur Dieu les vaincra.

— Malédiction! hurla Lucifer; faut-il que ces chétives créatures soient si difficiles à perdre! C'est à peine si elles valent le mal qu'elles me donnent! Mais, patience! j'en aurai raison.

Il retourna dans son cabinet, pour étudier l'affaire de plus près.

De nouveau mille années s'écoulèrent, sans que le diable en sût le nombre. Il sortit enfin de sa méditation, et trouva sa grand'mère toujours à l'ouvrage, à la même place où il l'avait laissée. Elle était déjà si vieille que mille années de plus n'ajoutaient pas une ride à son affreuse peau. Elle semblait plus que jamais attentive à sa tâche.

— Cette fois, j'ai trouvé, dit Satan dans l'exaltation de sa joie. Je vais demeurer moi-même dans le cœur de l'homme, afin de le pervertir entièrement. Il prendra le mensonge pour la vérité, le vice pour la vertu, la honte pour l'honneur. Je veux faire de lui un véritable fou... le fou de la perversité.

— Mon garçon, dit la grand'mère, en couvant des yeux avec amour les mailles de son filet, cela ne fera pas encore l'affaire! Celui qui a été perverti peut être converti, et le Seigneur Dieu est celui qui accomplira ce miracle!

— Alors j'y renonce, grommela le démon désespéré. Cette sotte besogne trouble ma digestion... Cependant je veux faire un dernier effort.

Mille nouvelles années s'écoulèrent, sans être marquées sur aucun almanach ni sur aucun calendrier, et sans que personne pût dire ce qu'elles étaient devenues.

Une fois encore, Lucifer revint vers sa vieille grand'maman. Il paraissait vraiment fatigué, et l'on eût dit qu'il avait besoin d'un cordial. La grand'-mère du diable avait fabriqué une telle quantité de lacs et de filets qu'il y en avait une provision suffisante pour tous les siècles à venir. Elle était assise à la même place, tournant ses pouces et aspirant au moment de revoir sa progéniture. Qu'elle fût digne de haine ou d'amour, elle n'en était pas moins sienne.

— A coup sûr, cette fois, je le tiens ! s'écria Satan, en abordant la vieille dame. La vanité sera la seconde nature de l'homme ; la vanité et l'amour de la toilette. Je ferai de lui un singe, et, comme le singe, il trouvera son plaisir en lui-même, et deviendra un sujet de moquerie pour ses voisins.

— C'est cela ! c'est bien cela ! s'écria la vieille dame, dont les vilains yeux de chat prirent une teinte verte plus foncée. Tes premiers plans étaient tous bien conçus; mais ils péchaient en un point. Ils ne paraissaient pas assez simples pour tromper l'homme. Sa conscience l'aurait mis en garde contre eux... mais la vanité c'est bien une autre chose! et l'amour de la parure, comme il vous désarme un homme! La vanité, je le déclare, va grandir sur la terre; elle paraît tellement innocente que personne ne s'en défiera. Pauvres créatures, après tout! pourquoi donc ne s'amuseraient-elles pas avec leurs miroirs et leurs colifichets? Qu'y a-t-il, en effet, de plus excusable que de passer son temps à se parer soi-même; à essayer de paraître aimable et gracieux en compagnie. Oui, tous les hommes céderont à la vanité parce qu'ils ne se défieront pas d'elle. La vanité sera la porte par laquelle tous les autres vices entreront dans le monde. Certainement, le Seigneur Dieu est capable de faire tout ce qu'il lui plaît. Mais je ne suis pas une vieille femme pour rien, et, dans mon temps, j'ai connu bien des choses, et je ne vois pas comment Dieu pourrait avoir l'idée d'arrêter un homme, déjà mis sur ses gardes, qui, sans être troublé par sa conscience, charmé de sa mise coquette, se dirige complaisamment et à grands pas vers l'enfer.

La vieille diablesse était suffisamment excitée.

Elle se secoua, et sa peau, ridée, tannée, desséchée, criblée de rides, tomba autour d'elle comme une peau de serpent qui mue.

— Mon garçon, dit-elle à son fils, je suis fière de toi, et je t'aiderai. Voici le temps où je devais me dépouiller de ma peau : elle te servira. Je vais la faire paraître charmante; ce qui est bien naturel, après tout, puisqu'elle fait partie de moi-même. Elle sera teinte en diverses couleurs, et ces humains, qui sont fous, en feront leurs délices. C'est à toi à leur persuader d'adopter la chose; mais cela même ne te sera pas très difficile, parce que avec leur nature de singe ils aiment tout ce qui brille et tout ce qui est nouveau. Vous verrez, *diavolino*, les conséquences de mon idée... Ils adoreront une nouvelle divinité — la Mode, — il faut l'appeler par son nom !
— Ils la prendront pour la plus inoffensive des idoles, et n'iront pas s'imaginer qu'elle n'est ni plus ni moins que la vieille peau dont je me suis dépouillée. La Mode marchera de pair avec la Vanité, et les hommes dissiperont le meilleur de leur vie dans une vaine poursuite... Maintenant, aide-moi à me dévêtir complètement de ma vieille enveloppe. Le manque d'exercice m'a ankylosée.

Lucifer était dans le ravissement.

— *Per Bacco*, s'écria-t-il, c'est là une brillante idée.

Il prit la grand'maman par la taille, et entama avec elle une valse entraînante, que personne ne put voir danser sans surprise. La grand'maman était hors d'elle-même, riant à perdre haleine, et gaie comme elle ne l'avait jamais été.

— Ils adoreront ma peau! s'écria-t-elle; je te dis qu'ils adoreront ma peau!

VIII

Vous éprouverez peut-être quelque surprise à m'entendre parler littérature en enfer. Mais vous comprendrez bientôt qu'il ne saurait en être autrement. Tout ce qui est mauvais vient naturellement en enfer : les livres d'abord ; puis leurs auteurs, et, enfin, leurs éditeurs. Nous sommes donc au courant des choses littéraires — au moins de celles qui appartiennent à certaines catégories. C'est ainsi, par exemple, que la littérature élégante nous a pourvus d'une innombrable quantité de romans, très populaires, mais licencieux. Pas de nation civilisée qui n'en produise en grand nombre — les uns ont la corruption raffinée, les autres sont cyniquement impudiques. Beaucoup d'écrivains — surtout parmi les femmes auteurs — semblent se donner pour mission dans la vie de dépraver le goût de leurs lecteurs. Je pourrais citer des noms. Je me retiens. Je veux seulement faire savoir à ces dilettantes de la plume, dames ou messieurs, qu'ils sont bien connus ici. J'exciterai peut-être leur vanité, en leur apprenant que leur renommée est allée fort loin, et que leurs livres sont feuilletés par toutes les mains comme il faut, non pas sur la terre seulement, mais aussi en enfer. Cependant la médaille a un revers qui ne doit point laisser que de les assombrir quelque peu. En ce moment ils ne connaissent que la gloire de leur nom, et ils en jouissent; ce n'est que plus tard que le compte final s'établira, et qu'ils recevront ce qui leur sera dû.

Cette branche de prétendues *belles-lettres*, qui comprend les romans malhonnêtes, est très en vogue sur la terre, où ce ne sont point les bons livres qui enrichissent les auteurs et les éditeurs. Ce sont les autres qui servent de pâture aux masses — pâture malsaine, et qui ne leur profite guère.

Nous ne manquons pas non plus d'écrits théologiques, se recrutant surtout parmi les commentaires modernes. Que de sermons, d'homélies, de traités de casuistique nous arrivent par ballots, précédant, à des intervalles plus ou moins longs, les pasteurs mercenaires qui les ont composés. Le Moyen Age est très largement représenté chez nous par des ouvrages dans lesquels le fanatisme ne s'allie que trop intimement au mensonge. L'école moderne atteignit son apogée à l'époque de Voltaire et des encyclopédistes, et reprit un nouvel essor avec Kant et ses émules. On les lit beaucoup chez nous; car, même en enfer, il y a tout une secte qui s'efforce de propager l'athéisme, en se disant que, même ici, ceux qui croient et tremblent sont peut-être les plus malheureux.

A côté de la théologie pure, on trouve aussi chez nous ce que j'appellerai le puff-théologique ; les fanatiques toqués, et toutes ces variétés de faux prophètes qui font de la religion un véritable commerce. Ici, nous nous moquons de leurs effusions littéraires. Ces sortes d'écrivains meurent jeunes presque toujours; aussi nous arrivent-ils presque en même temps que leurs ouvrages. Ils ont ici une place réservée qui ne ressemble guère au paradis dont ils se regardaient comme les héritiers certains, à cause de leurs étranges doctrines.

L'enfer est aussi peuplé de philosophes, qui forment ici une tribu assez inoffensive. Les uns tâtonnent pour trouver une philosophie qui renferme en elle la bonté et la piété ; les autres sont tout simplement les victimes de quelque manie inoffensive, et qui ne peut faire de mal à personne. Nous ne lisons les livres que de ceux dont la supériorité d'esprit fait des chefs d'école ; de ces professeurs qui groupent l'univers dans une salle de dix pieds carrés ; qui résolvent tous les mystères de la vie, dévoilent l'éternité, et font tenir l'infini dans la coquille de noix de leur cerveau.

Il faut bien que je mentionne en passant la littérature des légistes. Je ne voudrais pas que mon oubli passât pour une offense à la noblesse de robe. Disons la chose comme elle est : je respecte la justice; mais je me défie de ses interprètes. Est-ce que l'on n'a pas prétendu que le diable avait commencé par être avocat ?

Au risque de les offenser, j'ai gardé pour la fin les écrivains de revues, qui ne peuvent guère se flatter d'obtenir pour leurs œuvres autre chose qu'une durée éphémère. La plupart des revues sont écrites par des ignorants, inspirés par l'envie ou la méchanceté. Ces gens-là forment une espèce à part, et ils n'ont pas été nourris dans leur enfance avec le lait de la tendresse humaine. Ce sont des misanthropes, ou, pour mieux dire, des cyniques, dont le plus grand plaisir est d'aboyer et de mordre.

Je dois cependant reconnaître que c'est principalement grâce à ces nombreuses revues que nous sommes tenus au courant des principaux événements du marché littéraires. Chaque fois qu'il nous arrive ici un morceau de critique acerbe et mordant, nous nous disons qu'il a été, selon toute probabilité, inspiré par une publication excellente — tout au moins inoffensive. On n'attaquerait pas ainsi ce qui serait véritablement mauvais.

Et les journaux, direz-vous? Il est évident qu'ils ne peuvent pas valoir grand'chose, puisqu'ils n'ont d'autre mobile que l'intérêt; d'autre but que la pensée du lucre. Gagner de l'argent, voilà tout ce qu'ils veulent. Ils se vendent au parti qui les paie, sans s'inquiéter le moins du monde de ce qui peut être utile au public.

Nous recevons également des montagnes de notes, de mémorandums, et de dépêches, dont le génie des diplomates surveille la phraséologie ambiguë. Toute cette paperasserie peut produire encore quelque illusion sur la terre. Mais ici nous savons bien que rien n'est plus faux, plus cruel, plus opposé à la volonté de Dieu que ce qui émane de ces prétendus grands politiques.

Par cette esquisse rapide, vous pouvez voir que nous ne manquons pas de lecture. Mais vous jugez bien aussi que les misérables productions qui parviennent jusqu'à nous ne sont pas faites pour nous édifier et nous instruire. Si elles nous donnent le moyen de suivre les événements du monde, c'est à la condition que nous prendrons le contre-pied de ce qu'elles nous disent. Mais la lecture n'est pas un plaisir pour nous — au contraire ! — plus nous lisons, et plus nous sommes attristés. Mais, malgré la nausée qu'il nous donne, nous ne pouvons sortir du bourbier de cette littérature menteuse.

Pendant que je vivais sur la terre, je n'imaginais point que je dûsse jamais être reconnaissant de quoi que ce fût. Santé, richesse, jours heureux, j'acceptais tout, comme des biens m'appartenant de droit. Si j'y pensais quelquefois, ce n'était que pour souhaiter davantage encore. Je n'étais satisfait ni de la vie telle que je l'avais, ni du monde au milieu duquel je me trouvais. Aujourd'hui les choses m'apparaissent sous un tout autre aspect; les dons de la vie me semblent des présents d'un prix inestimable — et tout à fait immérités. Oh ! la vie ! qu'elle me semble aujourd'hui désirable ! Oui, sans doute, il y a sur la terre des misères et des ennuis : j'en ai bien eu ma part ! — Mais ce n'est plus rien pour qui connaît les malheurs de l'enfer. La plus infortunée créature de la terre trouve encore chaque jour quelque motif de s'agenouiller, pour remercier son créateur. L'air, la lumière, le morceau de pain qui apaise la faim de vos entrailles, sont autant de bienfaits que méritent votre reconnaissance. Je ne le savais pas autrefois... à présent je le sais -- mais il est trop tard ! Tout est fini pour les habitants de l'enfer, et rien ne peut plus leur servir.

Je vous ai déjà dit que j'étais continuellement la victime de mes souvenirs ; mais ce que je ne puis vous faire comprendre, c'est l'intensité même de ce supplice. Que la pensée des fautes que j'ai commises devienne en quelque sorte un feu qui me dévore, ceci, après tout, doit paraître assez naturel. Mais que de choses, auxquelles, dans le monde, on ne prend pas même garde, et qui sont ici la cause de redoutables punitions. Le moindre mensonge, la plus légère injustice, chaque parole trompeuse, un mauvais exemple, un manque de bonté, tout cela revit à nos yeux, et nous déchire le cœur avec l'aiguillon du repentir inutile. Je ne pensais guère à ces choses pendant la vie. A présent elles se dressent devant moi ; elles s'amoncellent en formidables pyramides... Je les vois .. et je tremble...

Laissez-moi vous citer un trait entre mille. Je me suis vu dernièrement hanté par le regard douloureux d'un gamin des rues. Cet œil plein de larmes, il me poursuit partout, comme un accusateur qui se dresse contre moi.

Voici comment la chose arriva.

Un soir que je me promenais au parc, un pauvre petit mendiant trottait à mes côtés, désireux de me vendre pour un sou d'allumettes. Je n'en avais nul besoin et je le lui dis. Mais lui me poursuivait toujours en criant :

Un sou, monsieur, un petit sou, s'il vous plaît !

Il m'ennuyait ; je le pris par le bras et le poussai rudement. Bien qu'en ce moment je n'eusse point la moindre tendresse dans l'âme, je n'avais pas eu la plus légère intention de lui faire de mal. Ce n'était certes pas une faute que de ne lui point acheter d'allumettes. J'avais le droit de le refuser — à la condition, toutefois, de le faire avec douceur. Mais il m'ennuyait, et j'étais en colère. De là ma brutalité. Il tomba sur la chaussée. J'entendis un cri. Peut-être s'était-il blessé dans sa chute ; peut-être était-ce seulement le chagrin de voir ses allumettes répandues dans la boue. Je retournai la tête, et je rencontrai ses yeux, pleins de douleur et de silencieux reproches. Il m'était si aisé de réparer ma faute ; avec si peu de chose je pouvais faire tant de bien au pauvre petit diable... mais je m'en allai, insouciant de son chagrin.

Mais ce n'est point seulement de nos actions qu'il nous faut rendre compte. C'est encore de nos paroles mauvaises, légèrement dites. Elles s'échappent de nos lèvres, comme des flèches empoisonnées, et elles reviennent contre notre cœur. Réfléchissez à cela, vous qui vivez, et gardez-vous des discours inconsidérés ou méchants.

Nos pensées mauvaises nous reviennent aussi et nous rongent le cœur. Rien n'est perdu dans le monde, prétendent certains philosophes. C'est surtout dans le monde moral que cette sentence est vraie... terriblement vraie !

A côté du mal que nous avons fait, on nous montre aussi le bien que nous pouvions faire, et que nous n'avons pas fait... Que d'occasions n'ai-je point perdues ainsi, et qui sont devenues pour moi des sources de remords et des causes de châtiment. Si les vivants pouvaient savoir !

Je me souviens encore d'une pauvre famille, qui

vivait dans un misérable cottage, non loin du château princier que j'habitais. Chaque fois que je plongeais mes regards, par la fenêtre basse, jusque dans le sombre intérieur, une tête chauve, se balançant de droite à gauche à des intervalles réguliers, attirait mon attention. Je fus longtemps sans voir le visage. C'était le père d'une nombreuse famille, santé délabrée, gagnant avec peine la pâture de tous. Mais ce n'était pas seulement la nécessité qui le courbait sur sa tâche. Il semblait aimer son travail avec passion. C'était un sculpteur sur bois, d'une habileté peu commune. Il travaillait pour une importante maison de jouets d'enfants de la ville voisine. Détail singulier, il excellait surtout dans la reproduction des bêtes féroces, lui qui semblait personnifier la plus excessive douceur. Les lions, les tigres et les loups ornaient l'appui de sa fenêtre. Ce mouton vivait tranquille dans leur terrible voisinage. J'ai dit que l'homme était malade, et la famille nombreuse. La femme était blanchisseuse. Ils s'aidaient mutuellement ; chacun essayant d'alléger la charge de l'autre. Mais la mauvaise fortune les accabla. La maison qui lui donnait du travail fit faillite. Le pauvre homme perdit son gagne-pain. La tête chauve ne se montra plus à la fenêtre.

Le cottage avait l'air d'un tombeau. Qu'était-il devenu? Je me le demandai... mais ce fut tout ! Mon égoïsme ne me laissait pas le loisir de m'inquiéter des affaires des autres.

Cependant, je retrouvai l'occasion sur mon chemin. Je vis le sculpteur : non pas seulement la tête chauve ; mais lui-même, l'homme tout entier. Le pauvre, abattu par la mauvaise fortune, et peu habitué aux dures besognes, travaillait dans une briqueterie, tremblant sur ses genoux.

Je ne pus me défendre d'en avoir pitié. Je savais qu'il s'épuisait pour gagner la vie de ses petits. Il était en danger de mort, aussi sûrement que si les lions, les tigres et les loups, dont il avait sculpté les images, eussent été rassemblés autour de lui pour le dévorer. Un jour, je fus témoin d'une scène touchante. Il pouvait être midi. Je passais par là. Je vis la femme qui était venue apporter le dîner de son mari — un dîner que je n'aurais pas même voulu regarder. Avec quelle tendresse elle essuyait le front humide du travailleur fatigué ! et les enfants, comme ils s'attachaient à lui — car ils étaient venus tous — les plus petits grimpant le long de ses jambes... Et lui, comme il était reconnaissant de leur affection, qui lui donnait la force de tenter de nouveaux efforts pour gagner une misérable pitance !

Oui vraiment, je fus touché, et je m'en allai en me disant que je devais faire quelque chose pour cette famille, qui luttait si péniblement contre la misère. J'aurais pu aisément trouver pour l'homme quelque poste, qui, tout en n'exigeant de lui qu'un travail moins pénible, leur eût assuré à tous un certain bien-être... Oui, je voulais m'en occuper... mais il me survint je ne sais quelle affaire ; d'autres objets occupèrent mon esprit, et j'oubliai ces pauvres gens... Je m'en souvins plus tard, mais trop tard ! l'homme était mort et la famille ruinée.

Je faisais allusion tout à l'heure aux mauvaises paroles et aux dangereux discours... Que de jeunes hommes dont je dois me reprocher la perte, et dont j'ai les fautes sur la conscience, parce qu'ils se sont jetés dans le mal pour avoir suivi mes conseils perfides... Ce remords-là est peut-être le plus cruel de tous ceux que j'éprouve. Dans certains cas, le péché est comme le torrent des montagnes, qui renverse ses digues, et qui promène partout la destruction aveugle. Vous mourez ; mais votre péché est immortel, et il produit parfois après vous une terrible moisson de crimes.

Je me rappelle m'être trouvé un soir dans un

souper de jeunes gens. J'étais le plus âgé de la compagnie ; j'avais pour moi le prestige de mes succès et l'avantage d'une position sociale supérieure. Je fus entouré, choyé, flatté, adulé. On me demanda le moyen le plus sûr de réussir dans le monde. Je me levai comme pour un toast, décidé à leur faire partager le fruit de mon expérience. « Osez être heureux ! » tel fut le thème que je choisis et que je développai. C'est parce que j'ai osé, leur dis-je, que j'ai conquis la situation que j'ai aujourd'hui, que j'ai fait de ma vie comme un enchaînement de succès et de triomphes, et que j'ai eu en partage tous les bonheurs qu'un homme peut souhaiter. Jamais cœur timide ne fit la conquête d'une belle ! Vous entrez dans la vie ; je ne puis vous donner de meilleur conseil que celui-là : Osez, osez être heureux ! Salomon n'a rien trouvé de mieux dans son fameux livre de la Sagesse.

Ils me remercièrent avec des hurrahs enthousiastes, et j'ai su depuis que quelques-uns des convives n'avaient que trop profité de la leçon : par ma faute, ils se sont perdus, et ils en ont perdu bien d'autres après eux. Il y a eu là comme une succession de fautes dont on n'a pas encore vu la fin... et dont je suis responsable.

J'ai encore un autre souvenir... mais celui-là me brûle comme un plomb fondu qui me tomberait sur le cœur. J'étais en visite chez des amis à la campagne, et je me disposais à les quitter pour retourner à la ville. La voiture était devant la verandah, et moi au bas de l'escalier, quand je me rappelai tout à coup que j'avais oublié quelque chose dans mon appartement. Je remontai, et je tombai sur une petite femme de chambre, déjà occupée à remettre les choses en ordre. Elle était jeune et belle comme Hébé : dix-huit ans à peine. Que vous dirai-je? la tentation était forte ; je la pris dans mes bras, et lui donnai un baiser. Elle s'arracha à mon étreinte, les rougeurs de la honte sur le visage.

— Ah! monsieur, me dit-elle, de grâce, laissez-moi! Je ne suis qu'une pauvre fille, mais je suis honnête !

— Pauvre, mon enfant! répliquai-je, vous, pauvre! Allons donc! avec une figure et une tournure comme celles-là on n'est jamais pauvre ! Vous pourrez acheter, quand vous le voudrez, le cœur d'un millionnaire! La beauté est un capital qui rapporte une fortune, quand on sait la faire valoir.

C'étaient bien là les paroles de la situation. Les

hommes légers et perfides ont toujours à leur service une provision de mots comme ceux-là.

La jeune fille se tenait debout devant moi, silencieuse, rougissante encore. Je continuai :

— Maintenant, ma toute belle, je veux un second baiser ; mais celui-là vous me le donnerez vous-même, et de bonne volonté, pour me récompenser de l'utile leçon que vous me devez... Nous nous reverrons... je vous le jure !

Elle résistait encore ; mais j'étais jeune et beau, profondément versé dans l'art de persuader. Je la pris de nouveau dans mes bras, et, cette fois, ce fut elle qui me donna le baiser demandé. Elle était en mon pouvoir. Je le sentais. Mais le moment eût été mal choisi. J'entendais les chevaux qui piaffaient d'impatience, et je devais prendre le train. Je relâchai mon étreinte, en laissant intact le capital dont je lui avais appris la valeur.

Je ne vis pas grand mal dans ce que je venais de faire. Combien d'autres à ma place, n'auraient ni agi ni parlé autrement... Eh ! cependant, je venais de me rendre coupable d'un épouvantable crime. J'avais trouvé cette jeune fille pure, et j'avais empoisonné dans sa source le sang même de sa vie. Son innocence était morte à jamais. La corruption avait pris racine dans son âme. Quelle carrière a-t-elle parcourue depuis lors? Je ne l'ai que trop su. Fiancée à un honnête ouvrier, elle refusa de l'épouser, parce qu'elle avait compris qu'une fois mariée elle ne pourrait plus faire produire les intérêts qu'elle convoitait au capital de sa beauté. Le malheureux l'aimait, et c'est à peine s'il put survivre à sa perte. Quant à elle, voulant à tout prix atteindre son but, elle jeta ses filets à droite et à gauche. Mais, si habile qu'elle se crût, au lieu de prendre ce fut elle qui fut prise. Elle comptait vaincre, et elle fut vaincue; puis finalement abandonnée. Mais la terrible leçon que je lui avais donnée ne lui profita que trop. Elle devint la plus raffinée et la plus dangereuse des courtisanes. Elle ruina tous ceux qui l'approchèrent, sans pour cela devenir riche elle-même, et, après toutes sortes d'aventures et de dégringolades, elle tomba de chute en chute dans la plus profonde misère. Mais elle ne mourut pas sans avoir fait à son tour des élèves qui mirent aussi en pratique l'abominable maxime qu'elle tenait de moi — et pour laquelle je suis châtié :

« La beauté est un capital, sachez le faire valoir! »

C'est qu'elle est terrible la force de l'exemple, et terribles aussi sont les responsabilités qu'il entraîne...

C'est pourquoi vous les trouverez si nombreux en enfer, ceux qui ont eu charge d'âmes, et qui ne se sont point acquittés de leur devoir — parents, gardiens, tuteurs, maîtres de toute espèce. — Ils vont tout droit en enfer, les premiers — mais ils sont suivis dans l'horrible royaume par ceux auxquels ils devaient montrer le chemin de la vie... et les enfants de ceux-là les suivent à leur tour, amoncelant ainsi des générations de damnés qui maudiront éternellement l'auteur de leur perte...

Quand je pense à cela, je n'ose plus lever la tête... Martin ! qu'en ai-je fait ? Qu'est-il devenu ? S'il est perdu, ne suis-je pas la cause de sa perte, de la sienne, et de celles de ses enfants ? Je n'ai pas de famille sur la terre ; mais j'en ai une, hélas ! trop nombreuse en enfer !...

Ce Martin ! je l'aimais bien, pourtant ! mais ce n'était peut-être là que de l'amour-propre ! Je l'aimais comme un reflet de moi-même... Ce qui parfois ne m'empêchait pas de me sentir jaloux de lui... Il devenait plus beau, plus attrayant que je ne l'avais jamais été. Je me rappelle qu'un jour je me sentis profondément humilié, en faisant cette fâcheuse découverte. Je m'étais surtout occupé de son développement physique, dont j'avais seul la direction, laissant à d'autres le soin de cultiver son intelligence. Je lui appris la gymnastique, et tous les exercices virils dans lesquels j'excellais : l'escrime, la lutte et le reste. Il était grand et fort, admirablement proportionné. A vingt ans, il rappelait les beaux athlètes du monde antique. Nous nous exercions tous les jours, et je trouvais qu'il gagnait en proportion de ce que je perdais. Il vint un moment où je ne l'emportai plus sur lui qu'avec peine. Bientôt — je ne puis point maintenant encore garder mon calme quand je parle de cela — ce fut lui qui, avec une force d'Hercule, me tenant sous lui, me fit toucher le sol des épaules. A partir de ce moment, je fus obligé de reconnaître sa supériorité. La chose était toute naturelle. J'avais dépassé mon zénith — il montait vers le sien... J'en étais mortifié et ne pouvais lui pardonner ses victoires. J'étais fier de lui ! pourtant, et je l'aimais chèrement.

Mais je ne fus plus maître de ma jalousie quand il l'emporta aussi sur moi dans la faveur des femmes. Cela, c'était plus que mon affection même n'en pouvait supporter.

Viendra-t-il me rejoindre ici ? Oui, si j'en crois le battement de mon cœur. Alors j'aurai la réponse à cette question brûlante, qui remplissait mon âme, au moment où je quittai la vie, et qui me brûle encore d'un feu que je reconnais au milieu même des feux de l'enfer... Cette réponse, dois-je la désirer? — J'ai parfois comme un pressentiment qu'elle m'écrasera sous son horreur! N'importe — si affreuse que soit la vérité — j'ai faim et soif de la savoir! Qui me la dira?

IX

Je ne sais rien de plus effrayant que le profond silence qui règne en enfer, parmi ces myriades d'âmes. J'avais cru tout d'abord que je m'y accoutumerais... mais on ne s'accoutume point à cela ! Ce silence vous accable et vous oppresse ! Quel contraste avec ce tumultueux brouhaha de la terre, composé de mille bruits. La vie peut être très excitée ici, très agitée même... mais, pour l'oreille, c'est toujours la mort. Les communications que nous pouvons avoir ici entre nous, n'ont pas lieu par l'intermédiaire des sons. Si nous croyons entendre, ceci encore est une illusion.

A mesure que la lumière s'accroît, l'attente d'un moment solennel nous semble de plus en plus redoutable. Oui, je tremble quand je songe à ce rayonnement éclatant qui, partant de l'autre côté de l'abîme, viendra frapper mes yeux éblouis. Il faudra que je le supporte ! Le paradis, ainsi aperçu de l'enfer, ce doit être un spectacle terrible... un spectacle à déchirer le cœur... Et, cependant, je le désire de toute l'ardeur de mon âme, quelles que soient les tortures nouvelles qu'il m'apporte avec lui.

Autrefois, dans les temps évanouis dont la mémoire se perd, n'y avait-il point une prière appelée l'*Oraison dominicale*, et qui commençait ainsi : « Notre Père ! » Une prière, source d'infinies bénédictions pour ceux qui savaient lui ouvrir leurs cœurs... Je crois toujours que je me rappelle... Mais non, il m'est impossible de me rappeler les paroles... elles semblent voltiger, et quand je dis : « Notre Père ! » je m'imagine toujours que le reste va suivre... Illusion ! Rien ne vient ! J'ai oublié ! Ah ! je sais pourtant qu'il y a un père... mais ce n'est pas mon père, à moi ; je sais que je ne suis pas son fils... Ces paroles sacrées, elles existent pourtant quelque part... mais où ? Qui me les rendra ?... Oh ! j'en ai soif ! et il n'y a pas ici une goutte d'eau pour rafraîchir ma langue !

Je reviens à ma triste vie. Nous avons du moins

l'avantage ici de pouvoir choisir les gens que nous voulons voir. Ce serait mourant s'il fallait frayer avec les coquins de toutes sortes qui pullulent en enfer, filous, voleurs, assassins, et le reste ! Moi, j'ai toujours été un gentleman ! Au fond, je ne vaux peut-être pas beaucoup mieux que ceux que je qualifie de canailles. La seule différence est tout extérieure, et consiste dans un certain vernis dont nous sommes très fiers là-haut. Mais notre indignité est peut-être aussi grande — sinon plus grande ! — que celle de ces misérables ; mais il s'en faut qu'elle soit aussi grossière. Nous gardons toujours un raffinement qui flatte nos idées de supériorité. Nous avons séduit des jeunes filles, mais nous ne l'avons pas dit ; nous nous sommes enrichis des dépouilles d'autrui, mais l'argent des autres, nous appelions cela les affaires ; nous étions orgueilleux, mais nous ne faisions que réclamer les privilèges de notre rang ; nous étions menteurs et tricheurs, mais nous portions des gants de peau et des habits à la mode du jour. En somme, des gens très bien ! Vous connaissez le proverbe : « A la plume on reconnaît l'oiseau ! » il a cours en enfer. Nulle part on ne se rend mieux compte de ce que peuvent bien être les gens à qui on a affaire. La transparence des vêtements rend peut-être la chose plus facile, et nous aide à ne nous point fourvoyer dans le mauvais monde.

J'ai rencontré l'autre jour une charmante jeune femme, qui était reçue dans la meilleure compagnie. Son histoire était connue — mais ne nous empêchait pas de la voir. Elle avait abandonnée sa mère, veuve, vieille et presque aveugle, pour suivre un bel acteur. Elle fut frappée de mort soudaine, dans la plus brûlante fièvre de sa passion, et, tout naturellement, vint en enfer. Dans les transes glaciales du froid que nous connaissons tous, elle n'en brûlait pas moins du désir de revoir sa mère — qu'elle ne reverra jamais — et son amant qu'elle attendait avec la plus vive impatience. Elle était assez égoïste pour désirer de le voir arriver tout de suite. Ils s'étaient promis de vivre et de mourir ensemble. Mais il n'était pas aussi pressé qu'elle, et il la fit attendre des années... Toujours fort éprise, elle le voyait encore tel qu'elle l'avait connu, beau, dans la prime-fleur de sa vie, idole du public. Il arriva enfin, décrépit, chassieux, se traînant sur des béquilles, avec un visage qui ne disait que trop clairement son existence passée. Quelle rencontre! Elle recula devant une telle apparition. Était-ce donc là vraiment l'amant de sa jeunesse, celui pour qui elle avait péché, pour qui elle avait souffert. Elle eût voulu le fuir. Elle est obligée de le garder. Mais ici la société est collet-monté ; elle n'accepte point ce qui la froisse, et, si charmante que fût cette jeune femme, nous avons dû cesser de la voir.

Il y a beaucoup d'amour sur la terre ; il y en a même trop. On ne sait pas combien de gens l'amour a conduits en enfer.

Il nous est arrivé ici, voilà déjà quelque temps, une femme qui n'était plus jeune, mais qui était encore belle : œil bleu, chevelure blonde, très attrayante, l'amabilité en personne. Nous nous demandions ce qui avait bien pu la conduire en enfer. Eh ! bien, c'était son amour effréné pour son mari. Rien n'était plus touchant que de l'entendre dire comment elle lui avait sacrifié sa vie, l'aimant beaucoup plus qu'il ne le méritait. Ce n'était pas de l'amour, c'était de l'idolâtrie. Pour lui elle oubliait tout — même son Dieu ! Ce n'était pas Dieu qu'elle adorait — c'était son mari ! Comment donc aurait-elle pu être heureuse au ciel sans lui ? A première vue son amour était touchant, sans doute — mais, au fond, ce n'était qu'un égoïsme déguisé, et c'est ce qui l'a entraînée dans l'enfer.

Ici encore cet immortel amour persiste et devient son tourment. Elle l'a revu, car il est venu ici à son tour; mais il est venu le cœur tout plein d'une autre passion... Il ne lui avait jamais été fidèle. Voilà comment elle a été récompensée. L'enfer même en a pitié.

Si l'enfer est un séjour d'éternelle douleur, il y a des moments où cette douleur est accompagnée d'une inexprimable angoisse. Notre vie est en quelque sorte suspendue; nous sommes tous haletants, sans mouvement et sans voix... C'est que nous attendons Satan, qui va venir passer la revue des âmes. Le pouvoir suprême et définitif ne lui a pas été donné sur ces âmes, qui ne sont pas encore jugées. Mais il sait attendre. Il se réjouit à la pensée qu'elles sont siennes, bien que le moment d'en prendre possession soit différé pour lui, et que l'heure viendra, où les méchants séparés des bons deviendront sa proie pour l'éternité.

Souvent, dans ma jeunesse, je donnai des espérances de vertu. Je promettais d'être bon ; mais je ne parvins jamais à être vraiment chrétien. Ce fut principalement Lily qui fut pour moi l'instrument de la grâce divine. Il lui fut donné de tout temps un étrange pouvoir sur tout mon être. Elle exerçait je ne sais quelle secrète influence, tout à la fois puissante et sainte. Elle était emplie de la grâce céleste.

L'hiver, après le dîner, nous restions parfois dans une demi-obscurité, éclairés seulement par les lueurs du foyer, tandis que des ombres fantastiques se projetaient autour de nous dans la vaste pièce. Ma mère s'en allait, et, Lily et moi, nous restions à rêver. Mais combien étaient différentes, et l'une de l'autre éloignées, les sphères dans lesquelles s'égaraient nos songes ! J'aurais passé des heures à la regarder ainsi, pendant qu'elle était assise, sur la petite chauffeuse basse, dans la lumière, tandis que moi je restais dans l'ombre, sans qu'elle me vît, ce qui ajoutait encore à mon plaisir. Elle tenait ses mains croisées sur ses genoux, comme elle aimait à le faire dans ses heures de rêverie. Comme elle était belle, alors, un peu pâle, mais si poétiquement idéale ! Les lueurs rouges du foyer se reflétaient dans ses yeux étranges, qui brillaient d'un merveilleux éclat. Ses traits me paraissaient transfigurés. De temps en temps elle poussait un profond soupir. Je sais maintenant quelles pensées occupaient alors son esprit. Je la couvais des yeux, tout entier sous le charme de cette beauté parfaite. Si ce que l'on dit du magnétisme a quelque fondement, elle devait, dans ces moments-là, sentir mon regard sur elle. Parfois, je croyais deviner chez elle une sorte de malaise. Elle essayait de se débarrasser d'un souci pénible. J'avais quelque peine à ne pas la saisir dans mes bras, à ne pas l'étreindre contre ma poitrine... Mais je parvenais à dompter ce désir : j'aurais rompu le charme !

Quelquefois Lily s'asseyait tout près de moi. C'étaient alors de douces causeries. Jamais elle ne me refusa sa confiance. Un soir je lui demandai à quoi elle pensait, quand je la voyais si tranquillement assise sur sa petite chauffeuse.

— A quoi je pense ? reprit-elle doucement ; ah ! Philippe, à beaucoup de choses, les unes tristes, les autres gaies. Mon imagination me ramène aux anciens jours, quand je vivais au delà des mers ; parfois aussi mes pensées s'envolent au delà des étoiles, vers d'autres mondes. Tantôt je me crois dans la Louisiane, ce beau pays, si complètement différent de l'Europe — riche, grand, magnifique, où l'hiver est inconnu. Tout près du fleuve immense je vois une maison, avec une véranda ombragée, et une salle à colonnes. Tout à l'entour, les arbres du midi étalent leur végétation luxuriante. C'est là que je suis née ; c'est là que m'attachent mes plus jeunes souvenirs... il m'a fallu la quitter cette aimable maison — elle n'est plus à moi. Je me vois errante et sans repos sur les vastes mers ; abordant en cent pays; voyant mille choses diverses, et rencontrant partout de bonnes gens. Mais il y a une chose que je ne trouve nulle part...Alors je prends mon vol au-dessus des nuages, au-dessus de la lune, au-dessus des étoiles; je me crois perdue, quand tout à coup je me trouve dans un jardin magnifique. C'est le jardin de Dieu, c'est le paradis. J'y retrouve mes chers parents... Je savais bien que je les retrouverais un jour. Là mon âme est en paix; je ne désire plus rien. J'ai mon père ; j'ai ma mère. Ils me disent combien ils sont heureux, et combien ils m'aiment.

Les yeux de Lily brillaient d'une lueur céleste, comme la lumière du paradis dont elle parlait. Elle soupira et continua, lentement :

Moi aussi, je suis heureuse ; mais d'un bonheur qui dure peu. Le domestique arrive avec la lampe. Je reçois comme un coup au cœur, et je suis précipitée du ciel... Je promène autour de moi des yeux qui ne voient pas... C'est à peine si je sais où je suis. Je me sens triste et solitaire. Comprenez-vous cela, Philippe ?

Eh! sans doute, je comprenais! c'étaient là de folles rêveries, qui pouvaient la rendre malade. Il ne fallait pas lui permettre ces fantaisies du crépuscule. Cependant je ne le lui dis point.

Un soir, elle me fit cette question à brûle-pourpoint.

— Philippe, qu'est-ce qui rend les gens heureux?

La question me dérouta bien un peu; mais, pourtant, je n'étais pas à court de réponse.

— Leur cœur, lui dis-je; puis une bonne santé, une maison agréable, confortable de tous points, et un petit groupe choisi qui vous aime.

— Très bien! Je crois que j'ai tout cela. Suis-je heureuse?

— Ne le seriez-vous pas, ma chérie?

— Je ne sais pas! reprit-elle lentement. Il me semble qu'il me manque quelque chose, sans que je puisse dire quoi. Je crois que personne n'a besoin de moi pour être heureux... Je ne suis utile à personne!

— Vous n'avez pas le droit de parler ainsi, Lily! Ne faites-vous point les délices de ma mère, et de moi? Allez! nous avons besoin de vous, et vous nous êtes plus utile que vous ne pensez. Mais pourquoi donc une petite fille comme vous se met-elle en peine d'être utile ? Vous n'avez à vous occuper que d'une chose, c'est d'être heureuse, et de bien apprendre vos leçons, ainsi qu'il convient à une gentille créature comme vous, destinée à devenir une aimable petite femme, et à faire la joie de ceux qui l'aiment. Ne faites-vous point déjà celle de ma mère et de moi ?

— Je ne vous suis pas nécessaire... et il y en a tant d'autres...

— C'est ce qui vous trompe ! Vous nous êtes nécessaire... C'est si bon d'avoir quelqu'un à aimer !

Lily secoua sa jolie tête.

— Je ne suis rien pour vous, rien pour votre mère, reprit-elle. Je ne vous appartiens pas. Vous m'avez trouvée. Vous avez été bons pour moi... et voilà tout !... Mais que suis-je ?

— Ce que vous êtes, Lily ! Eh ! bien, si vous n'êtes rien de plus, vous êtes du moins une chère petite amie, et je ne vous donnerais pas pour le monde entier !

— Une amie ! est-ce que c'est quelque chose, cela ? fit-elle, toute rêveuse.

— Oui, repris-je, c'est quelque chose ! c'est même une grande chose ! Une petite amie comme vous, c'est une jeune fille aimante, qui est prête à donner non seulement tout son cœur, mais elle-même tout entière à celui qu'elle aime ; elle adoucira ses chagrins s'il en a ; elle doublera ses joies. La petite amie que j'ai besoin de trouver en vous, Lily, c'est le plus précieux trésor que la vie puisse me donner.

Elle me regarda avec un certain étonnement.

— Je ne vous comprends pas, me dit-elle.

— Vous n'avez pas besoin de me comprendre ! Un jour viendra où tout ceci vous semblera fort clair. Mais il est une chose que vous pouvez me promettre dès aujourd'hui... Voulez-vous être ma petite amie ?

Elle hésita un moment, puis, plongeant ses yeux étranges tout droit dans les miens, elle me dit, avec une candeur adorable :

— Oui, cher, je veux bien ! C'est bon d'être quelque chose !

— Mais vous êtes tout pour moi, Lily ! Ah si vous saviez !

A partir de ce moment il y eut entre nous une entente aimable. Souvent quand nous nous rencontrions, ou quand je la quittais pour aller en ville, je murmurais à son oreille :

— Lily, chère petite amie ! Alors, elle, me souriant avec son sourire d'ange :

— Oui, cher, disait-elle, c'est bon d'être l'amie de quelqu'un !

Ah ! j'aime le souvenir de ces heures du soir, où elle était assise près de moi ; où je pouvais caresser la soie de ses cheveux, et tenir sa petite main dans la mienne. Mais je voyais bien que, même près de moi, elle songeait encore soit à son pays, soit au ciel... et je ne pouvais me défendre d'être jaloux de ces rêves où je n'étais pas.

Un soir, je lui demandai :

— Est-ce que, vraiment, je suis quelque chose pour vous ?

— Serait-il possible que non ? répondit-elle. Je n'ai plus ni père ni mère ; plus personne qui s'occupe de moi, excepté votre mère et vous... Vous voyez bien que je dois vous aimer...

— En effet ! mais, dites ! ne pourriez-vous point m'aimer davantage encore ?

— Je le crois ! répondit-elle avec son grand air sérieux.

— Et que devrais-je faire, pour être aimé de vous davantage ?

— Il y a une chose, Philippe, que vous pourriez

faire. Je suis une orpheline. Je n'ai plus ni mon père, ni ma mère ; mais la parole de Dieu m'a fait savoir que j'avais des frères et des sœurs, en grand nombre — en très grand nombre ! Je sais cela ! malheureusement je ne les connais pas ! Je ne puis pas aller à leur recherche. Je ne suis qu'une pauvre petite fille, étrangère au monde, et ce que je puis faire est bien peu de chose. Mais vous, Philippe, vous êtes un homme ; vous êtes riche ; vous êtes habile ; vous êtes répandu. Voulez-vous me permettre une chose ? Chaque fois que vous rencontrerez quelque petit frère ou quelque petite sœur de votre Lily dans le besoin, soyez bon pour eux, ayez pitié d'eux, pour l'amour de Dieu et pour l'amour de moi ! Ou plutôt, si vous êtes réellement bon, cherchez-les, et, quand vous les aurez trouvés, emmenez-moi avec vous, afin qu'à nous deux nous puissions les consoler et les secourir ! Voulez-vous me le promettre ? vous serez ainsi le plus cher de mes amis.

Je sentis que les larmes me venaient aux yeux, et je demeurai un moment sans pouvoir répondre. Je lui dis enfin :

— Si je fais ce que vous désirez, Lily, êtes-vous sûre de m'aimer toujours, toujours ?

— Oui ! et je ne puis pas vous dire combien je vous aimerai.

— Bien ! je vous jure de faire tout ce que vous souhaitez... Mais, à présent, mon joli cœur d'or, ma chère petite sœur, à présent soyez gaie ! Vous ne pouvez pas toujours penser à des choses qui vous attristent. Voyons ! regardez-moi, que je voie un peu comment vous faites quand vous souriez !

Elle me regarda, et sourit, comme doivent sourire les anges, dans l'extase du bonheur.

Lily avait sur moi, vous le voyez, une souveraine puissance, guidé par sa petite main, j'étais en train de devenir bon. On ne sait pas ce que peut sur nous l'influence d'une enfant.

Je commençai à m'occuper des frères souffrants et des sœurs malheureuses de Lily. Je n'avais pas besoin de faire de grands efforts pour cela. Une disposition naturelle me portait à faire le bien, et j'y prenais plaisir en songeant à Lily.

Je lui rendais mes comptes dans la pénombre du soir. Je lui expliquais comment j'étais parvenu à faire le bonheur de quelques infortunés : je lui décrivais la misère dans laquelle j'avais trouvé telle ou telle famille, et la joie dans laquelle je l'avais laissée... Je lui parlais de la reconnaissance de ces pauvres gens : elle m'écoutait avec un visage rayonnant. Quelquefois je l'emmenais avec moi, et c'était un plaisir que de la voir donner et consoler. Sa douce sympathie ne se trompait jamais, et ses inspirations étaient toujours justes.

Mais, hélas ! ma conversion n'était guère qu'à la surface ; le vieil homme vivait toujours en moi. Sans doute Lily avait eu le pouvoir de toucher mon cœur ; mais les passions étaient toujours ardentes chez moi, et le monde ne me lâchait point. Je n'avais guère qu'un faux semblant de bonté.

Nous nous séparâmes. Ce fut l'époque de mon voyage dans l'Amérique du Sud. Je continuai à soulager les malheureux que je rencontrais sur mon chemin. Mais, je dois l'avouer, mes œuvres charitables n'étaient pas autres choses que des actes d'idolâtres, faits en mémoire de celle que j'adorais, que je regardais déjà comme mienne, et qui me remplissait de délices rien que par l'espérance de sa possession. Je ne faisais le bien que pour avoir le droit de lui écrire que je l'avais fait, et parce que je savais que c'était le moyen de me faire aimer d'elle davantage. Je la trompais — peut-être en me trompant moi-même .. Mais peut-on tromper le juge infaillible ?

Un jour, je trouvai Lily tout en larmes. Elle était assise, silencieuse et les mains jointes — ses pleurs tombaient lentement, lentement sur un livre ouvert devant elle. Ce livre c'était la Bible !

— Qu'avez-vous, mon enfant, lui demandai-je ; pourquoi êtes-vous si bouleversée ?

Elle me regarda avec ses yeux de colombe, où tremblaient des larmes.

— Je ne suis pas bouleversée, cher, me dit-elle.

— Mais vous pleurez !

— De joie ! Oui, c'est de joie ! Voyez ce que j'ai découvert !

Du doigt, elle m'indiquait un verset du livre sacré, je me penchai sur elle, et je lus :

« Si mon père et ma mère m'abandonnent, le Seigneur me recueillera. »

Je ne sus tout d'abord que lui répondre. Tout cela me touchait sans doute ; mais j'étais irrité de voir qu'elle ressentît si cruellement la perte de ses parents, et qu'elle eût un tel besoin de chercher des consolations dans la Bible. Elle nous avait, ma mère et moi, et, de mon côté, j'avais besoin d'elle pour être heureux. Mais je ne pouvais le lui dire. Aussi ce fut seulement après un instant de silence que je repris :

— Ceci est vraiment fort beau, chère Lily, et l'on croirait que c'est écrit tout exprès pour vous. Mais, de grâce, séchez vos pleurs. Je ne puis pas vous voir pleurer...

— Mais si ce sont des larmes de joie !

— Je vais revenir dans un quart d'heure, et nous allons faire une promenade.

— Quand je revins, je pus remarquer sur son visage une expression de paix et de sérénité, qui lui était du reste assez habituelle et qui me charmait. Mais, depuis ce jour, la phrase qu'elle m'avait montrée dans le livre : « Le Seigneur me recueillera ! » paraissait continuellement présente à sa pensée. Elle ne s'en cachait point, et il me fallut longtemps pour parvenir à l'effacer de sa mémoire.

X

Amusement! ce mot-là est le mot d'ordre du monde. Le monde veut être amusé, les pauvres comme les riches. Ce désir n'est point un mal par lui-même. Ce serait folie que de laisser couler le fleuve du plaisir sans se pencher sur lui et sans y boire. Mais prendre les divertissements pour but unique de ses efforts quand la vie est si sérieuse ; quand vos voisins sont dans l'affliction; quand tant de pauvres sont dans le besoin, voilà ce qui est un mal ! — et c'est pourtant là ce que fait le monde ! « Comment allons-nous nous amuser? » Voilà donc la grande question que l'on s'adresse chaque jour, et dont la solution est le but même de l'existence de tant d'hommes et de tant de femmes. Les misérables eux-mêmes, dont le pain quotidien n'est pas assuré ; dont les enfants ont faim ; dont les parents sont enterrés par la paresse, ont besoin de s'amuser.

Il n'en a pas toujours été ainsi.

Il y a cinquante ans, le peuple aimait à faire sa besogne, et ne regardait le plaisir que comme une simple distraction, un délassement nécessaire — à présent, au contraire, le plaisir est un but... En agissant ainsi, les hommes s'aventurent sur la grande route de l'enfer. L'enfer est plein de gens qui se sont trop amusés. Mais ce qui fut leur péché sur la terre devient leur châtiment en enfer. L'enfer aussi a ses réunions joyeuses, son *Vauxhall*, son *Cristal-Palace*, son *Mabile* et ses *Jardins de Tivoli*. Sur la terre ce sont des milliers d'hommes et de femmes que fréquentent ces établissements. En enfer, c'est par millions qu'ils chiffrent leur clientèle. Mais le divertissement n'est ici qu'une forme du supplice, un supplice qui vous poursuit partout, et auquel vous ne pouvez pas échapper. Ceux-là qui fuyaient le travail sur la terre, ici, au contraire, le recherchent avec ardeur. J'en connais qui voudraient ramer sur une galère... la plus misérable besogne leur semblerait délicieuse. Mais la nuit est venue pour eux, la nuit fatale où tout travail est impossible !

Dans ce royaume de la mort, on a gardé le souvenir d'une apparition du Fils de Dieu, qui vint prêcher les âmes captives. Le cri de son amour infini, proclamant la liberté des esclaves de Satan, remplit l'espace, depuis les profondeurs de l'abîme jusqu'aux hauteurs du ciel. A ce moment, l'enfer fut aussi radieux que le plus beau jour. Mais la plupart de ceux qui étaient là endurcirent leurs cœurs, et retombèrent dans les ténèbres.

J'éprouvais je ne sais quel vif désir de rencontrer quelques-uns de ceux qui ont ainsi entendu la voix du Fils de Dieu. Mais c'est là un désir insensé, et je n'en retirerais aucun profit dans ce royaume du vide et du néant. Il y a dans l'enfer beaucoup de gens qui ont entendu ce prêche miraculeux — mais ce sont des damnés, et les damnés ne peuvent aider personne à retrouver la lumière. — S'ils avaient retenu et gardé dans leur cœur une seule des paroles du Sauveur, ils ne seraient plus ici. Si l'on rencontre ceux qui prétendent en avoir conservé quelque souvenir, ils n'ont sur les lèvres, quand on les interroge, que blasphème ou hypocrisie.

J'ai tenté récemment une expédition aventureuse, qui m'a conduit jusqu'aux derniers confins du sombre empire. J'ai fait là des découvertes pleines d'horreurs... pour ceux-là même qui n'ont plus rien à perdre.

Vous ne me demanderez certes pas de vous décrire tout ce que j'ai vu et entendu au cours de ce périlleux voyage. Vous prendriez peu d'intérêt à connaître ce qui concerne les habitants de l'enfer, misérable troupe d'assassins, de voleurs, de parjures, de séducteurs et de faussaires. Quelques-uns pourtant mériteraient une mention spéciale. Voyez là-bas cette troupe de dindons qui se rengorgent à la façon des humains, de leur vivant, c'étaient d'insupportables vaniteux, n'estimant qu'eux-mêmes. A présent, tout le monde s'en moque, et l'enfer même les méprise.

Cette bande de femmes qui battent l'air avec leurs bras, qui s'en vont gloussant comme autant de poules affamées, et qui font le geste d'étendre les ailes, sans y pouvoir abriter le moindre poussin, ce sont les mauvaises mères, appelant auprès d'elles les enfants que, jadis, leur fit négliger l'égoïsme ou la paresse.

Et celles-là qui vous offrent maintenant leurs services, qui brûlent de vous obliger, et vous fatiguent des marques de leur sympathie, qu'elles prodiguent à droite et à gauche, elles furent jadis sans pitié. Après avoir eu le cœur trop dur autrefois, elles l'ont aujourd'hui trop tendre. Mais personne n'accepte ce qu'elles offrent à tout le monde.

Je vous ai déjà parlé de ce grand fleuve aux flots sombres qui coule dans l'enfer, mais qui n'est pas le Léthé. Un jour j'étais assis sur ses rives, songeant au triste passé, à l'avenir plus triste encore. Les vagues troublées, roulant lourdement, passaient devant moi.

Tout à coup un gémissement se fit entendre. Je levai brusquement la tête, et j'aperçus à quelque distance un personnage étrange, dont l'occupation était plus étrange encore. C'était un homme d'aspect imposant, aux beaux traits, mais qui s'offrait à moi dans la condition la plus misérable. Assis au bord de la rivière, il lavait sans cesse ses mains, dont le sang dégouttait. Mais il avait beau laver, la pourpre sanglante ne voulait pas quitter ses doigts, et, dès qu'il les avait soulevés hors de l'eau, le sang rouge coulait de nouveau. C'était une pitié que de le voir!

Il parut s'apercevoir de ma présence, car il se tourna vivement de mon côté, en disant :

— Qu'est-ce qui est vrai ?

Je ne dis rien tout d'abord, estimant que la question n'était pas de celles que l'on peut résoudre légèrement. Mais, élevant la voix, il répéta de nouveau sa phrase :

— Qu'est-ce qui est vrai ?

— Ce qui est vrai, lui répondis-je, c'est qu'il est trop tard pour nous de chercher la vérité.

Ces paroles n'eurent pas le don de lui plaire, car il secoua la tête et se détourna de moi ; puis, de nouveau, il se remit à laver ses mains.

J'essayai de renouer la conversation. Il me semblait qu'il devait être un de ces hommes deux fois misérables, qui ont vu le Fils de l'homme face à face, et qui l'ont entendu parler, et j'étais anxieux de savoir ce qu'il allait m'en dire : mais il était impossible de l'arracher à sa terrible occupation.

Je le laissai au bout d'un instant ; mais je n'eus besoin de voir ni sa robe bordée de pourpre, ni l'anneau d'or de son doigt pour le reconnaître..... C'était Ponce-Pilate !

Fuyant la cité des juifs, il passe son temps le long de la rivière, lavant éternellement ses mains, et demandant à tous ceux qui passent auprès de lui : Où est la vérité ? — Et cet homme qui cherche ainsi la vérité — la vérité absolue — celle qui n'est point aux enfers — par un contraste navrant, lave ses mains dans le fleuve du mensonge...

En approchant de ce fleuve, je rencontrai quelqu'un qui en venait, et qui m'offrit le compte rendu de mes propres funérailles... C'était mourant ! Un misérable versificateur tout récemment arrivé parmi nous, colportait çà et là sa dernière production. Je ne sais comment il me reconnut ; mais il insista pour me mettre le papier sous le nez, et je ne pus m'empêcher de lire de mes propres yeux ce titre pompeux :

NOUVELLE POÉSIE FUNÈBRE\
en l'honneur\
de Philippe H., Esq.\
dont les héritiers pourraient payer\
les magnifiques funérailles\
en le faisant escorter par les prêtres\
les plus respectables\
pour le conduire au ciel,\
mais ne pourraient l'empêcher\
d'aller en enfer.\
Belles paroles prononcées par sa Révérence\
« Nous nous retrouverons ! »

Une poésie funèbre en mon honneur... venant tout à coup m'éblouir, sur les rives du fleuve menteur ! Je mordis mes lèvres et je lus — je n'aurais pas pu ne pas lire !...

Cela commençait par un panégyrique des nombreuses vertus... que je n'avais pas. Cela continuait par une véritable lamentation sur la perte irréparable que ma mort prématurée causait à la société, et cela finissait par la description de la vie bienheureuse dans laquelle je venais d'entrer, pour recevoir la récompense de mes belles actions, et de la joie, et de la gloire inexprimables qui allaient devenir mon héritage... Terrible ironie !

J'éprouvai la même sensation que si mille poignards eussent pénétré dans ma poitrine... Je froissai le misérable écrit, et je m'en allai... Ce ne fut qu'au bout de quelque temps que je sentis l'amertume du poison cachée dans la parole du ministre « *Nous nous reverrons !* » était-ce hypocrisie ou stupidité ? Croyait-il donc qu'il suffisait de mourir pour entrer dans l'éternelle félicité !

Ce fut à ce moment que je rencontrai pour la première fois un roi en enfer. Triste spectacle ! Contraste impossible à rendre entre le présent et le passé !

Rien de plus misérable ici que les princes, les empereurs et les rois. Il n'y a point en enfer d'autre pouvoir que celui de Satan. Rien chez nous qui mérite le nom de gouvernement. Nous n'avons ici pour nous régir qu'une sorte d'instinct social, et les habitudes que nous avons gardées de notre vie terrestre. Nous conservons un certain respect pour le rang que les princes ont occupé jadis. Nous les saluons quand nous passons près d'eux ; mais c'est tout. Nous savons que leur apparente grandeur n'était qu'une illusion. Ils étaient dorés, ils n'étaient pas en or. Pour tous courtisans, ils n'ont plus que quelques vieux sycophantes, qui s'attachent à eux, non par affection, mais par l'espérance de ce qu'ils peuvent en tirer.

S'il est une situation pire encore, c'est bien celle des potentats qui ont mérité jadis le surnom de *grands*, et qui l'ont dû à la cruauté qui fit d'eux les destructeurs et les fléaux de l'humanité. Ils seraient plus heureux maintenant s'ils s'étaient contentés d'être bons et d'être aimés. La charité eût alors couvert leurs péchés, et ils seraient sauvés — tandis qu'il ne leur reste plus aujourd'hui que les pleurs et les grincements de dents.

Je parlais tout à l'heure de ceux que j'appelle les destructeurs de l'humanité. On n'a pas besoin pour faire tant de mal d'être empereur ou roi. Les généraux, maréchaux ou amiraux, ont trop souvent suffi à cette besogne. Ils poursuivent leur carrière ici — et s'épuisent en vains efforts. Ils sont assez nombreux chez nous pour se grouper en bataillons sous leurs étendards. Ils y sont tous, ceux qui oublièrent là-haut que Dieu a fait de la paix et de la bonne volonté la première loi des hommes. Leurs squelettes grimaçants se préparent pour le combat. Vaine parade ! Leur artillerie ne produit que de la fumée ; les phalanges de spectres se chargent entre elles. On s'attend à un grand carnage — ni tués, ni blessés ! Ils n'ont fait que changer de place, et ils recommencent incessamment ce simulacre de bataille. Ils ont toujours la soif du sang — mais ils sont incapables d'en verser.

On a voulu comparer ces faux combattants aux guerriers de la Walhalla — c'est un tort. Il n'y a rien de commun entre ces héros véritables et les ombres de héros que nous avons ici. Les héros de la Walhalla sont pleins de force et de beauté, doués d'une vie éternelle et glorieuse. On les admire. Les nôtres n'inspirent qu'une dédaigneuse pitié.

Vous savez qu'ici nous endurons toujours le supplice de la soif — une soif brûlante — dévorante — qui nous fait soupirer sans cesse après une goutte d'eau — que nous n'obtenons jamais. On serait tenté de croire qu'aucun de nous ne doit oser boire les eaux stagnantes de l'horrible fleuve infernal ; cependant quelques-uns l'essaient, en se cachant des autres. Mais le secret, ici, est chose impossible ; on voit aussitôt leurs corps se gonfler et s'enfler, sous l'action de ce liquide limoneux, qui, se faisant jour à travers leurs pores, couvre leur corps tout entier de l'apparence d'une horrible lèpre. Ayant une fois bu, ils boivent toujours, sans que, pour cela, leur soif soit jamais étanchée.

Au moment de terminer cette lettre, je me souviens d'un proverbe qui a cours sur la terre des vivants. On dit que les bonnes choses vont toujours par trois. Quand j'étais enfant, on m'apprenait à croire en trois personnes qui ne faisaient qu'un Dieu... A présent, de ces trois personnes, je n'en puis plus trouver que deux dans mon souvenir. Je sais quelque chose d'un père, et quelque chose d'un fils... mais la troisième personne n'est plus pour moi qu'une idée vague, indistincte, insaisissable.

Il y a encore une autre trinité que j'essaie en vain de rappeler à mon cœur ; c'est une trinité de vertus : la Foi, l'Espérance et la Charité. Maintenant, je ne sais plus rien de la Foi ; rien non plus de l'Espérance. J'ai pu connaître la Charité, et j'ai cru aussi, autrefois connaître l'Amour. A présent, je ne sais plus qu'une chose... je sais ce que cet amour aurait *pu*... ce qu'il aurait *dû* être.

L'amour n'est pas chose légère — c'est ce qu'il y a de plus profond dans le cœur de l'homme. Si je l'avais compris plus tôt, la foi et l'espérance marcheraient maintenant à mes côtés.

Frères et sœurs inconnus, qui jouissez encore de la vie, mon âme est remplie pour vous d'une tendre sollicitude — pour toi aussi, ami silencieux, à qui j'écris ces lettres, et qui ne me réponds jamais; pour toi, ô mère, qui n'as jamais compris les plus profonds besoins de mon être... pour toi, Martin, qui, par un juste retour des choses, ajoutes aujourd'hui un tourment à mes tourments... Je t'aime toujours !... que voulais-tu me dire ?... Ah! misérables et vains désirs... Je suis en enfer... et j'y reste !

XI

Qui le croirait ? Ce ne sont pas seulement nos péchés, ce sont même les bonnes actions de notre vie qui peuvent devenir un sujet de punition pour nous. Rien de plus naturel, car souvent nos meilleures actions ont aussi leurs taches secrètes, qui nous sont plus tard reprochées.

Nous avions dans notre maison de commerce un jeune homme auquel je m'intéressais. J'avais en lui une confiance absolue. Ses fonctions entraînaient pour lui une responsabilité sérieuse : il était notre caissier. Certaines petites choses qui arrivèrent à ma connaissance m'inspirèrent un premier soupçon. Je le surveillai, et je découvris qu'il avait contracté l'habitude du jeu. Le hasard m'offrit l'occasion de le prendre sur le fait.

On m'indiqua la maison qu'il fréquentait. Par une soirée d'hiver sombre et triste, enveloppé d'un pardessus vulgaire, je m'approchai d'une bâtisse qui semblait inhabitée. Je frappai d'une façon particulière ; la porte s'ouvrit : je traversai un couloir bas et obscur, et je me trouvai dans une chambre très éclairée. J'y rencontrai une compagnie de joueurs aussi nombreuse que variée. Plusieurs tables étaient occupées. Une d'elles était tenue par mon jeune garnement, promu pour l'instant à la dignité de banquier. Obéissant à une impulsion soudaine, je me plaçai devant lui, et je risquai une petite somme.

Ma vue produisit sur lui un effet terrible. Il devint d'une pâleur livide, et les cartes lui tombèrent des mains. Tout à coup, il parut vouloir se lever, soit pour quitter la place, soit peut-être pour se jeter à mes pieds. Un regard de moi le riva sur son siège. Un des joueurs, qui s'aperçut de cette défaillance, lui passa un verre de Porto : il le prit et l'avala d'un trait. Le sang lui monta aux pommettes : il me regarda en face. Je lui répondis par un coup d'œil froid, qui ne voulait pas le reconnaître, et qui lui ordonnait de continuer la partie. La partie, continua en effet, sans que personne se doutât de ce que nous étions l'un pour l'autre. J'avais résolu de faire passer un mauvais quart d'heure à mon coquin ; je le forçai à jouer. Il distribua les cartes d'une main tremblante, donnant ou recevant l'argent. La chance se déclara bientôt pour lui : il gagnait à tous coups. Mais je savais qu'il y aurait un retour de fortune ; je voulus l'attendre, et je forçai le jeu. J'étais à peu près certain d'être à même de ponter plus cher que tous ceux qui étaient là. L'excitation des joueurs était excessive ; quant au banquier, il devenait tout simplement fou. Les yeux lui sortaient de la tête. En un tour de main j'eus fait sauter la banque.

Le malheureux jeune homme eut un cri de désespoir ; il bondit sur ses pieds, en criant :

— J'ai tout perdu !

— Pas tout ! lui dis-je à voix basse, en le prenant par le bras, et en le contraignant à rester là, juste au moment où il voulait s'élancer hors de la salle de jeu ; vous pouvez perdre plus encore ! Attendez un moment. Nous allons sortir ensemble.

Il fut bien obligé de me suivre. La compagnie ne laissa point que de s'étonner quelque peu ; mais tout cela avait été fait avec tant de calme que personne ne se sentit le droit de demander une explication.

J'emmenai mon commis tout tremblant. Il marchait silencieusement à côté de moi. Nous n'échangeâmes point une parole en route. Quand nous fûmes chez moi, seuls dans ma bibliothèque, je l'accablai sous le poids de mes reproches... Lui, à qui j'avais donné, avec toute ma confiance, des fonctions que l'on ne donne point aux gens de son âge, et qui n'était qu'un joueur et un filou !

Il était debout devant moi, comme écrasé par la honte, n'osant plus me demander grâce pour lui-même ; mais me priant d'avoir pitié de sa mère, pauvre veuve, dont il était l'unique soutien.

Je ne me laissai point fléchir tout d'abord ; cependant je compris que la leçon avait été assez forte, et je consentis à lui pardonner. Mais je voulus lui faire garder de cette nuit-là un souvenir qui durât aussi longtemps que sa vie.

Il était à mes pieds, subissant une véritable agonie, quand enfin je promis de lui faire grâce ; de garder pour moi le secret de sa faute ; de l'aider à la réparer. Il s'engagea à le faire, et me remercia de ne pas avoir ruiné son avenir.

Il se préparait à prendre congé de moi, et se dirigeait vers la porte ; c'est à peine s'il pouvait se tenir sur ses jambes. L'épreuve avait été trop forte pour lui. Je vis bien que je ne pouvais le laisser partir en cet état. Sa mère aurait deviné tout de suite son secret. Je lui fis faire un lit chez moi.

Le lendemain matin, il avait le délire. Une fièvre cérébrale se déclara presque aussitôt. Je fis dire à sa mère qu'il était en voyage pour quelques semaines, et qu'elle n'eût à s'inquiéter de rien.

Je lui fis donner tous les soins dont il avait besoin, et je devins, après Dieu, le vrai maître de son sort. La maladie fut sérieuse. Je n'épargnai rien pour le sauver, partageant mon temps entre sa mère et lui. Pour elle, je fus un fils ; pour lui, un frère. Plus tard, je lui donnai un autre emploi, et il se conduisit toujours comme un fidèle serviteur.

— Vous pensez peut-être que je devais être content de moi? Dans le temps, ce fut aussi mon avis. Mais, à présent que les écailles me tombent des yeux, et que je vois les choses comme elles sont, je juge différemment.

Non certes, je n'eus pas tort de prendre, comme je le fis, l'oiseau par les ailes, et de le tenir ferme jusqu'à ce qu'il eût cédé. Je l'avais sauvé du péché : c'était bien ! Mais quelle part n'eurent point dans mon acte l'égoïsme et l'orgueil ? Ma vanité se sentait flattée par l'ascendant moral que j'avais conquis sur ce jeune homme, et je m'enorgueillissais de mon empire sur sa faiblesse. Ma bonté pour lui venait, j'en ai peur, du souvenir même de la dureté que je lui avais témoignée. J'avais pris plaisir à l'humilier... au fond, qu'y avait-il donc de vraiment bon dans ma conduite envers lui ? peu de chose en vérité ! A présent la honte est pour moi ! Cette nuit cruelle laissa des traces ineffaçables dans sa vie, dont tout l'éclat disparut. Le jeune homme au cœur léger devint un homme à l'œil triste, et, bien que la chose fût demeurée un secret entre lui et moi, son regard inquiet et fuyant ne prouvait que trop qu'il se souvenait de tout !

— Vous voyez donc bien que même celles de nos actions qui paraissent les meilleures peuvent engager notre responsabilité — et peser sur nous... N'est-ce point terrible ! Ah ! dans une vie humaine, combien restera-t-il d'actes réellement bons ?

. . . .
. . . .

Je l'ai revue ! En la revoyant, il m'a semblé que je mourais une seconde fois. A son seul aspect, frappé au plus intime de mon être, je m'affaissai sur moi-même, terrassé par le remords. Je l'ai revue, celle envers qui je fus si coupable que ma conscience et mon cœur se lèvent pour m'accuser.

Je n'ai pas eu le courage de vous le dire, mon ami ; mais j'avais toujours eu un terrible pressentiment que, tôt ou tard, je rencontrerais Annie dans l'enfer, cette malheureuse Annie, dont j'avais tué l'âme et le corps ! Elle est ici... et je l'ai vue !

Je me promenais un jour avec un vieil ami à moi.

— Connaissez-vous Ondine ? me demanda-t-il tout à coup.

— Non, lui répondis-je.

— Eh bien ! la voilà ! fit-il en m'indiquant un marais, à quelque distance de la place où nous étions.

Je vis une silhouette de femme, élégante et jeune, la longue chevelure dénouée, vêtue de la robe la plus légère et la plus aérienne qui se puisse imaginer. Cette robe semblait se coller sur son corps, toute ruisselante de l'eau du marais. La jeune femme tordait tantôt les plis mouillés de son vêtement et tantôt la masse pesante de sa chevelure. Elle me regarda. Je tremblai de tous mes membres. C'était Annie !

Oui, Annie elle-même. C'étaient bien les mêmes traits charmants ; la même tournure enchanteresse, et cependant, comme elle était changée... terriblement changée ! Le même visage, dont la lumière était partie — éteinte ! L'âme de la femme était envolée : il ne restait plus chez elle que l'animalité triomphante. La passion, le vice, le désespoir, luttaient à qui l'emporterait chez elle. Bien que l'intervalle séparant sa chute de sa mort ne fût que de quelques années, elle paraissait singulièrement vieillie..... Je ne comprenais que trop que c'était le chagrin qui l'avait précipitée dans sa tombe humide !

Je me tenais à la même place, immobile, comme si j'eusse pris racine dans le sol, avec le sentiment d'horreur que le meurtrier éprouve à la vue de la potence. Elle, jadis si charmante et si pure — aujourd'hui si profondément dégradée... irrémédiablement perdue... Voilà mon ouvrage !

Elle s'assit, tordant toujours ses vêtements, tordant ses cheveux, tordant ses mains, dans une angoisse sans espoir, tandis que de continuels soupirs s'échappaient de sa poitrine brisée.

J'aurais voulu fuir, car il me semblait qu'un mot d'elle, pareil à un glaive, me donnerait la mort. Mais un pouvoir supérieur à ma volonté m'attirait vers elle. Allais-je donc me jeter à ses pieds ?

Ce fut seulement alors qu'elle m'aperçut : elle me

jeta un regard de terreur et de malédiction — et s'enfuit. Ce fut en vain que j'essayai de l'atteindre. L'horreur que je lui inspirais était trop grande pour qu'elle ne voulût point me tenir à distance. Elle échappa bientôt à ma vue comme à ma poursuite, en se perdant dans une troupe d'âmes effarées qui venaient de franchir à l'instant même les portes de la mort.

Je me détournai, et moi-même je pris la fuite — poursuivi par les furies.

XII

Je suis allé à la Poste-aux-Lettres. Car nous avons la poste ici, tout aussi bien que sur la terre. Je voulais avoir ma correspondance. Nous avons à noter quelque chose de très curieux dans notre poste des enfers... Vous savez ce qui arriva jadis à ce pauvre Urie. Il y a toujours eu des gens qui, voulant trahir leurs voisins, ont cherché dans les lettres le moyen d'arriver à leur but. C'est là une invention du diable.

Toutes ces lettres sont envoyées en enfer, pour le malheur de ceux qui les ont écrites. On vient les y demander tôt ou tard — non pas ceux à qui on les adressa ; mais ceux-là même qui les ont écrites. Voilà l'utilité de notre poste, à nous autres ! Vous pouvez croire qu'il est assez humiliant d'être aperçu dans ses bureaux. On comprend alors la bassesse de cette sorte de correspondance ; le châtiment de celui qui l'a écrite consiste à être obligé de la lire — jusqu'au bout — à son éternelle confusion.

Il vint un moment où il me fut impossible de résister au besoin que j'éprouvais d'aller voir si j'avais des lettres. Ce fut un soulagement pour moi que de n'en pas recevoir. Mais de telles lettres ne sont pas les seules choses que l'on trouve à nos guichets : on y trouve aussi, en quantités innombrables, de fausses signatures et des documents falsifiés. Les hommes devraient bien prendre garde à ce qu'ils mettent sur le papier. Nos mauvais écrits s'attachent à nos âmes, et Dieu seul peut les en arracher.

Je n'ai connu que deux personnes capables de m'apprendre la patience : ma mère et Lily. Mais c'est l'influence de Lily qui a été sur moi la plus grande et de beaucoup. Ma mère était certes une personne exacte et correcte : mais Lily me touchait par sa bonté vraiment parfaite, par cette chaleur tout ensoleillée, qui était comme une émanation de son cœur aimant. Dans l'exaltation de ma force virile, je n'étais que trop enclin à la violence et à l'emportement. J'aimais à vaincre les difficultés et à briser l'opposition que l'on voulait me faire. Je ne cédais que le poing crispé à l'impossibilité absolue. La soumission n'était point une des grâces de ma nature. Cet indomptable esprit que je portais en moi ne se fit jour que trop souvent pendant notre voyage dans le midi. Mais ce fut aussi dans ce voyage que se révéla tout le pouvoir de Lilly sur moi. J'apprenais tous les jours à son école, sans m'en douter, et sans qu'elle-même s'en doutât davantage, tant elle était inconsciente de la beauté de son âme.

Nous étions arrivés à Lucerne, avec l'intention d'entrer en Italie par le Saint-Gothard. Je voulais donner à Lily la joie de ce passage des Alpes, estimant qu'il n'est rien de plus beau que cette transition soudaine de l'austérité du Nord à l'expansion joyeuse de la vie méridionale. Le mauvais temps nous força de faire une longue halte à Lucerne. Je pestais. Chaque matin, Lily et moi, nous allions sur l'immense pont, situé à l'extrémité de la ville, pour regarder le ciel. Nous n'en apercevions pas beaucoup. Le brouillard cachait tout, enveloppait tout, depuis le lac jusqu'à la cime des montagnes. Mon ennui était au comble. C'était tous les jours la même chose. Lily me conduisit sur le pont de bois ; je la suivais, comme un animal farouche auquel on aurait mis la chaîne au cou. Mais je n'avais besoin que de sentir la douce pression de sa petite main, et l'on n'entendait plus mes grognements.

Enfin, à notre grande joie, le temps se remet au beau ; le brouillard s'évanouit, nous laissant voir, d'une rive à l'autre, l'étincelant miroir du lac, et cet adorable paysage des montagnes d'une si imposante grandeur. On eût dit qu'un rideau s'était déchiré devant nous, et nous admirions cette transformation soudaine, sans trouver une parole pour exprimer ce que nous sentions si bien. Rien de splendide comme cette vaste étendue d'eau, d'où la terre s'élève, se transformant en montagnes, et pyramidant par une série de sommets, qui se dépassent les uns les autres, tandis qu'à l'arrière-plan les Alpes sublimes dressent dans l'air éclatant leur blancheur immaculée.

Le lendemain matin nous partîmes à l'aurore ; nous traversâmes le lac des Quatre-Cantons, le cœur plein d'espérance, rêvant déjà du Saint-Gothard. Les bateliers avaient bien quelques doutes sur le temps ; mais nous comptions sur notre bonne fortune, et nous jouissions du présent, et de cette belle nature, en ce moment inondée sous des flots de lumière. Ah ! cette ascension des Alpes, qui vous emporte dans des régions pures et paisibles, surpasse tout ce que l'on peut imaginer de plus beau. La première rose des hautes cimes faillit me coûter la vie ; mais je ne me plaignis pas. C'était pour Lily que j'avais voulu la cueillir. Nous allions en voiture et nous marchions tour à tour. Ah ! que le souvenir de cette journée est donc resté profondément gravé dans mon cœur. Au coucher du soleil, nous traversâmes les défilés sauvages qui conduisent à la vallée d'Urserne, dont la beauté paisible, à la fois simple et sublime, vous donne l'idée des paysages du ciel. Nous passâmes la nuit dans la petite ville d'Andermatt. Le lendemain matin, quel changement ! Les bateliers n'avaient eu que trop raison. La neige couvrait le sol ; la rafale balayait la vallée.

Ce nouveau retard poussa mon impatience jusqu'à la fureur. Un jour se passa ; puis un second ; puis un troisième. Aucune amélioration dans le temps. Nous étions toujours les prisonniers de la tempête. Prendre cette mésaventure tranquillement c'était chose au-dessus de nos forces. Lily fit alors ce que personne n'aurait pu faire à sa place. Elle m'apprit la patience — et le temps passa doucement. Elle me menait avec elle visiter les gens de la petite ville.

Maisons et cottages s'ouvraient devant elle, et ces cœurs simples l'accueillirent comme on accueille une vieille amie.

Un soir je lui demandai comment elle pouvait être si heureuse dans un endroit si triste, quand nous pourrions avoir des jours si gais, si délicieux de l'autre côté de la montagne. Elle n'y pensait donc pas ?

— Rien de plus simple, me répondit-elle ; nous sommes retenus ici malgré nous ; le site est désolé ; les brouillards le rendent plus triste encore ; mais je sais que de réelles beautés nous attendent là-bas... dans quelques jours, dans quelques heures peut-être nous y serons... Je le sais... cela me suffit !

Elle devint pensive.

— Philippe, dit-elle, cela ne vous fait-il point songer à la vie ?

— Comment cela ?

— Le monde paraît souvent triste et froid, ne nous donnant point la chaleur ensoleillée à laquelle nous aspirons. Alors nous pensons au paradis, qui se trouve par delà les limites terrestres — véritable séjour qui nous est préparé, sainte maison de notre père — entre cette maison et nous il y a une montagne à franchir — le mont du Calvaire — ou du renoncement à nous-mêmes. C'est à nous de la gravir, et nous atteindrons la demeure éternelle, où ne pénètrent point les misères de ce bas monde !

Quelques jours plus tard nous nous reposions de nos fatigues dans une charmante villa du lac Majeur, assis tous deux, Lily et moi, dans un hall aux colonnes de marbre, écoutant le murmure des eaux, et jouissant de la perspective indescriptible et enchanteresse des jolies îles semées sur les flots.

Les belles mains de Lily tressaient en guirlandes les roses blanches et les myrtes, cueillis autour d'elle. Elle jouait avec les fleurs ; elle-même était une fleur charmante. Je voulais prendre ses mains, au milieu des roses, et les couvrir de baisers ; mais je ne sais quelle crainte pieuse me retenait. Il me semblait qu'un ange se tenait debout, entre elle et moi, tout prêt à m'arrêter.

— A quoi pensez-vous ? lui demandai-je, d'une voix qui trahissait mon émotion.

— Moi ? me dit-elle doucement, en levant sur mon visage son regard adorable, par lequel je me sentis calmé ; eh ! bien, je pensais à cette pauvre vallée dans la montagne, — perdue au milieu des brouillards — que nous avons laissée derrière nous... Son souvenir me rend plus précieux encore les beaux sites où nous sommes aujourd'hui. Aussi je bénis les jours que nous avons passés sur l'autre versant, bien qu'ils nous aient paru sombres et froids, et que nous eussions tous deux grand'hâte de quitter ces lieux désolés.

Ne pensez-vous point, Philippe, que, plus tard, quand nous serons au ciel, c'est avec un sentiment pareil à celui-ci que nous jetterons un regard en arrière sur les jours, parfois troublés, que nous aurons passés sur cette terre ? Je le crois ! et je crois aussi que nous les bénirons, et qu'ils ajouteront à nos joies futures, si nous avons su les accepter avec patience et résignation.

Une sensation étrange s'emparait de moi, pendant que j'écoutais ces mots. Cette sensation, je pourrais l'appeler une terreur sacrée — terreur qui n'était point exempte d'un douloureux mélange... Me serait-il jamais donné, à moi, de contempler ainsi la terre, des hauteurs célestes ?... Je voulais, dans ces moments-là, essayer de me convertir... Hélas ! je m'en suis toujours tenu à une bonne mais vaine intention... qui a fini par me conduire où je suis !

XIII

Il y a en enfer des gens fort âgés. Rien d'étonnant à cela. On y rencontre fréquemment des vieillards de trois ou quatre mille ans. Je vois ici des contemporains de Sardanapale, de Cyrus et d'Alexandre le Grand ; d'autres qui ont connu Cicéron, Horace et Sénèque. Quelques-uns de ces personnages historiques sont distingués dans la foule. J'en sais qui ont vu la chute de Ninive, le sac de Troie et la destruction de Jérusalem ; d'autres qui ont consulté les étoiles avec les pasteurs Chaldéens, ou gardé les troupeaux d'Abraham ; d'autres qui ont travaillé aux pyramides d'Égypte, ou à la tour de Babel. Il en est de même qui ont entendu Noé annonçant le déluge. L'enfer serait un endroit tout à fait choisi pour se livrer aux études historiques.

Mais les choses historiques étant pour nous absolument vides d'intérêt, personne ne s'en occupe. Pour moi, je déclare que je n'en fais point plus de cas que les autres. La seule chose à laquelle je tiendrais, ce serait de rencontrer un contemporain du Sauveur des hommes. Comprenez-moi bien ! Je veux dire quelqu'un qui l'aurait vu et entendu ! Inutile désir ! Il y a bien ici des gens qui se trouvent dans ces conditions ; mais ils sont absolument incapables de rien retrouver de leurs souvenirs. Les autres ne parlent que de faux Messies, séducteurs des peuples ; dans tout ce qu'ils disent, il n'y a point une parcelle de vérité, et c'est de vérité que j'ai soif. N'est-ce point terrible ?

Les vieilles gens qui sont ici prétendent que l'atmosphère de l'enfer devient très nuageuse. Je me souviens d'avoir fait la remarque que, dans le monde, les discours vidés d'idées se multiplient dans une proportion effrayante. Des hommes intelligents, auxquels je fis part de cette observation, croient qu'il faut attribuer la cause de ce phénomène à la littérature à bon marché, et à la prétendue éducation que l'on répand dans les masses. Pour étrange qu'elle soit, l'explication n'en est peut-être pas moins vraie. Le monde est menacé d'un nouveau déluge : celui de l'éloquence vaine et vide. Il n'en était point ainsi jadis. On allait droit au fait, énergiquement et simplement. Maintenant que les inventions de toutes sortes se développent sur la plus vaste échelle, la prétention se développe aussi dans la même proportion. On est parfois tenté, dans un accès de désespoir, de s'écrier avec Hamlet : « Des mots ! Des mots ! Des mots ! ! » Les mots sont aujourd'hui les rois du monde, et l'on ne s'inquiète pas de ce qu'ils peuvent signifier.

Une autre remarque, qui vous frappera peut-être, c'est que, depuis longtemps, il vient beaucoup plus de femmes en enfer que dans les premiers temps. Il y a un siècle, les arrivages d'hommes étaient beaucoup plus considérables. Aujourd'hui, nous sommes à peu près parvenus à l'égalité entre les deux sexes : je suis même convaincu que le sexe faible l'emportera bientôt sur le sexe fort.

Tout effet, dit-on, a sa cause. La cause, ici, c'est l'éducation — ce mot d'ordre du monde moderne. Nous entendons parler chaque jour du droit de la femme à être instruite. Soit ! Mais comment faut-il les instruire, les femmes ? Ce qu'on leur apprend aujourd'hui rend-il meilleurs leur cœur et leur esprit ?... Leur apprenons-nous, par exemple, à mieux discerner ou dans la nature ou dans l'histoire, la vérité et la beauté éternelles ? Leur apprenons-nous à distinguer ce qui est pur de ce qui ne l'est pas ; ce qui est bas de ce qui est noble : savons-nous leur donner une ardente inspiration vers l'idéal ? Leur montrons-nous ce qui doit être le but de toute existence de femme ? Connaissent-elles par nous ces deux grandes choses, la Vérité et l'Amour ? Les conduisons-nous à Celui qui est la vérité même et l'amour éternel — Dieu — le Sauveur ?

Rien de tout cela ! Nos jeunes filles, en sortant des maisons d'éducation de première classe, baragouinent deux ou trois langues étrangères, tapotent sur le piano, roucoulant une romance... Heureuses les oreilles qui ne les entendent point !... Elles ont une teinture générale des choses, qui leur permet de s'aventurer sur un certain nombre de sujets, auxquels on voit bientôt qu'elles n'entendent rien. Par exemple, elles savent s'habiller, babiller et se déshabiller. Chaque pli de leur vêtement prend à leurs yeux une importance capitale... Mais le pli qu'il faudrait donner à leur cœur... est-ce que l'on songe à s'en occuper ?

Cette prétendue éducation n'est qu'une simple farce, une farce vaniteuse ! Pauvres jeunes filles et pauvres femmes! vous valez moins, dans ces jours de prétendue haute culture, que vous ne valiez à ces sombres époques du passé, où l'on ne songeait pas à vous instruire. On vous regardait comme n'ayant pas d'âme : à présent on reconnaît que vous en avez une... mais elle reste singulièrement encroûtée sous le vernis dont on la couvre.

Les femmes du bon vieux temps valaient mieux. On élevait nos grand'mères de façon à ce qu'elles fussent capables de remplir leurs devoirs de famille et de vie intérieure ; leurs lectures n'allaient guères au delà de la Bible et du catéchisme. Mais, du moins, elles avaient conscience de leur vocation et l'acceptaient, comme venant des mains de Dieu, et elles trouvaient leur bonheur dans l'accomplissement de leur devoir. Tandis qu'aujourd'hui ce devoir n'est pour elles qu'une ennuyeuse corvée... elles auront des enfants, qui leur ressembleront... puis le jour viendra où il faudra mourir... et elles se réveilleront en enfer. Les maisons d'éducation des hommes ne valent pas grand'chose... mais celles des filles... Ah! pleurez, anges du ciel !

. . . .
. . . .

Tout dernièrement, j'allai me promener du côté

des portes de l'enfer. Il y avait foule — comme presque toujours, d'ailleurs — grand nombre d'arrivants. Dès que l'on meurt, on arrive à ces portes fatales, où l'on perd tout espoir. Tout alentour règne un sombre brouillard, d'où nous voyons sans cesse émerger des âmes, différentes par l'âge et le sexe, mais également nues. — Grâce à cette misérable nudité, il est bien impossible, au moment où les gens arrivent ici, de distinguer le roi du berger. Cette abjection déplorable de l'humanité non rachetée, est la condition de tous les fils d'Adam. Venant ici, quelle qu'ait été d'ailleurs leur situation sur la terre, ils arrivent chez nous par la même route, au commencement, agréable et facile — terrible à la fin, et c'est dans la crainte et dans l'agonie du désespoir qu'ils franchissent le seuil terrible !

En contemplant ce triste spectacle, je me souviens des douces joies de la vie... ces joies que je n'ai plus. Que d'heures vraiment délicieuses !... Le son d'une certaine cloche revient en ce moment à mon oreille. Je l'entends qui tinte, qui tinte, et qui vibre jusqu'au plus profond de mon âme. C'est la cloche de l'Angélus du soir, que j'aimais tant jadis. Elle me rappelle des scènes charmantes que mon souvenir se retrace sous les plus brillantes couleurs.

Je vois les sillons couverts d'épis, ondulant comme des nappes d'or, entre la sombre verdure du bois, et la blanche écume des ruisseaux. Je vois les montagnes pyramidant avec leurs couronnes de rochers, au plus haut des airs, dorées par les rayons du couchant. Le crépuscule étend ses ailes sombres, et un calme saint enveloppe la nature. Je dis saint, car les tintements de la cloche, m'arrivent chargés d'un message de paix — d'un message du ciel! La fumée monte de tous les toits que j'aperçois à l'horizon, et, avec elle, de tous les cœurs, s'élève l'encens de la prière. Ceux que l'amour unit se rassemblent plus étroitement. Les enfants se blottissent, comme dans un nid, entre les genoux de leurs mères, attendant le retour du père, rentrant au logis, après la tâche accomplie... Ah! que ne suis-je le laboureur revenant ainsi des sillons qu'il laboure à la sueur de son front, ou le berger aux pieds nus, qui garde les troupeaux dans les prairies.

Et la cloche du soir continue à tinter, tinter; mais, à présent, le message qu'elle m'apporte est mortellement triste :

« Trop tard! trop tard! » chante sa voix d'airain. Ah! chère petite cloche, comme il s'est changé en désespoir mon bonheur d'autrefois!...

XIV

Laissez-moi revenir aux jours de mon enfance. Nous sommes à la veille de la fête de naissance de ma tante Betty. Mon présent était prêt depuis longtemps, et mon cœur d'enfant était partagé entre deux sentiments. D'un côté, je ne voulais pas qu'il en fût question prématurément, et, de l'autre, je désirais vivement qu'elle devinât un peu la merveilleuse surprise que je lui préparais. C'est dans cette disposition d'esprit que je gagnai ma petite chambre à la chute du jour.

Elle n'était pas là, et pour tromper mon ennui, je cherchai quelque sujet de distraction que je ne trouvai pas. Rien de nouveau pour moi dans ma chambre. Tout à coup j'aperçus un gros papillon de nuit sur la vitre de la fenêtre. Je lui donnai la chasse et je le pris. C'est en vain qu'il battait anxieusement des ailes : je le tenais bien. Pendant que je me penchai sur lui pour l'examiner, ma tante rentra. Surpris dans cet acte d'enfantine cruauté, je refermai la main sur mon petit prisonnier, et me tins debout, tout tremblant.

Tante Betty ne sembla point remarquer mon embarras ; elle me regarda avec sa tendresse accoutumée. J'étais bien malheureux et ne savais que dire. Mais elle me raconta une histoire, comme elle faisait quand j'avais besoin que l'on me remontrât la morale. Son histoire ce jour-là avait pour but le développement de cette idée très juste et très saine : « *Dieu te voit !...* »

Ses paroles tombaient sur moi comme une sentence de condamnation. Involontairement je cachai ma main derrière mon dos. Le cœur me battait haut dans la poitrine, tout prêt à éclater.

Tante Betty continua, sans se douter de ce qui se passait en moi.

— Il faut que tu saches, mon enfant, que Dieu est assis sur son trône sacré, ayant un ange à sa droite et un ange à sa gauche. Chacun de ces esprits célestes tient un livre à la main. L'ange de droite écrit toutes les bonnes actions petites ou grandes, que nous accomplissons pendant notre vie mortelle. Un sourire céleste rayonne sur son visage. — L'Ange de gauche, au contraire, est toujours en larmes, parce qu'il est chargé, lui, de noter les mauvaises actions des hommes. Au dernier jour, quand a sonné l'heure du compte suprême, on entend la voix de CELUI qui est assis sur le trône, et la voix dit : — Apportez les livres !

Et alors nos actions sont examinées et pesées. Si le mal l'emporte sur le bien, et que nous n'en ayions pas obtenu le pardon, après nous être humblement repentis : — Malheur à nous ! c'est la souffrance éternelle qui nous attend !

Cette fin de l'histoire de tante Betty me jeta dans un trouble profond. Je fermai ma main plus étroitement encore : mais je sentis dans ma paume comme la brûlure d'un charbon ardent... C'était ma conscience qui me brûlait. Le pauvre papillon était mort depuis longtemps ; mais il me semblait sentir encore le battement de ses ailes, comme s'il eût essayé de se débarrasser de mon étreinte.

— Dieu voit tout ! répétait ma tante, et il nous faudra, au dernier jour, lui rendre compte de nos actions.

J'étais au bout de mes forces : un flot de larmes

jaillit de mes yeux, et, incapable de parler, je tendis ma main ouverte à tante Betty, en lui montrant la phalène broyée qui portait témoignage contre moi.

Elle comprit tout ; m'attira sur son cœur ; me fit sentir tout ce qu'il y avait de coupable dans mon acte cruel ; mais aussitôt, elle ajouta, douce consolatrice, que Dieu me pardonnerait si mes larmes lui disaient mon repentir... Mais je n'étais point capable, en un tel moment, de me rattacher à une telle assurance. Je me contentais de soupirer piteusement. Jamais tante Betty n'était plus tendre qu'à l'heure où l'on avait besoin de ses secours. Elle me fit agenouiller et demander pardon à Dieu : c'était elle qui priait. Je répétais les paroles après elle — elles n'en étaient pas moins sincères, et jamais repentir n'avait été plus vrai.

Nous enterrâmes le pauvre papillon dans un des pots de fleurs de ma tante ; nous lui fîmes un linceul de feuilles de roses, pour que la terre ne souillât point son petit cadavre mutilé.

— Mon cœur se sentit allégé quand je quittai la chambre ! mais, toute la nuit, j'eus des songes troublés. J'entendais à chaque instant des voix qui disaient :

« Apportez les livres ! »

Je m'éveillai, m'assis sur mon lit et me trouvai dans les ténèbres. Je n'avais encore jamais su ce que c'était que d'avoir peur dans les ténèbres — maintenant je le savais !

Le lendemain matin, aussitôt que je fus habillé, je courus chez tante Betty ; mais, contrairement à ses habitudes, je trouvai sa porte fermée.

— C'est moi, petite tante ! lui criai-je.

Je fus admis sur-le-champ. Je m'arrêtai sur le seuil, saisi d'étonnement. Ma tante Betty était tout en larmes. Sur la table, devant elle, il y avait un étonnant assemblage de vieilles choses bizarres, que je ne me rappelais pas avoir jamais vues. Mon étonnement, je dois ajouter — et mon chagrin — furent si grands que j'en oubliai le présent que je voulais lui faire. Ma première pensée fut que peut-être tante Betty avait, elle aussi, tué un papillon. Mais une réflexion plus juste se présenta tout de suite à mon esprit.

— Tante Betty, murmurai-je en me pressant contre elle, ne me disiez-vous point hier soir que Dieu voyait toute chose ?

— Oui, mon enfant.

— Alors il vous voit pleurer !

Tante Betty releva la tête : un jet de lumière illumina ses traits.

— Oui, chéri, me répondit-elle ; il sait tout et il voit mes larmes. C'est bien mal à moi de l'oublier. Il ne se contente pas de les voir : il les compte ! et, tout en parlant, elle les essuya vite, et ne me montra plus que son vieux visage souriant.

— Ne vois-tu pas, mon enfant, me dit-elle, comme le bon Dieu a eu vite fait de sécher mes larmes ! Il lui suffit de regarder les pauvres yeux des humains pour qu'ils cessent de pleurer.

— Mais pourquoi pleuriez-vous, chère tante ?

—Tu ne comprendrais pas, mon mignon ! Pourquoi ai-je besoin de pleurer, moi qui ai aujourd'hui quarante ans sonnés ! Tiens ! assieds-toi là, plus près, que nous puissions causer ensemble !

— Il y a de cela bien longtemps, mon enfant, il y avait une jeune fille, aussi jolie qu'elle était légère. Elle trouvait le monde beau, et s'imaginait que tous les bonheurs allaient tomber dans son sein comme une rosée céleste. Étrange illusion ! Il s'en faut de beaucoup que le monde soit aussi beau que cela ! J'ai dit que la jeune fille était jolie. Quand on lui faisait un compliment, elle baissait les yeux, si émue que l'on eût pu croire qu'elle allait se trouver mal.

Il se rencontra un homme superbe, vigoureux, à l'air vainqueur, qui lui dit souvent qu'elle était belle. C'était un marin. On était en guerre — il avait des lettres de marque.

Elle l'aimait chèrement. — Oui, de tout son cœur. Un soir, pendant un bal, il la supplia de lui donner un de ses gants... elle n'avait rien à lui refuser: elle l'aimait tant ! elle le lui donna... Voici l'autre !

Et elle me montra un gant de peau vieilli.

Les parents de la jeune fille, continua ma tante, prétendirent que ce marin n'était qu'un aventurier, indigne d'une famille respectable. Ce fut son premier chagrin. Elle lui avait donné son cœur; elle ne le reprit point. On leur permit enfin de s'engager l'un à l'autre. Voici l'anneau qu'il lui donna!

A partir de ce moment, elle nagea dans le bonheur. — Une seule voix au monde avait autorité sur elle : c'était sa voix. Sans doute il avait plus d'une faute sur la conscience... et des fautes graves... Mais elle l'aimait tel qu'il était. Il eût pu tomber plus bas encore : elle l'aurait toujours aimé... Car une fois que le cœur s'est vraiment donné... Mais tu ne peux pas encore comprendre cela, mon enfant ! Il reprenait la mer; puis il revenait. C'était un splendide vaisseau qu'il commandait :

On l'appelait *le Wiking*. Il fit beaucoup de prises et devint très riche. Mais on disait qu'il ne gardait pas l'argent, et qu'il était joueur. Tiens ! voilà son vaisseau.

Elle me montra une petite peinture, qui représentait une goëlette, voguant sur la plus bleue des mers.

Ses absences duraient quelquefois assez longtemps. Ils s'écrivaient chaque fois qu'ils en avaient l'occasion, et quelles lettres ! Elle mettait toute son âme dans les siennes... quant à celles du jeune homme... les voilà !

Elle me montra un paquet de lettres jaunies par le temps, soigneusement rattachées ensemble par un ruban, qui jadis avait dû être rose.

Elle reprit :

Tout à coup les nouvelles cessèrent d'arriver. Ce qu'elle sentit, ce qu'elle souffrit alors, je ne pourrais te le dire — enfin il vint une lettre. Il était malade, disait-elle ; très malade, dans un port de mer, étranger et lointain. L'hiver approchait ; mais elle ne voulut point se laisser arrêter par lui... prenant avec elle sa fidèle femme de chambre, elle s'embarqua pour aller le rejoindre. Elle le trouva dans un état déplorable. Il avait été blessé en duel...

Voici la balle qu'il avait reçue dans la poitrine.

Elle le soigna comme une mère, et il revint à la santé ; il était dans la misère : elle paya ses dettes. Plein de repentir, un cœur nouveau dans la poitrine — on le croyait du moins — il revint avec elle. Ses promesses rassurèrent et la jeune fille et sa famille. Il se déclara prêt à quitter son métier de corsaire, pour la marine marchande, où il était certain d'obtenir un commandement. Alors, elle l'épouserait. Ils devraient se quitter encore une fois ; mais ce serait la dernière ; à son retour ils s'uniraient pour la vie. Il alla voir sa famille et mettre ses affaires en ordre.

Le temps marchait, amenant avec lui le jour des épousailles ! heureux jour, qui allait enfin réaliser ses espérances, guérir ses blessures, et la payer de tout ce qu'elle avait souffert. Déjà la toilette de mariée était prête... Voici la couronne... Tu les connais ces fleurs virginales ? Pauvre couronne ! elle est bien fanée, maintenant... mais elle durera, je l'espère, tant que deux yeux s'ouvriront encore pour s'arrêter sur elle avec tendresse, en souvenir d'un amour qui est venu... et qui est reparti !

Il arriva une autre lettre. Il s'était mis en route pour la rejoindre ; puis, à mi-chemin, il était re-

tourné sur ses pas, décidé à ne la revoir jamais.
La voilà, cette lettre, la plus triste des lettres ! que
de larmes, quelles angoisses, quand il fallut y répondre.

Était-il méchant ? Je ne le crois pas. Il était
léger. Il s'était, comme à plaisir, entouré de difficultés, et il n'y avait pour lui qu'un moyen d'en
sortir... briser un cœur ! Il avait un oncle qui
l'avait adopté : cette oncle avait une fille — que
Dieu la bénisse ! Il se voyait engagé envers deux
femmes... Les hommes, j'en ai peur, agissent souvent ainsi. Il ne pouvait tenir sa parole qu'envers
une seule. Il fit son devoir envers celle-là, qui avait
peut-être beaucoup souffert pour lui, et qui.....
Mais passons !

On dit qu'il se rangea et fut un bon mari pour
elle. J'espère que Dieu lui aura pardonné les péchés
de sa jeunesse !

... Mais pour cette autre infortunée, qui aurait
volontiers tout sacrifié par amour pour lui, son
bonheur était mort ; sa beauté s'était évanouie avec
ses espérances. Elle devint vieille, et l'on commença à trouver qu'elle était assez pauvre d'esprit.
Elle n'avait plus rien qui l'intéressât à la vie — je
veux dire rien en elle — c'est pourquoi elle se mit

à vivre pour les autres. Le monde — pris en général — est méchant ; mais tous les hommes ne le sont pas — et ils ont besoin de sympathie. Beaucoup sont malheureux, pauvres et souffrants — la vieille folle a trouvé le secours et la consolation en Dieu — son sauveur et son maître.

Ma tante ne parla plus ; mais elle remit en ordre et en place ses petits trésors, et, quand cela fut fait, elle se tourna vers moi, et, avec un doux sourire :

— En voilà pour un an ! me dit-elle ; maintenant, occupons-nous de déjeuner.

Je n'avais peut-être pas compris grand'chose à son histoire ; mais je ne crois pas que cela fût très nécessaire — elle avait éprouvé le besoin de se décharger dans une oreille humaine du fardeau de sa douleur : elle l'avait fait ; mais son secret lui appartenait toujours.

Maintenant je me rappelle ses paroles, et je les comprends mieux que je ne le fis alors ; je suis en communion avec ses sentiments intimes — ses sentiments de la quarantième année — quand celle que l'on appelait la vieille fille répandait ainsi son cœur dans le cœur d'un enfant.

Au dîner, tante Betty parut plus gaie que de coutume, tenant toutes sortes d'amusants propos, de façon à ce que tout le reste de la journée nous fussions tous de joyeuse humeur.

Mais ces paroles « *Dieu te voit !* » sont revenues souvent à ma mémoire, même longtemps après qu'elle les avait dites. Elles avaient été pour ma pieuse et respectable tante des paroles de consolation : elles sonnaient à mes oreilles comme les trompettes du jugement dernier. Hélas ! je lui ressemblais si peu !

. . . .

Pour les gens qui cherchent le moyen de tuer le temps, une des plus grandes sources de plaisir qu'ils puissent trouver sur la terre, est incontestablement le théâtre. Bien que nous ne songions guère ici à tuer le temps, nous n'en avons pas moins un théâtre en enfer. Sa seule raison d'être c'est une affaire d'habitude.

Les représentations dramatiques sont ici d'une magnificence que vous ne pourriez égaler dans le monde — pas même à Paris — bien que Paris soit le théâtre des théâtres. A vrai dire, cependant, nous sommes assez pauvres en ouvrages dramatiques. C'est que les productions des poètes en réputation n'ont pas l'éclatante immoralité qui les rendrait dignes de l'enfer. La plupart d'entre elles sont plutôt plates que perverses, et, ici, nous n'en faisons que bien peu de cas. Mais nous avons chez nous des ressources qui laissent bien loin en arrière tout ce que peuvent rêver là-haut les entrepreneurs de représentations dramatiques. Nous avons ici, en effet, des scènes d'une telle réalité qu'elles sont jouées par ceux-là mêmes qui ont accompli les faits dont nous donnons la figuration. C'est-à-dire qu'ils commettent de nouveau sur les planches du théâtre de l'enfer les crimes qu'ils ont perpétrés pendant le cours de leur vie terrestre. Ce n'est donc pas l'imagination, c'est la réalité même qui fait l'intérêt de nos représentations.

Nous avons beaucoup d'entrepreneurs de théâtre ; mais leur position est loin d'être enviable. Ils ont besoin de déployer une singulière activité pour se surpasser les uns les autres, en nous montrant des choses horribles ou piquantes ; car, pour blasés que nous soyions, nous n'en avons pas moins besoin d'être chatouillés. Nos impressarios sur les dents sont toujours à la recherche de quelque nouveauté salée, et quand ils l'ont trouvée, tout n'est pas dit pour eux, il faut qu'ils rencontrent — parfois jusque dans les plus bas-fonds de l'enfer

— les hommes et les femmes qui ont accompli le fait en question, et qui seront contraints — sans pouvoir se soustraire à cette nécessité — de figurer éternellement dans la pièce dont ils ont été tout d'abord les acteurs réels.

Laissez-moi vous donner un exemple. Un certain drame, intitulé le *Vol de Bijoux*, a eu dernièrement un grand retentissement. C'est un mélange vraiment satanique de séduction, de vol et d'assassinat. Une jolie femme, bonne nature, mais simple d'esprit, est séduite sans que l'amour soit en jeu, parce que l'on a besoin de cette séduction, comme ressort dramatique — le véritable objet de la pièce est le vol ; mais le vol accompagné de deux effroyables assassinats. La pièce produit une impression déplorable, et elle n'est pas l'œuvre d'une imagination exagérant les choses. Elle est la reproduction, jusque dans ses plus minces détails, d'un horrible crime qui fut véritablement commis. Nous l'avons fait jouer par tous ceux qui avaient pris part à l'acte lui-même — ils ne faisaient que continuer leur rôle. Vous voyez bien qu'il nous serait difficile de jouer ici des pièces vertueuses, quand même nous en aurions envie. Nous ne pourrions pas nous procurer les acteurs nécessaires.

Quant à notre mise en scène, nous pouvons dire qu'elle est vraiment sans rivale. Quelles que soient les exigences de notre imagination, il est toujours en notre pouvoir de la satisfaire, puisque nous sommes sûrs de voir paraître devant nous — au moins comme illusion — tout ce que nous avons rêvé, en fait de sites et de décors.

Ces représentations, d'une impression si profondément saisissante, sont également pénibles, et pour le public et pour l'acteur. Ici encore, ce qui, jadis, faisait notre plaisir, fait aujourd'hui notre tourment, et une force plus grande que notre volonté nous contraint à le rechercher toujours, tout en sachant bien ce qu'il nous en coûte.

. . . .
. . . .

XV

Si vous voulez publier ces lettres je vous y autorise — non point que je les écrive avec cette idée préconçue de me faire lire du public. A coup sûr il ne manquera pas de gens pour mettre en doute leur authenticité. « Même en supposant, diront-ils, que les esprits peuvent écrire des lettres en enfer, comment pourraient-ils les faire parvenir sur la terre ? »

Que les hommes sont donc légers ! N'entendez-vous point parler tous les jours de revenants et d'âmes errantes ? Voilà nos messagers !

Je sais choisir les miens, et je ne confie mes missives qu'à des gens très bien, et dont vous seriez charmé de faire la connaissance. Dans tous les cas je leur recommande la plus parfaite politesse ; je les prie de ne pas se montrer, et je leur défends de vous causer le moindre ennui.

Soyez certain, chaque fois que vous recevez de mes nouvelles, qu'un esprit est allé chez vous pendant la nuit. N'avez-vous point tout récemment, trouvé un billet de moi sur le parquet ? Voici comment la chose est arrivée : Vous aviez laissé sur votre table de travail une plume et un crayon posés en croix. Mon envoyé, à la vue de ce signe sacré, a été saisi d'une telle frayeur qu'il a jeté la lettre, et s'est enfui. Et, à ce propos, une prière ! Dans la basse-cour de votre maison de campagne, n'ayez pas plus de coqs que de besoin. Le cri perçant de l'oiseau matinal peut réjouir vos oreilles ; mais il nous apporte, à nous autres, les plus terribles avertissements — il nous rappelle qu'un jour viendra — bien que la date en soit encore incertaine, qui verra la résurrection des morts et le jugement dernier.

Je sais que mon écriture n'est pas très lisible, et je vous en fais mes excuses. Impossible de trouver ici-bas une seule plume, qui n'ait été là-haut, usée au service de l'injustice et du mensonge. Le papier est également détestable — ayant déjà servi — et à la transcription de quels documents ! C'est ainsi qu'en ce moment je vous écris sur le parchemin, des *Fausses Décrétales de* 853. Bien choisi, n'est-ce pas? Quant à l'encre, ah! mon ami, c'est le sang même de mon cœur!... Vous devez la trouver assez noire! Notre écriture infernale s'efface avec le jour. Recopiez immédiatement ce que vous voulez garder.

Cette lettre-ci vous sera portée par un personnage distingué — une des connaissances les plus intéressantes que j'aie faites ici — et qui doit prochainement visiter la terre. Il fut, de son vivant, un des chevaliers de Charles le Téméraire, et il trouva la mort à la bataille de Grandson. Fier et noble dans son maintien, il est toujours armé de pied en cap; mais ses éperons ne sonnent point, et l'on ne voit pas ondoyer la plume de son casque. Il tient toujours sa visière soigneusement baissée, et je n'ai jamais vu son visage. Le sentiment qu'il a de sa valeur l'empêche de se mêler à la foule. Il vit comme un véritable ermite, emmuré dans son orgueil. C'est un simple hasard qui le fit prendre garde à moi! Je faisais un jour l'éloge du vin de Beaune, en assurant que je l'avais bu sur place, et trouvé exquis. Quand la foule se fut dispersée :

— Vous êtes allé en Bourgogne? me demanda-t-il d'une voix qui sonnait creux.

— Oui, sire chevalier!

— Côte d'or ! terre glorieuse et inoubliable ! murmura-t-il sous sa visière ; et, sans ajouter une parole, il pirouetta sur ses talons, en m'abandonnant à mes pensées.

Nous nous revîmes plus tard, et je l'intéressai en lui parlant de mon séjour dans les Cévennes, et sur les coteaux de la Bourgogne. Je ne pouvais lui donner assez de détails sur ces pays enchanteurs. Je devinais sur ses lèvres une question qu'il n'osait pas me faire, et quand, enfin, je lui parlai du château de Roux, il eut comme un frémissement ; il se tut, et ce fut avec une anxiété visible qu'il attendit ce que j'allais lui raconter.

A propos de ce château il y a beaucoup à dire. C'est une forteresse de montagne, de construction antique, mais que l'art moderne a restaurée avec une certaine fantaisie. Son maître en était fier comme d'une relique du passé, et l'habitait pendant une partie de l'année.

Intéressant en lui-même, le vieux château est riche en curiosités de toutes sortes. Je promenai à travers toutes ses pièces mon ami à la visière baissée ; mais je fus bien obligé de m'arrêter avec lui au seuil d'une certaine chambre, appelée la chambre rouge, et dans laquelle je n'avais moi-même jamais pénétré. Le vieux gardien, qui m'accompagnait dans ma visite, prolixe sur tout le reste, était très réservé quand il s'agissait de l'histoire de la famille. Mais, dans le village voisin, où je passai une couple de nuits, on me donna certains détails que je n'ai pas oubliés.

On ne m'apprit rien, il est vrai, sur la chambre rouge; mais on me raconta une étrange histoire, qui pourrait s'appeler *la Main glacée.* Chaque fois, m'a-t-on assuré, que le chef de la famille est sur le point de commettre un acte capable de porter atteinte ou à l'honneur ou aux intérêts de sa maison, il en est averti, au moment décisif, par le contact de la main glacée — invisible, mais présente — sur sa main à lui, sur son cou, sur sa joue, ou sur sa tête, parée d'une couronne aristocratique. Depuis des siècles, et jusqu'à ce jour — fidèlement, sans y manquer jamais — la main glacée est toujours intervenue à temps pour sauver la fortune de la famille. Tout récemment encore on en avait eu la preuve, au moment où le dernier propriétaire avait été sur le point de serrer le nœud conjugal. La compagnie conviée aux fêtes nuptiales était réunie dans le grand hall; le fiancé avait pris la plume pour signer le contrat de mariage, quand le froid attouchement de la main de glace sur ses doigts le fit tout à coup tressaillir. Il s'arrêta, devint pâle comme la mort, et rejeta la plume loin de lui. Ni menaces, ni prières n'eurent le pouvoir de l'amener à tenir son engagement. Le mariage n'eut pas lieu.

— On peut, continuai-je, en manière de conclusion, croire ou ne pas croire ces histoires-là; à propos de ces traditions de famille, chacun a le droit de se faire à lui-même son opinion.

Le chevalier à la visière baissée secoua la tête avec lenteur, et, de sa voix profonde :

— Tout ce que vous venez de raconter, dit-il, est absolument vrai. Le château que vous venez de dépeindre est effectivement le château de Roux... et je suis le dernier comte de Roux... Je suis la main glacée !

Je fis un bond en arrière, plein de terreur. Eh ! cependant, qu'avais-je à craindre de lui — de lui, un esprit comme moi — et dans un lieu où toutes les mains sont glacées.

Le comte se tenait debout devant moi, immobile et gémissant.

— Écoutez-moi, me dit-il, je vais vous raconter mon histoire.

Écouter ! Je ne faisais que cela ! Il commença en ces termes :

— Jusqu'ici je n'avais pu découvrir pour quelle cause j'avais été condamné à descendre après ma mort dans ce lieu de supplices. Des sentiments de piété excessives dominaient ma vie. J'étais — corps et âme — sous la domination absolue des prêtres, et j'obéissais aveuglément à leur direction.

Quelques siècles avant notre âge, une colonie partie de la Provence, était venue s'établir dans la vallée des Cévennes. C'étaient des gens tranquilles, singulièrement laborieux. Le pays tout entier ne pouvait que gagner à leur voisinage. Eux-mêmes, inoffensifs et paisibles, semblaient heureux d'avoir trouvé près de nous une retraite tranquille. Seulement ils étaient hérétiques, et formaient une secte religieuse, héritière des erreurs des Albigeois. Ils commencèrent par tenir leurs croyances secrètes ; puis, se voyant solidement établis dans leurs nouveaux cantons, ils proclamèrent ouvertement leurs doctrines, et osèrent même tenter de se créer des adeptes. Le clergé résolut de s'opposer à leurs doctrines, qu'il regardait comme dangereuses. La lutte était dans toute son ardeur quand j'atteignis l'âge d'homme. Comme un fils obéissant de l'Église, je fermai mon cœur à la pitié, et je chassai ces misérables de mes domaines. Ce fut comme une nouvelle croisade sur une petite échelle : une répétition de la persécution dirigée jadis contre les Albigeois. Le tiers de mon comté fut mis à feu et à sang. La ruine et la désolation remplacèrent la fortune, le bonheur et l'abondance... et ceci était mon œuvre ! La pensée qu'en agissant ainsi je m'assurais une excellente place en paradis, pouvait seule me soutenir, au milieu des angoisses qui naissaient pour moi d'une conduite aussi cruelle.

Je ne tardai point, du reste, à me repentir. L'Église, pour laquelle j'avais tant fait, ne voulut point faire pour moi une chose que je désirais vivement. Je voulais épouser la charmante Cyrille de Bréville ; mais j'avais besoin de dispense parce qu'elle était ma cousine. Ces dispenses me furent refusées. Je dus subir toutes sortes d'humiliations et d'ennuis. Supplications, menaces, promesses d'argent, intervention de mon suzerain, tout fut inutile. Je fis moi-même un pèlerinage à Rome sans rien obtenir. Ce fut seulement après deux ans des plus pénibles efforts que les dispenses me furent accordées.

Ma colère était si grande que si j'avais

pu rappeler les Albigeois je l'aurais fait.

Enfin Cyrille devint ma femme, et elle me fut doublement chère, et pour les combats que j'avais dû livrer à son intention, et pour la fidélité courageuse avec laquelle, pendant ces deux années, elle s'était en quelque sorte rivée à mon amour. J'avais eu pourtant un dangereux rival dans la personne du comte de Tournailles. Nulle difficulté de ce côté, si elle avait voulu l'épouser. Elle avait préféré m'attendre. Pendant cinq ou six ans, mon mariage fut un délicieux paradis. Deux enfants — une fille et un garçon — vinrent bénir notre union. Notre bonheur était complet. Peu de gens en pourraient dire autant. C'est alors que le duc Charles appela ses vassaux sous les armes. Le chevalier obéit avec amour. Le mari fut brisé dans son bonheur. Je partis.

Vous connaissez l'histoire de cette guerre malheureuse; vous savez comment, après avoir conquis la Lorraine, nous nous trouvâmes en face de la Suisse. Grandson, Murten, terribles noms ! Je tombai sur le champ de bataille de Grandson... Quand je rouvris les yeux, j'étais ici... en enfer !...

Et ma femme, et mes chers enfants ! Je brûlais

du désir de les revoir... Je retournai sur la terre, en qualité d'âme errante.

Je n'oublierai jamais mon premier voyage de revenant, dans le brouillard et l'obscurité. Je me dirigeai vers ma vieille maison — comme un étranger — comme un banni — cœur solitaire et désespéré — chaque bruit me faisait tressaillir. Une feuille qui tombait me donnait le frisson. Pourquoi ne revenai-je point sur mes pas, demandant à l'enfer de me cacher?... Impossible. Une force plus grande que ma volonté me poussait. J'allais lentement de place en place ; chaque site retrouvé ajoutait à mes peines une peine nouvelle. Je buvais goutte à goutte le poison amer du souvenir. Enfin j'arrivai à mon château. Les clartés d'une lune trop complaisante versaient sur sa masse imposante cette lumière nocturne qui convient aux spectres.

Quel changement! J'avais beau me dire que j'étais le même qu'autrefois ; quelque chose que je n'aurais pu définir faisait de moi un étranger pour moi-même... Des larmes! des larmes! Ah! qui me donnera des larmes pour pleurer mon malheur! Je m'arrêtai un moment, tout tremblant, frappé de terreur — comme à la vue d'un fantôme... Mais n'étais-je point un fantôme moi-même? Quelle réception dans mon propre domaine ! Le vent gémissait dans les arbres ; les portes craquaient; des ombres glissaient silencieusement autour de moi ; les chiens hurlaient; mon cheval de guerre s'agitait tout frémissant devant le ratelier plein.

J'entrai dans mon propre château comme un voleur ; je montai l'escalier : je passai sans bruit d'une chambre à l'autre. Toutes ces pièces me semblaient abandonnées, froides et vides. Mes enfants ! Je voulus les voir tout d'abord ! Je les vis ! Ils dormaient le doux sommeil de l'innocence ; deux fleurs de beauté ! Jamais, jusqu'à cette heure, je n'avais connu le désespoir de la tendresse en deuil ! Mes yeux les contemplèrent. Vie de ma vie ! me disais-je, et qui n'est plus mienne ! Je brûlais d'envie de les embrasser, de les serrer contre mon cœur... Je n'osais pas ! Non, je n'osais pas, moi leur père ! Un profond soupir sortit de ma poitrine... et je m'en allai...

Par un chemin que je connaissais bien, je gagnai ma propre chambre, celle où se trouvait le lit nuptial — c'est aujourd'hui la chambre du mystère — celle où personne n'entre plus. Accablé par des émotions qu'aucune parole ne pourrait rendre, je m'arrêtai sur le seuil, hésitant au moment de la voir... de la voir... Elle !

Ah ! je la vis. — Elle dormait dans les bras d'un autre... dans les bras de mon ancien rival, le comte de Tournailles. Qu'elle était belle ! Belle comme toujours ! Mais, pour moi, quel supplice ! J'étais oublié, trahi... par celle qui m'avait engagé son amour et sa foi... pour toujours ! — Misérable femme ! murmurai-je, au milieu de mes sanglots, c'est ainsi que tu tiens tes serments ! Voilà donc comment tu es fidèle à mon souvenir !

Je voulus la réveiller ; je voulus qu'elle me vit. Je posai ma main sur son épaule nue. Elle eut un sursaut sous ce contact glacé. Elle ouvrit les yeux et me vit. Je dus être pour elle un spectacle bien effrayant, car le cri qu'elle poussa fut répercuté dans les profondeurs du château par un écho plein d'horreur. Je disparus.

Mais rien ne put assouvir ma rage. A partir de ce moment, je la poursuivis sans relâche comme sans pitié. Au moment où elle s'y attendait le moins, la main de glace se posait sur sa main. Elle ne me revit jamais. Mais elle devinait ma présence, qui n'en était que plus terrible pour elle. La nuit, j'étais près d'elle, toujours prêt à l'empêcher de dormir dans les bras de l'autre. La main froide était toujours entre eux, les empêchant de se réunir. Eux-mêmes, épuisés, harassés, devinrent bientôt semblables à des spectres. Le tombeau semblait s'ouvrir pour les recevoir. Un tel supplice leur devint bientôt intolérable : ils résolurent de se séparer. Cyrille entra dans un cloître. Là, mon pouvoir expirait. Ce fut dans cette paisible retraite que lui naquit un fils d'où sont descendus les maîtres actuels du Château de Roux.

Mes enfants à moi languirent et moururent. J'accompagnai leur cercueil quand on les mit en terre. Cet événement changea mon cœur. J'éprouvai quelque regret de ma conduite. Peut-être avais-je été trop dur pour celle qui avait porté mon nom. Un mari mort n'est plus un mari, et il n'a rien à réclamer. Elle était encore dans la plénitude de la vie, jeune, faite pour le bonheur, ayant ses devoirs à remplir, envers la nature et envers le monde. Je m'imposai, comme pénitence volontaire, de veiller sur son fils, et, après lui, sur ses enfants, et les enfants de ses enfants. Ce fut de ma part un vœu sacré, et je n'y manquai jamais. C'est l'histoire de la main froide de Roux. Chaque fois qu'un membre de la famille est sur le point de commettre un acte qui devrait lui porter préjudice, j'en suis averti par un pressentiment qui a pour moi le caractère d'une révélation, et sur la portée duquel il ne m'est pas permis de me méprendre. Dans ces moments-là je ne puis plus rester en enfer; je suis rejeté dans le monde des vivants, et j'interviens toujours au moment décisif. Hommes ou femmes, presque tous les membres de la famille ont senti le contact de ma main.... et il en sera ainsi tant que le dernier d'entre eux ne sera pas allé rejoindre ses pères dans le silence du tombeau.

Le comte de Roux n'en dit point davantage : il disparut, et oncques depuis ne le revis.

Vous me demanderez peut-être si je ne reviendrai pas moi-même sur la terre, quelque jour. Je ne le sais : la chose est possible mais je ne désire pas qu'elle soit. Ces voyages dans le monde supérieur sont toujours pour nous l'occasion d'un redoublement de tortures... ce n'est pas Dieu qui nous y envoie : c'est le diable ! J'espère donc bien que je ne serai jamais obligé de quitter l'enfer... A quel degré de malheur faut-il en être arrivé pour regarder une telle perspective comme une espérance ?

XVI

Je l'ai revue de nouveau. J'ai revu Annie ! Elle était assise dans un endroit solitaire, livrée à une étrange occupation. Sa longue chevelure dénouée tombait autour d'elle, et elle en retirait de petits coquillages et des fragments de roseaux. Son léger vêtement avait glissé de son épaule, et je vis — spectacle horrible ! la marque du fer chaud de l'infamie souillant sa peau de neige. Il me sembla entendre le cri du sang, au fond de ma conscience troublée.

Son cœur s'étalait devant moi tout entier, comme la page d'un livre ouvert. Le désespoir et la honte l'habitaient. Mais ce n'était pas là qu'il fallait lire l'histoire de sa vie. Elle était écrite sur son visage, autrefois si charmant, aujourd'hui si dégradé, et, avec la flétrissure imprimée sur son épaule, et qui complétait le récit, ce visage achevait un triste tableau. Sa première faute, hélas! c'était de m'avoir trop chèrement aimé, et d'avoir cru en moi trop légèrement... et, pour la remercier de cette foi et de cet amour, je l'avais perdue, elle avait roulé de faute en faute, de désespoir en désespoir. Je le savais, et, comme un feu dévorant, cette pensée brûlait mon cœur.

Je la regardais, sans pouvoir, un seul moment, détourner mes yeux, bien que sa vue me causât une douleur mortelle. Puis, tout à coup, il me sembla que mon âme se déchirait en deux; une lumière, vive comme une flamme, me traversa, et me laissa tout tremblant. Une horrible pensée venait de s'emparer de moi... Ces traits... qui me rappelaient-ils donc?... Ah! Martin! Oui, Martin! Il ressemblait à Annie, comme un fils ressemble à sa mère.... est-ce que la mère de Martin n'avait pas été une comédienne ambulante, qui s'était noyée volontairement? Et ce secret de Martin, qui semblait devoir tout aplanir entre nous, et qui nous réconcilierait après toutes nos querelles, n'était-ce point sa naissance même? Oui c'était cela... A présent je n'en pouvais plus douter!

Martin était son enfant... et le mien ! et j'avais perdu non pas elle seulement, mais lui avec elle, lui, mon enfant... mon fils ! et voilà pourquoi ce garçon me fascinait à un tel point. C'était moi-même que je revoyais en lui. Voilà pourquoi je l'aimais tant... pourquoi je l'aimais jusqu'à la passion ! en dépit de ce caractère sauvage et pervers. Cette nature emportée et mauvaise, hélas ! c'était la mienne. Le ciel me punissait dans sa personne. N'est-il pas écrit que Dieu poursuit les fautes des aïeux jusqu'à la troisième et quatrième génération ? Insondable et terrible mystère !

Pour en savoir davantage, je me précipitai vers Annie, je voulais la rejoindre; mais l'horreur que je lui inspirais lui donna des ailes; une fois encore elle m'échappa.

. . . .

Je n'ai jamais pu parvenir à écrire une lettre d'un seul jet. Quand l'idée m'en vient, je prends une plume et du papier, et je note ce que j'ai dans l'esprit; puis je laisse là ma tâche inachevée, quitte à la reprendre plus tard... c'est ce qui fait qu'au lieu de vous envoyer un travail suivi je ne vous offre que des esquisses détachées.

Quand j'étais sur la terre il n'y avait point un

jour de la semaine qui me parût plus détestable que le dimanche. Ce jour-là je dînais chez ma mère, et, ce qui était beaucoup plus ennuyeux encore, elle comptait sur moi, pour l'accompagner à l'église. Ce n'était pas qu'il me déplût d'entendre un sermon de temps en temps ; mais je craignais toujours que quelque parole malencontreuse ne vint éveiller en moi des sensations pénibles, amenant à leur suite des pensées que j'aimais mieux voir rester dans la tombe, où, depuis longtemps déjà, elles étaient ensevelies, que venir rôder autour de moi, pour m'apporter le désespoir et la terreur. Ces pensées sérieuses, il m'était aisé de les tenir à l'écart les jours de la vie ordinaire ; mais, le dimanche, et à l'église, elle devenaient importunes, en me faisant trop vivement sentir que j'avais manqué ma véritable destinée, et que je n'étais pas ce que j'aurais dû être.

Mais ce qui était pire que tout c'était la communion du dimanche, à laquelle ma mère voulait me faire participer. Elle était l'esclave des convenances, et je ne voulais pas la blesser. J'allais donc à l'autel, avec des impressions semblables à celles de l'homme que l'on cloue au pilori. Si mauvais que je fusse, je n'étais point un railleur sceptique. Je sentais bien qu'il y avait là quelque chose de saint et de sacré, à quoi je ne pouvais prendre part. Je ne voulais point paraître y prétendre. Le service divin n'était pour moi qu'une source de chagrins réels, que j'aurais voulu pouvoir éviter, en me rejetant plus avant dans le tourbillon des dissipations et des plaisirs.

Le souvenir d'un de ces dimanches m'est resté singulièrement présent à l'esprit, et voici pourquoi : j'aperçus ce jour-là une jeune fille élégante et svelte, et dans la fleur même de la jeunesse. Sa belle tête se pencha, et le soyeux trésor de sa chevelure blonde se répandit sur elle et la couvrit comme un voile. En ce moment sa beauté transfigurée prenait un caractère presque céleste. Son charme venait de quelque chose qui valait mieux que la régularité des traits, et son seul regard vous rattachait à un je ne sais quoi d'indéfinissable, placé bien au-dessus de l'atteinte des mortels. Ce regard profond, rempli d'adoration, c'était son âme, c'était elle-même tout entière qu'il nous révélait. Son sourire était comme un rayon de lumière — lumière céleste illuminant sa face ; sourire des yeux et des lèvres tout à la fois.

Cette jeune fille, c'est Lily, dans le beau printemps de sa seizième année. Elle aussi va recevoir le sacrement. C'est un acte qu'elle n'accomplit point légèrement, si j'en juge par l'incarnat des sa joue, et par la palpitation que soulève sa poitrine délicate. Elle aussi est émue ; elle n'approche qu'en tremblant... Mais qu'elle différence entre ce malaise qui vient de sa piété, et le mien, qui vient de mon indignité.

Lily fait aujourd'hui sa première communion ! Contre mon habitude, je m'étais levé matin. L'inquiétude d'esprit où je me trouvais ne me permettait guère le repos. Je m'habillai. Mon regard, dans la glace, me parut mauvais. Je me sentais intérieurement bouleversé. Je me hâtai de descendre. Je rencontrai Lily dans la salle à manger : elle était seule — presque pâle.

— Qu'avez-vous, mon enfant, lui demandai-je ; ne seriez-vous pas bien.

Elle sourit ! Ah ! ce sourire, il m'ouvrait le ciel !

— Très bien, au contraire ! me répondit-elle avec sa grâce accoutumée, et elle alla rejoindre ma mère.

Je demeurai un moment perdu dans mes pensées. L'émotion que j'avais surprise en elle me proposait une énigme que je voulais deviner. Essayer de pénétrer dans l'intimité de son être, c'était un délice pour moi. Le faire en ce moment me paraissait plus délicieux encore. J'aimais mieux lire son cœur que regarder dans le mien.

Un petit livre était resté sur la table, tout ouvert. J'y jetai les yeux : il m'expliqua le mystère; voici ce que lus :

« Dans le sacrement de la sainte-table, le Sauveur se donne lui-même à l'âme croyante. C'est une communion sainte, remplie de bénédiction qu'aucune parole ne pourrait exprimer. L'amour du fiancé terrestre n'est qu'un pauvre amour humain. Le Christ est le fiancé céleste; l'âme croyante est sa fiancée. L'amour qui les unit ne peut être rendu par la parole : il remplit l'âme d'un avant-goût du bonheur parfait qui nous attend là-haut. »

Je comprenais maintenant, ou, du moins, je devinais ce qui se passait chez Lily, elle était émue comme la fiancée à l'approche du fiancé à qui elle veut appartenir. Elle avait toujours aimé son Sauveur. Elle n'avait jamais été si heureuse; et jamais non plus si pleine de trouble... Elle soupirait après lui, et elle avait peur... Elle tremblait, bien qu'elle sût n'avoir rien à craindre avec le bien-aimé de son âme, celui-là seul à qui elle voulait se donner tout entière !

. . . .
. . . .

———

XVII

Je me rappelle une époque de ma vie où j'éprouvais des sentiments véritablement religieux, où je me repentais de mes fautes. Dans ces moments-là le fardeau de mon cœur coupable m'accablait. Je voyais le néant et la misère de mes vains désirs. Je sentais bien que j'étais sur la route de la perdition. Il me semblait entendre des voix qui me disaient :

« Retourne en arrière ! Change de voie, pendant qu'il en est temps encore. »

Il n'était point trop tard, alors, pour me convertir. Si j'avais entrepris la lutte avec une sincère et courageuse persévérance, j'eusse pu devenir un homme nouveau. Mais je ne le fis point. Je n'étais capable que de trop faibles efforts. Quelquefois, en réfléchissant à mes fautes, mon âme se remplissait d'un repentir sincère. Mais, tout à coup, des pensées légères et mondaines venaient à leur tour s'emparer de moi : elles chassaient au loin les bienfaisantes préoccupations de l'autre vie, la vie éternelle, et, de nouveau, avec l'insouciance retrouvée de mon caractère, je me rejetais plus avant dans le tourbillon du plaisir. Oui, je puis en témoigner, et, par ce que j'ai remarqué chez les autres, et par ma propre expérience, qu'un mauvais esprit exerce sur l'âme humaine sa fatale expérience. On forme de bonnes résolutions; on se détourne du péché; on recherche avec une anxiété réelle le chemin de la vertu... puis, tout à coup, le tentateur arrive; il pénètre dans votre cœur, et votre nouvelle chute est plus profonde encore que la première.

Cependant, Dieu est là, tout prêt à nous secourir, à nous accorder ses grâces, cent fois plus puissantes que les malices du démon... Mais nous ne l'écoutons pas; nous ne voulons pas être sauvés... et c'est la damnation qui nous attend.

Dans ces jours heureux où j'avais Lily à mes côtés, je m'abandonnais souvent à cette pensée enchanteresse qu'elle était le bon ange de ma vie; que c'était Dieu, dans son infinie miséricorde, qui me l'avait envoyée, et qu'il me sauverait par elle. Mais si mon cœur était touché, ce n'était là qu'une émotion de surface. Je voulais bien être conduit par Lily; mais qu'elle me conduisît à Dieu, c'était bien là le dernier de mes soucis...

Cependant, Lily est morte! Elle a bien fait de mourir. C'était le seul moyen qu'elle eût de se délivrer de moi, et d'échapper à la vie misérable que je lui aurais faite, contristant et désolant son âme pure et charmante. Elle a dû ouvrir ses ailes et prendre son vol vers les cieux.

C'est ce qui pouvait lui arriver de plus heureux. Je le dis dans la sincérité de mon désespoir... Mais comme je me hais! Que ne puis-je me déchirer de mes mains! Quelle source de larmes amères que cette seule pensée... « Elle pouvait être à moi pour une vie de bonheur!... » Ah! cela, voyez-vous, c'est l'enfer de l'enfer!

. . . .

Dernièrement je suis allé à un bal; car nous avons des bals ici, tout aussi bien que sur la terre. Vous savez que j'ai toujours été ce que l'on appelle un homme à femmes; mais je n'ai pas fréquenté les bals très longtemps. Je me suis fatigué promptement de cette sorte de plaisir. J'étais un peu trop lourd ; j'avais des formes trop athlétiques pour être un danseur de premier ordre. Cependant, j'avais, dans ma première jeunesse, passionnément aimé la danse, oubliant tout, et le ciel et la terre, dans le tourbillon d'une valse enivrante.

Mais, dans mon âge mûr, je vis les choses sous un autre aspect. Il me sembla inconvenant de se livrer au plaisir de la danse, comme le font quelques-uns, pendant des dix, quinze et vingt ans. Quand on a dansé pendant deux ou trois saisons, on doit en avoir assez, et il faut céder la place aux autres. On peut comparer le plaisir au battement d'ailes d'un papillon sur la rose du printemps. Il faut danser quand on sort de la chrysalide de l'enfance, c'est-à-dire dans la prime jeunesse : plus tard, il est trop tard.

Le bal auquel je suis allé dernièrement, était un bal du monde élégant. La société s'y trouvait bien un peu mêlée, mais cela même était un attrait de plus. Si l'on veut bien tenir compte du peu de lumière que nous avons chez nous, l'éclairage était parfait. Mille flambeaux ne nous donnent ici qu'une lueur crépusculaire; les bougies ne nous offrent qu'un semblant de lumière, impuissant à dissiper la demi-obscurité qui nous environne. Nous avions un excellent orchestre; mais il ne parvenait à produire aucun son. Tout est illusion chez nous. La musique, comme le reste, n'est qu'une affaire d'imagination. On danse en croyant l'entendre.

Les femmes avaient de fort riches toilettes, représentant les modes de tous les siècles. On eût dit un bal costumé. Mais les costumes, transparents pour nous, ne nous cachaient point les formes vraies des danseuses, les unes d'une beauté enchanteresse ; les autres ressemblant à des momies, beaucoup plus qu'à toute autre chose. Nous nous promenions dans les vastes salons, échangeant nos dames à de certains moments, de façon à ce que chacun des cavaliers pût s'entretenir tour à tour avec toutes les femmes.

Ce bal me ménageait une surprise. J'avais chez moi, dans ma salle à manger, un fort beau tableau représentant une mendiante romaine. C'était une Transtévérine, vrai type de la beauté des femmes de son pays. Le visage, la grâce, la tournure et le maintien étaient vraiment admirables, et l'on ne trouvait guère moins de charme à ses haillons, qu'elle savait draper de la façon la plus pittoresque. Elle en paraissait du reste assez fière, et elle refusait de les échanger contre les plus belles toilettes du monde. Elle savait bien que c'était à eux qu'elle devait une bonne moitié de ses succès — sans parler de son indépendance et de sa liberté. Elle s'appelait Paolina, mais, à Rome, les étrangers la connaissaient sous le nom de la Reine des Mendiants, ou, tout simplement, de la Reine.

Eh bien! l'original de mon tableau, la Reine, était là, debout devant moi.

Voici comment j'avais fait sa connaissance.

Un soir que je me promenais dans une des rues les plus tranquilles de Rome, une jeune femme, qui marchait rapidement derrière moi, s'empara brusquement de mon bras, et, toute tremblante, me supplia de la protéger. C'était la Reine. Je consentis à la reconduire jusque chez elle, et nous marchâmes, dans une sorte d'intimité, à travers les quartiers mal éclairés de la Ville Éternelle. J'avoue que j'eus le mauvais goût d'abuser de la situation et de lui faire la cour. Je ne connaissais pas la Reine! Avec douceur, mais avec fermeté, elle repoussa mes avances. Elle ne s'en tint pas là, et, avec une candeur que l'on ne trouverait point autre part qu'en Italie, elle m'expliqua sa position. Elle était heureuse maintenant : elle était même très heureuse. Tout le monde la traitait avec bonté;

personne n'osait seulement penser du mal d'elle, et elle était libre comme l'oiseau dans l'air. Mais, si elle cédait à quelqu'un, elle tombait aussi bas que les misérables filles qui se vendent. Aussi longtemps qu'elle pourrait porter ses haillons avec honneur, elle ne les échangerait pas contre le velours et la soie des princesses. On lui avait fait les offres les plus magnifiques, mais — Dieu soit loué! — elle avait toujours résisté. Nous étions arrivés à la porte de son humble demeure, elle m'embrassa avec autant de confiance que de franchise, comme aurait pu le faire un enfant — et nous nous séparâmes. — Plus tard, j'eus son portrait.

Quelques années s'écoulèrent — puis, tout à coup, la Reine disparut. Sa fière pauvreté avait su repousser les tentations de la fortune ; son cœur ne résista point à l'amour. Elle aima : ce fut le ciel qui s'ouvrit pour elle ; elle céda... et ce fut la fin de son bonheur. Elle était reine dans ses haillons... Sous ses joyaux, elle ne fut plus qu'une esclave. Un pire destin l'attendait : elle fut trahie. Dans sa désillusion cruelle, la malheureuse perdit toute la gentillesse de sa nature ; le démon pénétra dans son cœur, et elle devint capable de tout... — même d'un crime! Elle sentit s'allumer en elle une soif ardente de vengeance. Elle était toujours une merveille de beauté ; mais la majesté avait remplacé la grâce — ainsi qu'il arrive souvent chez les Romaines. Son cœur se glaça, et elle ne vécut plus que pour sa vengeance. On la vit un moment au sommet de la fortune, éblouissant Rome de ses splendeurs de météore. Mais cette apothéose n'eut qu'une durée d'éclair. Elle sombra dans une tempête et ne se releva jamais.

Et maintenant, dans ce bal qui se donnait au fond de l'enfer, elle marchait appuyée à mon bras... Je l'avais reconnue tout de suite... Mais, cependant, comme elle était changée ! Je laissai échapper un soupir involontaire, et je me dis qu'après tout il n'y avait point de bonheur sans innocence. Mais quand je me penchai vers elle en murmurant : « La Reine ! On se souvient toujours ! »

— Folie ! folie ! me répondit-elle, d'une voix tremblante, et comme si elle se fût sentie accablée par le poids de ses émotions ; en enfer tout est fini, la joie, l'amour et l'espérance !

Comme j'allais me retirer, je fus arrêté par un homme qui avait toutes les apparences d'un roué de première classe, qui me dit du ton le plus dégagé :

« Vous avez l'air d'être tout à fait chez vous, ici, avec les dames. Mais avez-vous assisté au vrai bal ? C'est bien une autre affaire, et près de laquelle tout le reste est vraiment insignifiant... Ils vont venir par ici tout à l'heure. »

Je ne comprenais pas trop ce qu'il voulait dire, et il ne me convenait pas de demander d'explications. J'allais être bientôt au courant de tout.

Quand le temps est proche où doit tomber sur l'enfer une obscurité profonde, une sorte de rage de plaisir s'empare des âmes damnées, qui appartenaient jadis au monde comme il faut. Tout ce plaisir apparent n'est qu'une vanité : il n'y a de vrai que les tourments qu'il amène avec lui. On n'en est pas moins avide de divertissements. Les soirées, les théâtres, les orgies se succèdent, comme emportés dans un tourbillon. Tout est oublié, à l'exception de ce qui peut favoriser une dangereuse surexcitation sensuelle. Rien de si sauvage, de si fou, de si honteux même, à quoi l'on n'ait recours pendant cette période maudite. C'est celui qui parvient le mieux à s'affranchir de toute pudeur qui est proclamé le héros du jour. Les gens les mieux élevés ont quelque peine, vous pouvez vous l'imaginer, à sauver ici leur réputation, car on est forcé de céder à la contagion du bal. Sauver les apparences, c'est tout ce que l'on peut tenter.

Il est vraiment étrange, ce bal. Il commence bien : les femmes sont tout sourire ; les hommes respirent le contentement. La danse est d'abord pleine de convenance, suivant un rythme qui va s'accentuant progressivement... Mais bientôt il s'emporte comme une mer soulevée. La passion éclate dans les yeux ardents ; elle respire sur les lèvres entr'ouvertes... et, plus étroitement, les couples s'enlacent.

L'obscurité se fait plus intense. Le tourbillon affolé n'y prend pas garde. La volupté et la douleur s'unissent si intimement qu'on ne peut plus les séparer l'une de l'autre. Ils dansent frénétiquement, comme si un maître tyrannique les poussait : ils sont dévorés de désirs, et n'éprouvent point de bonheur.

Les plus belles créatures sont privées de leur beauté ; les gracieux vêtements sont frippés et souillés. Y a-t-il au monde un spectacle plus triste que celui d'une femme qui n'est plus femme, œil cave, taille avachie, chevelure en désordre, toilette accusatrices... Quant aux hommes... c'est la nature des bêtes féroces qui remplace chez eux la nature humaine.

Par bonheur, l'obscurité, qui tombe tout à coup, enveloppe ce triste spectacle, et, comme le déluge du temps passé, cache ce qui doit être caché. Et voilà la fin du plaisir défendu... La nuit de la mort engloutit tous ces malheureux... Et alors ? Oui, que se passe-t-il alors ?

. . . .
. . . .

XVIII

Vous savez sans doute, et vous en avez fait l'expérience par vous-même, que le parfum des fleurs réveille en nous des souvenirs, et, plus particulièrement le souvenir des sentiments heureux. Les passions qui sommeillent en nous obéissent aussi à cet appel. Mais si, sur la terre, cette sensation nous apporte je ne sais quelles mortelles délices... ici, ce n'est qu'un supplice de plus, ajouté au supplice de l'enfer.

Ne vous imaginez point qu'il y ait des fleurs chez nous : vous n'en trouveriez pas une dans tout l'enfer. Les fleurs — même fanées — n'appartiennent qu'à la terre. C'est l'excès d'amour du père qui est dans les cieux; c'est cet amour débordant et partout répandu qui crée les fleurs. Ces millions de calices embaumés sont les témoignages de sa bonté, perles rayonnantes de la coupe toujours pleine qu'il tend sans cesse aux lèvres humaines.

Heureux ceux qui marchent dans les sentiers de la vie avec des fleurs sous leurs pieds, et des étoiles sur leurs têtes. Mais vous suivez votre sentier sans prendre garde aux fleurs, sans prendre garde aux étoiles, vous, esclaves de votre misérable égoïsme, voyant au monde que vous — encore vous, et toujours vous !

Il n'y a donc point de fleurs ici ; mais c'est encore un de nos supplices que d'être hantés par le parfum de quelque fleur lointaine qui nous arrive... Ce n'est là, sans doute, qu'un effet de notre imagination ; mais il n'en a pas moins sur nous une réelle puissance. Ces douces odeurs ont le privilège d'évoquer non pas seulement des sentiments, mais la vision des êtres avec lesquels nous aimions à vivre : elles nous rappellent nos joies évanouies ! Pourriez-vous le comprendre et le croire ? Une sorte de magie vous rend la plénitude des délices passées, alors que vous êtes déjà la proie de la mort et du malheur infini.

C'est peut-être un œillet aux vives couleurs. Son

parfum rappelle les yeux brillants de celle qui le portait. Ce ne fut pas sans peine que je parvins à me trouver seul avec elle, et, tandis que j'étais à genoux à ses pieds, elle était encore partagée entre l'amour et la colère.

Voici un jasmin aux effluves enivrants. Un jour, sous un berceau qu'il embaumait, je trouvai la belle à l'opulente chevelure. Mon cœur me battait haut dans la poitrine. Je mourais d'envie de la serrer dans mes bras, et de me perdre dans la profondeur de ses yeux bleus. L'âme de la fleur venait à moi avec les rayons du soleil de midi. J'étais sous le charme.

C'est ainsi que les fleurs me parlent, avec leurs essences odorantes, qui flottent autour de moi. Mais plus les souvenirs qu'elles me rappellent son doux, et plus grandes sont les tortures de mon âme, dans laquelle la passion s'exalte jusqu'à la folie — bien que nous soyions privés de toute sensualité, et que rien ne puisse calmer des désirs dont le siège est dans notre esprit malade.

Les fleurs aux effluves capiteux sont, du reste, les seules qui agissent sur moi si puissamment. Leurs sœurs aux essences plus douces, la violette et la pensée, par exemple, me laissent insensible —

je fais une exception — une seule — pour une fleur qui m'apporte aussi sa douleur — mais que, pourtant, je bénis. En ces derniers temps, je me suis senti plusieurs fois poursuivi par les tendres émanations d'une rose — une certaine rose qu'en ce moment encore il me semble voir. Une nuance d'incarnat des plus délicates pénètre ses pétales ; à son cœur, c'est une nuance que, volontiers, j'appellerais éthérée. Au premier coup d'œil, on serait tenté de croire que c'est une rose blanche ; mais je sais bien que ce n'est pas cela ! Un jour, Lily me donna une de ces roses. Il est vrai que je la lui avais demandée. Elle ne l'eût point fait de son propre mouvement. C'était à Venise. Nous nous trouvions à Saint-Marc, devant un autel consacré à la Madone. Nous étions seuls. Un mendiant boiteux venait de s'éloigner après avoir appelé sur nous les bénédictions de Notre-Dame... Une émotion sainte me saisit, — je l'appelle sainte parce que le mendiant, parlant de Lily, m'avait dit : « *la sua Sposa.* » — Votre femme ! — Lily n'avait pas entendu... Mais j'avais entendu, moi ! Elle était debout, avec une rose à la main. La fleur pudique semblait bien sa douce image.

— Lily, lui dis-je, donnez-moi cette rose !

Tout de suite, avec une parfaite innocence, elle me la tendit.

— Baisez-la d'abord ! continuai-je.

Elle fit ce que je demandais, et, de nouveau, me présenta la fleur avec son plus charmant sourire.

Je la pris, et, à mon tour, je la baisai. Lily rougit légèrement, sans comprendre, plutôt par instinct. En ces derniers temps, le parfum de cette rose m'est revenu. Cela semble étrange. Mais n'est-il point possible, après tout, qu'il y ait une sorte de lien idéal entre les âmes bienheureuses et les âmes perdues ? Un lien immatériel comme le parfum d'une fleur... Oh ! l'aimable pensée, et que je voudrais pouvoir m'y attacher... Mais elle s'enfuit, fugitive et légère comme les effluves odorants.

Ce moment sublime, où la gloire du Paradis rayonnera à travers la nuit infernale ne saurait plus tarder bien longtemps. Il approche ; il approche ! Je la reverrai... Je sais que je paierai cette vue par des tortures nouvelles... Mais que m'importe ? Je la reverrai dans sa beauté céleste. Mais comme elles seront profondes, les ténèbres qui suivront cette apparition. Advienne que pourra ! Cette image ne me quittera plus... Quoique je sois plongé dans les profondeurs de l'enfer, je la vois, je la verrai toujours, brillante dans son éternelle félicité. Mais puis-je être vraiment damné. Si Dieu me permet cette communion avec une de ses bienheureuses, n'est-ce pas un signe de pardon ? Je sais, je sens qu'elle pense à moi comme je pense à elle... qu'elle m'aime toujours d'un amour de sœur... Ah ! Dieu serait-il vraiment un père s'il pouvait permettre que la sœur fût au ciel, et le frère dans l'enfer... perdu pour toujours ?

. . . .
. . . .

XIX

Je suis allé l'autre jour à l'église. Une sorte de respect humain m'a, jusqu'ici, empêché de vous en parler. J'aurais autant aimé ne pas me montrer en pareil lieu... mais, ici, on fait souvent ce que l'on ne voudrait pas faire.

Vous saurez donc que l'enfer aussi a ses églises. Nous en avons même beaucoup — à vrai dire autant que de prêtres... et Dieu sait que nous n'en manquons pas! Tous sont dévorés d'un zèle brûlant pour l'Évangile, que, dans leur vie, ils ont plus d'une fois traité légèrement. Ils sont remplis d'amour pour le pieux troupeau,... Mais ils n'ont plus de troupeau à conduire! Ils bâtissent églises sur églises, prêchant le matin, à midi et le soir. Mais un mot de Dieu ne franchit jamais leurs lèvres. S'il était en leur pouvoir de parler de la grâce, ils seraient sauvés, et leurs auditeurs le seraient avec eux. Mais ils n'ont plus le droit d'exercer; on leur a retiré les sacrements. Eh! cependant, une force supérieure les pousse à prêcher toujours.

L'enfer est donc rempli de gens qui enseignent le christianisme. Ceci peut sembler étrange, mais n'en est pas moins vrai. On compte ici par milliers les individus auxquels la religion a servi d'habit, ou même de masque; ceux qui ont entendu le message divin, qui l'ont même écouté avec complaisance, mais qui n'ont rien fait pour y conformer leur vie. A présent ils ont faim et soif de la parole qu'ils ont méprisée jadis, mais qui ne leur sera plus rendue. Ils le savent, et ils ne peuvent s'empêcher de se rassembler autour de ces semblants d'églises, d'écouter avec une anxieuse curiosité des prédicateurs qui n'ont même plus le droit de prêcher.

Il y a quelques jours, je rencontrai en soirée le révérend M. T..., que j'avais connu dans le monde. C'était un prêtre à la mode, tel qu'on les aime aujourd'hui — un vrai gentleman, aux façons et à la parole aisées. En me quittant, il me serra la main, et, d'un ton léger :

— Je serai heureux, me dit-il, de vous faire un sermon, si vous voulez venir l'entendre. J'ai bâti une église Square de la Sensualité — un drôle de nom, n'est-ce pas? — et j'ai brassé un grand sermon pour dimanche prochain. Le Square est au bout de la rue des Infirmes. Le premier venu vous l'indiquera.

Je ne pouvais me dispenser d'y aller... d'ailleurs, pourquoi ne pas entendre une vieille connaissance à moi, tout aussi bien qu'un autre prétendant à la chaire chrétienne.

J'arrivai un peu tard, à l'heure du chant des cantiques. Anges du ciel, quels chants!! Au lieu des hymnes saints, les plus épouvantables chansons que j'aie pu entendre dans ma vie... Elles n'exprimaient que trop bien les sentiments de l'assistance! C'était du beau monde assurément, et d'une tenue irréprochable. Mais les vieillards, qui semblaient couronnés d'honneur, et les jeunes femmes, qui se paraient de leur innocence comme d'un vêtement, prenaient part à l'exécution de ces morceaux ignobles, et, sans rougir, les parents encourageaient leurs enfants, et les maris, leurs femmes à se mêler à ce chœur maudit. Hélas! à peine entré, je vis bien que je ne valais pas mieux que les autres, et, venu pour chanter les louanges de Dieu, j'entonnai des chansons ribaudes!

Bientôt les chants cessèrent. A ce moment le prêtre apparut dans la chaire, avec une apparence de sainteté qui édifia tout le monde... Mais pour un instant seulement, car cette belle expression de physionomie fut bientôt remplacée par une affreuse grimace. Ce ne fut point sans une difficulté visible qu'il parvint à se maîtriser et à reprendre une figure sérieuse, et toute pleine d'onction sacerdotale.

— Vénérables amis, dit-il en commençant.

C'était là un bon début, et il avait la conscience de ne pouvoir dire mieux. Il se démena énergiquement pendant une demi-heure, ouvrant et fermant la bouche avec d'épouvantables contorsions, sans toutefois qu'il en pût faire sortir un seul mot. Il semblait s'apercevoir de ce phénomène étrange, car il faisait de visibles efforts pour arriver à l'éloquence. Il recommença.

« Mes vénérables amis... » et il s'arrêta encore. On eût dit qu'il était en pleine eau, piquant des têtes, tirant la coupe, et brassant la vague, noyant la congrégation sous les flots qu'il soulevait. Quant à nous offrir une pensée, c'est à quoi il ne pouvait parvenir. Pendant qu'il s'entortillait dans sa rhétorique, on entendit un éclat de rire général. Il s'arrêta court, resta un instant la bouche ouverte, et, comme un barbet qui fait le plongeon, la honte sur le visage, il dégringola l'escalier de sa chaire.

J'en pourrais dire davantage. J'aime mieux tirer le rideau. Je m'en allai le cœur gros!

Y a-t-il vraiment quelque chose de plus triste que de prétendre vivre quand on est mort... mort, mort!

Plus les souvenirs sont doux en eux-mêmes, et plus grande est leur amertume en enfer. N'est-ce pas là une chose étrange? Oui, étrange et terrible! Je suis en proie au désespoir — non pas au désespoir qui finit par la folie, — cela du moins est encore de la vie — mais à celui qui aboutit à une sorte d'apathie, qui est la sœur de la mort. Le désespoir est le pain quotidien de l'enfer. Il est en nous, sur nous, autour de nous — partout!

Parfois, fermant mes yeux et m'absorbant en moi-même, je m'abandonne à des rêveries singulières.

L'autre jour je me suis vu en songe transporté dans un bois. C'était une de ces merveilleuses matinées de mai, où le printemps éclate et veut vivre, non seulement dans la nature, mais aussi dans le cœur des hommes. Jamais les délices de la saison nouvelle ne sont aussi pures, jamais l'âme humaine n'est aussi élevée que dans la clairière d'une forêt profonde.

Les concerts joyeux des chanteurs ailés trouvaient un écho dans mon cœur. — Je me sentais tout prêt à me joindre à leurs actions de grâces. La saine et puissante odeur du bois pénétrait tout mon être, quand, soudain, j'entendis la voix de Lily, quelque part entre les arbres.

Je relevai la tête tout à coup, arraché aux ravissements de mon rêve. O cruauté du destin! où suis-je? il n'y a plus autour de moi ni chant d'oiseaux, ni parfums de fleurs, ni enchantement des bois — mais l'enfer... avec ses horreurs.

. . . . ; . . . . . . !
. . . .

XX

Nous avions pris une maison d'été au milieu du plus beau paysage de la contrée des lacs. Nous avions autour de nous des bois vraiment splendides. Ma mère s'était assurée une aimable compagnie; de sorte que je pouvais m'abandonner moi-même à ma fantaisie.

Souvent, aux premières heures matinales, je prenais Lily avec moi pour ramer sur le lac, abordant tantôt ici, tantôt là, insouciants, et dépensant la journée, comme de vrais enfants de Bohême, dans la solitude des vallées ombreuses. Pour moi, c'était une joie que d'avoir pu échapper au monde et à ses plaisirs factices.

Lily aussi était charmée, de pouvoir, comme elle le disait elle-même, s'ensevelir dans la nature.

Nous errions au hasard et sans souci, tout le long du jour, nous arrêtant au gré de notre fantaisie, et repartant, quand l'envie nous en prenait, pour aller tous deux à la recherche de nouveaux sites, également enchanteurs. Parfois nous rencontrions quelques huttes, où nous pouvions obtenir un repas frugal. Souvent aussi nous emportions avec nous ce qui nous était nécessaire.

— Vivons, disions-nous, comme les enfants de la forêt !...

Et nous ne nous contentions pas de le dire : nous voulions le faire aussi.

A cette époque, Lily avait environ douze ans. Ma mère n'eût pas demandé mieux que de nous voir cesser cette sorte de vie errante et hostile au monde. Mais, devant mon opposition, elle dut se contenter de cette injonction finale :

— Tâchez que Lily ne devienne pas trop sauvage !

Sauvage ! elle, la douce colombe ! Comment l'eût-elle pu ?

La compagnie de Lily était pour moi aussi douce que le parfum matinal des bois humides de rosée. Dans ces jours de bonheur, toute la grâce de son être se développait sans contrainte, et moi-même je redevenais enfant avec elle. Quel rire et quel babillage ! Quels joyeux cris d'oiseau elle jetait aux échos ! Comme un rien l'amusait ! Quelle aisance et quel charme dans tous ses mouvements ! Il fallait qu'elle vît tout, furetant partout, et trouvant partout des étonnements et des surprises. Elle avait comme un don merveilleux pour comprendre les petits mystères de la nature. Les plus insignifiants et les plus cachés ne pouvaient échapper à son attention. Où les autres passaient sans rien voir, elle découvrait des merveilles. On eût dit que la nature prenait plaisir à révéler ses secrètes beautés à ce pur regard d'enfant. Les daims timides guettaient les fourrés pour la voir passer ; les écureuils sautaient de branche en branche pour la suivre ; les oiseaux, sous les berceaux, lui chantaient leurs plus douces chansons ; les fleurs naissaient sous ses pas. Tous les enchantements ajoutaient à ses charmes ; comme la fée des bois, elle apparaissait dans sa grâce de sylphide, éclairant tout de ses beaux yeux aux flammes humides, et de son sourire mélancolique, qui faisaient songer à des rayons de soleil traversant la pluie.

Quelques fois nous campions sous les arbres, ramassant des petites branches sèches et des pommes de pin pour cuire notre repas à leur maigre feu. Cela fait, j'abandonnais Lily à ses inspirations. Et comme elle était fière de jouer ainsi à la maîtresse de maison. C'étaient là pour nous de véritables fêtes; jamais grands dîners ne m'ont fait plus de plaisir. Je l'appelais ma petite femme, et la plus tendre des femmes n'aurait pu entourer de plus de prévenances exquises et d'attentions délicates l'objet de son amour.

Après avoir goûté les délices de ces banquets de Bohémiens, l'enfant me faisait une lecture. Je l'écoutais d'abord; mais je finissais par céder aux tentations du sommeil. Alors elle me surveillait, éloignant de moi les mouches bourdonnantes... Quand je me réveillais, ce que j'apercevais tout d'abord c'étaient deux brillantes étoiles — ses yeux fidèles.

Un jour, — nous venions précisément de dire que nous devions connaître les bois par cœur — étant allés un peu plus loin que d'habitude, nous arrivâmes à une petite maison, dont j'avais beaucoup de motifs de me souvenir, bien que j'eusse préféré l'oublier. C'était — tout charmant sous son rideau de clématite et de roses — le petit logement de garde où j'avais connu Annie. Je m'arrêtai brusquement, frappé d'horreur, et sans doute pâle comme la mort, car je causai une frayeur terrible à ma pauvre petite Lily. Elle s'informa avec une anxiété réelle de ce que je pouvais bien éprouver. Mais je ne pus que l'emmener avec moi, m'éloignant en hâte de ces lieux, et ce fut seulement au bout de quelques minutes que je me sentis capable de répondre à ses questions. Quelle explication lui donnai-je? en vérité je n'en sais rien ! tout ce que je sais, c'est que le reste de la journée je ne pus la regarder dans les yeux. Quelle peine elle me faisait avec ces tendres questions et son affectueuse sympathie ! Elle ne se doutait guère, la pauvre enfant, que le même démon qui avait perdu Annie la menaçait elle-même, et que moi, son ami, son unique compagnon, j'étais tout à la fois le maître et l'esclave de ce démon.

Nous continuâmes notre course, allant toujours plus loin, car je ne pouvais rester en repos — mais le plaisir s'était envolé. Pauvre petite Lily, elle avait quitté la maison, le cœur plein d'espérance, et comptant bien s'amuser... et elle ne rencontrait que tristesse et découragement.

Vers le soir une tempête éclata, et, comme nous approchions du lac, nous ne vîmes devant nous qu'une masse d'eau soulevée et bouillonnante. Je n'osai point, dans un tel moment, risquer l'enfant sur une barque qui pouvait chavirer : nous suivîmes donc le sentier qui longeait le rivage. La distance pour nous rendre au logis n'était heureusement pas très grande. Mais Lily tombait de fatigue, et, comme la tempête faisait rage, je l'enveloppai dans un manteau. Je voulus la porter.

Que le fardeau me paraissait léger, et doublement cher ! Il me semblait que j'aurais pu aller ainsi jusqu'au bout du monde. La tenant bien serrée contre moi, je marchais allègrement. J'avais deux milles à parcourir. Les nuages sombres et orageux couraient au-dessus de ma tête ; la pluie battante me fouettait... Mais je n'en prenais souci, et j'opposais ma force à la force de la nature. Rien n'était plus touchant que d'entendre Lily exprimant ses craintes de m'être à charge, et trouvant que c'était beaucoup pour moi que de la porter ainsi jusqu'à la maison ; avec quelle gentillesse elle promettait de me payer un jour de tout cela. Quelles douces paroles de gratitude elle murmurait à mon oreille, comme si elle eût pu alléger ainsi ma fatigue. C'était pour moi comme un enchantement, qui me faisait presque oublier

Annie... Mais, comme il était dans ma nature de tout profaner, je me rappelais certain tableau de la galerie des Lanzi, à Florence, représentant l'enlèvement des Sabines. Mais j'eus honte moi-même de cette pensée, et, pour m'en punir, autant que pour amuser Lily, je lui contai l'histoire de Saint-Christofe, le géant païen qui, ayant la conscience de sa force, ne servait que les empereurs et les rois. Mais, lassé des grands de la terre, il chercha partout Jésus crucifié, sans pouvoir le rencontrer nulle part. Il vint enfin s'établir sur les bords d'un torrent impétueux, en se donnant pour mission de porter les pèlerins d'une rive à l'autre. Des années s'écoulèrent; puis, une nuit, il entendit l'appel d'un enfant : il vint, le prit, le chargea sur sa puissante épaule, et s'avança vers le gué; mais, peu à peu, le fardeau devint si pesant que le géant faillit sombrer dans les flots. Il atteignit pourtant la rive désirée. Alors le petit enfant dit au colosse :

— Tu t'appelleras désormais Christofe, parce que tu as porté le Christ, ton Seigneur.

Et le païen reconnut celui qu'il cherchait depuis longtemps, et il se laissa baptiser.

Comme une chanson de nourrice, mon histoire

avait doucement bercé Lily, qui s'était endormie. Son bras entourait mon cou, et sa joue chaude s'appuyait contre la mienne. Je marchais en silence.

Mais la légende avait fait une impression profonde sur mon cœur. La figure du Sauveur se dressait devant moi. Je sentais sa sainte présence. Hélas! Je n'avais guère pensé à lui depuis longtemps. Mais, bien que la foi de mon enfance fût profondément ensevelie dans mon âme, elle n'était pas morte, cependant, et, de temps en temps, elle remontait des abîmes de mon cœur, suivie de souvenirs, doux parfois, et parfois amers.

Le poids de l'enfant endormie se faisait de plus en plus sentir. Il me semblait parfois que je portais un fardeau de péchés.

D'un pas incertain je m'avançais à travers la nuit sombre. La tempête allait grandissant toujours, fouettant les vagues, et les jetant, comme des masses écumantes, contre les rivages bordés de rochers. Plus d'une fois je sentis l'eau sur mes pieds, comme si le lac affolé se fut dressé devant moi pour m'engloutir. Mais je marchais toujours, haletant, épuisé : de froides gouttes de sueur perlaient de tous mes pores. J'éprouvais une sorte d'accablement que je n'avais point connu jusque-là. J'étais torturé par la crainte et le regret, et le résultat de ces sentiments divers allait être — qui le sait? — de faire de moi, peut-être, un homme nouveau, quand, à travers l'obscurité de la nuit, j'aperçus les lumières de notre cottage, qui changèrent tout à coup le cours de mes pensées. Tout s'évanouit en un moment, le chagrin, le regret, l'émotion. En me trouvant dans une chambre chaude et bien éclairée, je n'éprouvais plus les sentiments qui avaient rempli mon âme, quand j'errais au loin dans la nuit froide et troublée. Lily s'était réveillée.

— Quel beau rêve j'ai fait ! murmura-t-elle, les yeux à demi ouverts, pendant que je déposais un baiser sur son front, en guise de bonsoir ! On la mit au lit.

Le lendemain matin elle me dit son rêve.

— Il me semblait, me raconta-t-elle, que j'étais sur le bord d'une rivière. Je vis Saint Christofe qui venait à moi, avec l'enfant Jésus sur son épaule. Il s'arrêta, et l'enfant s'assit près de moi. Nous jouions avec des herbes et des fleurs, et nous chantions des cantiques. Je me sentais tout heureuse. Appuyé sur son bâton, le grand Christofe nous regardait.

Nous tressions des fleurs en guirlandes. Mais l'enfant-Dieu en faisait plus que moi. Il fit une croix, puis une couronne d'épines, qu'il plaça sur son front. Les petites fleurs rouges que l'on apercevait entre les tiges figuraient les gouttes de sang sur son visage. Mais, tout à coup, le Christ me dit :

— Maintenant nous allons passer à autre chose. Que vois-tu là ? — regarde-moi en face ? Que vois-tu sur mon visage ?

Je regardai, et je vis d'abord le Semeur de l'Évangile, qui s'en va jeter son grain dans le sillon ; puis le bon Samaritain, soignant le voyageur blessé ; puis le bon Pasteur, rapportant l'agneau au bercail. J'aurais vu bien d'autres choses encore, si l'idée ne m'était venue de lui adresser une question :

— Est-il vrai, lui demandai-je, que les hommes ont été assez méchants pour t'attacher à une croix, et percer ton côté d'une lance ?

— Oui, répondit-il ; vois plutôt mon côté et mes mains !

Les marques y étaient encore, rouges comme du sang.

— Ne pleure pas, petite Lily, me dit-il ; je

n'éprouve plus maintenant aucune douleur. L'amour de mon père dans le ciel, et celui de mes frères et sœurs sur la terre ont tout effacé !

Nous demeurâmes quelques instants silencieux ; mais bientôt le Christ reprit :

— N'aimeriez-vous point être portée un moment par ce bon Christofe ? Il porte si bien ! où souhaiteriez-vous aller sur ses épaules ?

— J'ai toujours désiré aller en Terre-Sainte, lui répondis-je, mais c'est bien loin d'ici, et il faudrait que je te quittasse !

— Ce n'est pas si loin que vous le croyez ! répondit le Christ, et, vous et moi, nous ne nous quitterons plus. Si vous allez là-bas, vous m'y retrouverez.

Je me levai ; Christofe me prit sur son épaule et m'emporta. Ce fut un long, long voyage. Le jour, nous étions conduits par un nuage de feu, — et la nuit par une brillante étoile — l'étoile de Bethléhem. Nous traversâmes beaucoup de pays, où l'on parlait des langues que je ne comprenais pas. Il nous fallut passer des rivières, des lacs et des montagnes, et enfin la vaste mer. On ne voyait plus la terre d'aucun côté, et les vagues étaient bien hautes. J'avais grand'peur de ne pouvoir atteindre le rivage. Mais le bon Christofe me disait.

— Sois sans crainte, petite enfant! J'ai porté mon Seigneur Jésus... Je ne succomberai point sous ton poids.

Enfin, après bien des jours, nous atteignîmes la Terre-Sainte ; Jérusalem, la ville royale aux blanches murailles. L'étoile marchait toujours.

Elle s'arrêta devant Bethléhem.

Christofe me déposa sur le seuil d'une modeste auberge.

La porte s'ouvrit aussitôt, et je vis le saint Enfant. Il me prit par la main et me fit entrer.

— Petite Lily, me dit-il, il n'y a ici qu'une simple crèche pour te souhaiter la bienvenue. Mais, plus tard, quand tu seras fatiguée de la vie, je t'emmènerai avec moi, et je te conduirai dans une autre demeure, là-haut.

Et l'enfant-Dieu m'étreignit contre sa poitrine, — et me donna un baiser.

A ce moment je me trouvai réveillée. Nous étions chez nous... Ah! Philippe que j'aurais voulu marcher encore, et rêver toujours !

— Eh ! petite sœur, lui dis-je assez gaiement, il me semble que vous devez vous trouver satisfaite !

Vous êtes allée à Bethléhem, et vous en êtes revenue; vous avez vu une infinité de choses merveilleuses, et cela en moins d'une heure. Que pouvez-vous désirer de plus?

— Vous avez raison, dit-elle toute pensive, je dois me déclarer satisfaite, et ne rien demander davantage, jusqu'à ce que le Christ me souhaite la bienvenue dans sa demeure céleste.

. . . .
. . . .

XXI

J'avais cherché Annie trop longtemps pour n'avoir pas renoncé à l'espérance de la rencontrer jamais. Elle semblait définitivement évanouie — mais l'enfer est grand, et ses habitants sont innombrables.

Les recherches auxquelles je m'étais livré pour la retrouver avaient complètement bouleversé ma vie. Je n'étais plus qu'un vagabond, errant à droite et à gauche, poussé par un désir qui me rongeait. Je portais en moi un feu dévorant, et je mourais de soif. Jamais homme vivant, — pas même le voyageur desséché errant dans le désert — ne connut un tel supplice — j'avais soif d'Annie, bien que je ne susse que trop qu'elle n'était pas capable d'adoucir ma peine. Ce n'était qu'une citerne sans eau : — même sur la terre des vivants, elle avait perdu le privilège de la femme — hélas ! en enfer elle l'avait beaucoup moins encore ! Non ! elle ne pouvait pas étancher ma soif. C'est en vain qu'elle tordait ses vêtements, et sa chevelure jadis splendide. Sa chevelure est humide, ses vêtements sont mouillés, et cependant, elle n'en peut faire sortir une goutte d'eau. Je le sais !... mais je sais aussi qu'elle porte en elle le secret qui pourrait me dévoiler un terrible mystère. C'est pour cela que je m'acharne à sa poursuite, pensant à elle, rêvant d'elle, comme je faisais autrefois, quand le sang rouge coulait à flots pressés dans mes veines généreuses ; quand je ne voyais en elle qu'une fleur dans le vaste royaume de la nature — une fleur dévoilant sa beauté pour mes satisfactions égoïstes. Mais quelle différence entre le présent et le passé ! Ce n'était plus l'amour qui m'entraînait à sa poursuite. C'était le terrible désir de voir sur son visage cette ressemblance effrayante, qui, dans notre précédente rencontre, avait fait passer dans ma conscience comme une lueur d'éclair. C'était maintenant plus qu'un pressentiment... C'était une persuasion ! Mais j'avais encore besoin d'une preuve pour arriver à la certitude. Ses traits avaient parlé ; mais c'était par sa bouche seule que je pouvais être convaincu. Mais pouvais-je espérer, même en la retrouvant, d'entendre jamais sa voix ? Mon cœur m'inspirait des craintes... Mais je devais pourtant essayer de la retrouver.

Enfin, après bien des jours consumés en inutiles recherches, mon désir parut se réaliser. Je la trouvai assise au bord du fleuve, immobile, les yeux fixés sur ces flots troubles, comme si elle eût voulu chercher la mort dans leurs embrassements. Je m'avançai vers elle, glissant à la façon des ombres, à peine visible dans le brouillard épais qui hante ces sombres bords, et confondu avec lui.

J'eus le temps de la regarder tout à mon aise, bien que j'eusse l'anxiété dans l'esprit, et l'angoisse poignante au cœur. J'examinais sa contenance ; j'interrogeais chacun de ses traits. Tout était pour moi peine et souffrance. Je me contraignais pour accomplir ma tâche, en faisant sur moi-même un effort vraiment terrible, et qui m'épuisait... Comment avais-je pu croire que Martin fût son image ? Il y avait bien entre eux une certaine ressemblance, mais qui n'était pas assez grande pour qu'il fût impossible de l'attribuer à un simple hasard.

A force d'examiner Annie, je fis une autre découverte — pleine d'épouvante et d'horreur, celle-là ! — et qui me fit tressaillir et frémir jusque dans les plus intimes profondeurs de mon être... Non, ce n'était pas Martin qui ressemblait à la femme que j'avais aimée et perdue... C'était cette jeune fille, adorée de Martin, et qui avait été le dernier objet de mes désirs sur la terre. Celle que j'avais tirée de la pauvreté, mais qui aimait mieux la pauvreté avec Martin que la fortune avec moi !

Oui, cela devait être ! Plus j'examinais Annie, et plus ma certitude était grande. C'était là le secret auquel Martin faisait allusion, et qui, quand je le connaîtrais, devait tout aplanir entre nous. Cette enfant était ma fille...

Je frémis d'horreur, et, de nouveau, j'entendis ces mots sonner comme un glas dans ma cervelle : « Les péchés des pères sont châtiés dans leurs enfants ! » Cette fille était mon enfant... J'avais donc été sur le point de commettre un crime devant lequel le vice lui-même recule, pâle de terreur... Ma propre fille ! Bonté du ciel ! jusqu'où donc peuvent aller les conséquences d'une faute.

Une angoisse inexprimable s'empara de mon être. Annie était assise à quelques pas de moi, inexorable et sombre comme l'impitoyable destin. Quelques mots d'elle auraient dissipé les doutes et les soupçons qui me jetaient dans un si profond désespoir.

Mais elle n'eut point une seule parole pour moi. Nos âmes étaient séparées pour jamais. Il fut un temps où elle me suivait, bien que je la menasse sur la route de l'enfer. Maintenant elle se détournait de moi, et, quand bien même j'aurais été capable de lui enseigner le chemin du paradis, je crois vraiment qu'elle m'aurait repoussé du pied, avec autant de haine que de mépris.

Si je suis ici ce n'est pas la faute de Dieu ; c'est la mienne. Que de fois ne m'a-t-il pas averti dans sa bonté paternelle ! Mais je n'écoutais point sa parole.

Je puis dire que je n'ai jamais été sérieusement malade, depuis les troubles qui accompagnèrent ma prise de possession de la virilité jusqu'à la maladie qui m'emporta. Mais il m'est arrivé une fois de beaucoup souffrir d'une inflammation des yeux, qui me contraignit à vivre pendant plusieurs semaines dans une chambre obscure. Ce fut pour moi une période singulièrement douloureuse — non pas seulement comme une rude épreuve imposée à ma patience; mais parce que cette privation de la lumière est par elle-même quelque chose de terrible. Mes jours et mes nuits se traînaient languissamment dans les ténèbres, et il me semblait que ces ténèbres allaient augmentant sans cesse, et qu'elles arrivaient à m'engloutir comme un abîme. Eh! bien, cette obscurité n'était qu'un faible avant-goût de la nuit qui m'enveloppe ici. A ce moment elle me paraissait redoutable... Aujourd'hui, je la regarderais comme une grâce !

J'avais beaucoup de prétendus amis. Mais bien peu d'entre eux songèrent à venir me visiter. Ce n'était point, j'imagine, fort agréable de partager ma réclusion et d'écouter mes plaintes et mes lamentations.

Aussi je restais seul le plus souvent. Seul ? Non ! j'avais de la compagnie ! Mon meilleur *moi* avait maintenant quelque chance de se faire entendre. Je l'avais oublié, négligé, banni depuis des années. Mais il m'avait retrouvé, lui, et il profitait de ma solitude pour m'attaquer de front. La solitude n'était pas un obstacle pour lui. Ce *moi* vertueux, j'avais pour lui une véritable haine; mais, en ce moment, j'étais bien forcé de lui prêter l'oreille. Il était venu pour me réprimander, et, discutant avec moi, il ne me laissait aucun repos.

Dans chaque homme il y a ainsi deux MOI qui ne sont jamais d'accord, bien que plus étroitement unis dans leur fraternité qui ne le furent Castor et Pollux, dans la fable antique. Cette dualité ennemie, qui se trouve dans chaque homme, est le résultat du péché, et en devient la cause à son tour. Si l'homme pouvait en être débarrassé, le péché et toutes ses conséquences cesseraient aussitôt de peser sur lui. La lutte entre ces deux principes se poursuivait chez moi, implacable et violente, sans aucun espoir de conciliation. Rien d'inflexible comme le meilleur de ces deux *moi* — une barre de fer — qui ne fait pas de concessions, et ne vous accorde point un *iota*.....

Mais nous n'étions pas seulement deux — nous étions trois — les deux MOI qui se combattaient, et un troisième personnage, qui jouait, entre ces deux-là, l'office de médiateur. J'aurais pu résister à ces deux premiers — mais au troisième je n'osais pas... Je sentais trop bien qu'il avait raison, et que c'était seulement par lui que je pourrais enfin faire la paix avec moi-même, et recommencer une nouvelle vie.

En ce moment j'étais son prisonnier; il n'y avait pour moi aucun moyen de lui échapper; il me retrouvait toujours dans l'ombre où je voulais me cacher.... ses bras étaient étendus sur moi, et, comme le Bon Pasteur, il était tout prêt à ramener au bercail la brebis égarée. Mais le bon vouloir n'était que de son côté, et moi, âme perverse, je n'attendais qu'une occasion et un prétexte pour rompre avec lui.

Ce n'était pas l'occasion qui me manquait — l'occasion se trouve toujours, quand c'est la perversité qui la cherche. Le *Mauvais* n'avait pas cédé sa part de mon être, et il n'avait véritablement besoin que d'un léger effort pour la reprendre.

Il inventa un divertissement qui n'avait pas besoin de lumière. Un de mes amis était son messager, et je le recevais à bras ouverts, comme un véritable libérateur. Délicieux passe-temps, ce jeu de hasard, qui pouvait être joué dans l'obscurité.

— Nous jouions donc, mon ami et moi... Ou plutôt mon ennemi et moi, car mon compagnon n'était autre que le prince des ténèbres ! L'enjeu, — je ne le savais pas alors, mais je l'ai vu plus tard — n'était rien moins que mon âme — à perdre ou à sauver. Avec un adversaire de cette habileté, je n'étais vraiment pas de force pour lutter. Il gagna : Je perdis.... et maintenant je paie. . . .

. . . .

Je me souviens d'une soirée splendide, dont j'eus un jour le spectacle sur la Méditerranée. La journée avait été accablante ; mais une brise aimable s'était élevée vers le soir. Un air frais, soufflait du Nord-Ouest ; une haleine balsamique passait sur le pont, et faisait, au-dessus de nos têtes, l'effet d'un gigantesque éventail. Les vagues se soulevaient et s'abaissaient comme en cadence, en éparpillant au loin leurs crêtes d'argent étincelantes. Une joyeuse troupe de dauphins se jouaient et bondissaient autour du navire.

Le soleil venait de plonger dans les flots sa tête radieuse. Des traînées d'or, rayant un fond de pourpre et d'incarnat, embrasaient l'horizon du côté du couchant, par delà la mer Ionienne, offrant à nos yeux un spectacle enchanteur ; à notre gauche, Cythère, l'île amoureuse et brillante, et, plus loin, découpant leur claire silhouette sur l'ombre déjà plus épaisse du soir, les majestueuses collines de Maina, là où fut Sparte jadis. A notre droite, l'aimable Candie, avec le mont Ida, perdu dans les cieux, dont les cimes neigeuses se teintaient de lueurs roses, qui nous disaient l'adieu charmant de la lumière.

Lily était assise, silencieuse, presque sans mouvement, appuyée contre la muraille du vaisseau, ses mains pressaient sa poitrine, et son regard errait vaguement sur la côte de Morée. Le vent caressait en se jouant les boucles de sa chevelure soyeuse. Mes yeux se posèrent sur elle, s'enivrant de sa beauté — hélas! elle respirait péniblement, le cœur palpitant, le visage tourné vers moi, avec une expression d'angoisse. Ses joues avaient tour à tour les vives teintes de la rose, et la pâleur du lis. Elle semblait lutter contre quelque invisible ennemi.

— Qu'avez-vous, Lily? lui demandai-je, en essayant de dominer mon émotion.

— Je ne sais pas, répondit-elle avec un soupir qui révélait son trouble, j'ai senti comme un poids... là! — et elle montrait sa poitrine; mais ne vous effrayez pas, mon ami; c'est déjà passé.

Elle semblait remise, en effet. Je pris sa main, et nous restâmes assis l'un près de l'autre, sans parler.

La nuit descendait lentement, une nuit digne du paradis. La terre disparaissait, enveloppée dans les plis de ses voiles, tandis que, sur nos têtes, la voûte céleste s'illuminait du feu des étoiles sans nombre.

— A quoi pensez-vous, Lily ? lui demandai-je, en posant ma main sur les siennes.

— Faut-il vous le dire, Philippe ? répondit-elle doucement, et en me regardant bien en face. Je me rappelais une petite histoire : voulez-vous que je vous la raconte ?

Sur un signe de moi, elle commença :

« Il y avait une fois un pauvre homme, auquel ses parents pieux ne laissèrent d'autre héritage qu'un nom honnête, et un cœur aimant Dieu. Il avait de ce côté-là d'incalculables richesses, ce qui n'empêchait pas le monde de le regarder comme très pauvre.

A force de travail et d'économie, il parvint à se faire une petite fortune — mais il la perdit, et le monde disait en le regardant : Pauvre malheureux !

— Non ! non ! Je ne suis pas pauvre ! reprenait-il, car Dieu est mon héritage.

Mais la mauvaise fortune le poursuivait. Ses prétendus amis lui tournèrent le dos, et ceux-là mêmes auxquels il se confiait le plus se montrèrent perfides. Il fut trompé, calomnié, mal jugé.

Et, secouant la tête, les gens disaient :

— Êtes-vous assez malheureux, cette fois ?

— Non ! répondit-il, d'une voix qui pourtant tremblait ; non je ne suis pas malheureux, car Dieu est mon héritage !

Mais de plus grandes douleurs l'attendaient encore : il perdit sa femme, pleine de tendresse et d'amour, et, bientôt après, son unique enfant.

Et, autour de lui, haussant les épaules, les gens disaient :

— A présent, du moins, vous avouerez bien que vous êtes malheureux ?

— Non ! cria-t-il, en s'efforçant de contenir le torrent de ses larmes, non je ne suis pas malheureux, car Dieu est mon héritage.

Ce furent les dernières paroles qu'il prononça : il mourut, et il entra dans la joie du Seigneur. »

Lily m'aimait-elle ? Je me suis fait bien des fois cette question. Vous vous direz peut-être qu'à l'heure qu'il est la chose est pour moi de bien peu d'importance. Vous vous trompez ! c'est quand le présent n'est plus rien qu'il faut se reporter vers le passé... Aujourd'hui même la certitude d'avoir eu son amour serait pour moi une consolation suprême... cette certitude, l'obtiendrai-je jamais ?

Quand je me rappelle l'ensemble de nos relations je ne puis arriver qu'au doute. Me connaissant depuis son enfance, c'était un frère qu'elle voyait en moi... et même un frère aîné... n'avais-je point le désavantage de mes années ?... Elle, qui, depuis sa plus tendre enfance, n'aspirait qu'au ciel, comment aurait-elle pu prendre pour objet de ses affections la misérable argile que j'étais ? Eh ! puis, n'était-elle pas morte toute jeune, dans la période heureuse de l'idéal ?

Oui ! mais quand je me rappelle la tendresse dont elle m'a toujours entouré ; l'absolu dévouement qui faisait d'elle mon guide et mon ange gardien ; quand je me dis que j'étais le seul être de mon sexe avec qui elle eût jamais eu le moindre rapport, j'en arrivais à me dire qu'elle avait dû m'aimer ; qu'il était même impossible qu'elle ne m'eût point aimé... — Ce n'était pas sans doute le sentiment qui m'animait moi-même. C'était une affection douce, un amour céleste, pur, sans passion, qui, plus d'une fois, avait parlé à mon âme, quand je me trouvais près d'elle ; mais qui, pourtant, n'avait jamais pu prendre racine dans mon cœur.

Je ne puis oublier non plus, qu'au moment de sa mort il y eut en elle quelque chose qui ressembla bien à l'amour de la plus sainte des femmes. Cet amour voulait même s'épancher en paroles ; il errait sur ses lèvres ; il brillait dans ses yeux. Mais il ne put trouver d'autre expression. Il n'était pas encore parvenu à ce degré de maturité qui fait que la femme est, en quelque sorte, obligée de parler. Il mourut avec elle, comme un enfant, encore dans le sein de sa mère, et périssant avec celle qui lui aurait donné la vie ! Peut-être était-ce son amour pour moi qui, à ce moment suprême, sut donner à sa beauté quelque chose de la splendeur divine.

Je me rappelle — comme on ferait d'un rêve — mais un rêve pendant lequel je n'aurais pas fermé les yeux, ces derniers jours passés à Bethléhem.

Nous habitions un petit cottage, auprès des grands jardins du couvent. Elle était étendue sur son lit — si pâle — mais belle toujours — belle jusque dans la mort. Et, plus elle était pâle, et plus vif et plus profond était l'éclat de son regard. On eût dit qu'elle avait dans les yeux cette étoile de Bethléhem, dont elle aimait tant à parler. Sa pâleur n'avait point les tons livides que la mort

donne aux traits de ceux que son glaive a touchés.
C'était plutôt une blancheur transparente, changeant la mort en immortalité, et protestant contre sa victoire avec plus de force et d'éloquence que les roses en fleur de la plus belle santé.

Les jours succédaient aux nuits, et les nuits aux jours. Le temps passait, — comme passent les flots. Nous ne le mesurions point. Les cloches du couvent, avec leur sonnerie incessante, exaspéraient ma douleur. Leurs voix impitoyables étaient pour moi comme le glas funèbre de ma bien-aimée. Personne ne prenait garde à nous. Une fois seulement le prieur du couvent nous envoya des palmes bénites. Elles parurent faire le plus grand plaisir à Lily. Je les arrangeai au-dessus de sa couche.

A mesure que la vie la quittait, elle perdait aussi son calme. Elle demandait souvent à être changée de place, et, comme elle était trop faible pour se lever, je la prenais dans mes bras, comme j'eusse fait d'un enfant, pendant que ma mère réparait le désordre du lit... Tandis que je la tenais ainsi enlacée, elle, avec une sorte d'inconscience, serrait mon cou, pour assurer ma prise et se sentir mieux tenue. Oh! ce premier contact de l'être aimé! Mais comme il venait tard! hélas! à l'heure même de la mort... Je ne pus retenir mes larmes... Elles tombèrent sur son cher visage retourné vers moi.

— Mon ami! me dit-elle, avec un sourire céleste — à ce souvenir mon cœur palpite encore — mon ami, pourquoi des larmes? Je ne souffre plus du tout, du tout! et bientôt tout sera fini! Il n'y a qu'une chose qui me fasse de la peine. Je soupire après le paradis de Dieu, demeure de mon âme, où m'attendent la paix et la joie. J'y serai bientôt... Sans vous Philippe!... mais pas pour longtemps... Car vous viendrez me rejoindre, là où l'on ne connaît plus les séparations.

Elle respirait avec peine, et sa voix était si faible que c'était à peine si je l'entendais.

Elle reprit, au bout d'un instant, et ces paroles vinrent à moi comme le souffle d'un esprit :

— Mon ami! Oh! comme il m'est doux de vous donner ce nom! Oui, je puis vous le dire, la pensée que vous étiez mon ami, c'était bien là le plus grand bonheur de ma vie. Cependant, il y a dans ce mot d'ami une profondeur que je n'ai peut-être pas entièrement mesurée, bien que je me sois efforcée d'être pour vous aimante et fidèle...

J'ai senti bien souvent que vous méritiez une affection plus grande et plus entière que n'était la mienne; mais je ne pouvais donner davantage. Il y a dans l'affection des choses profondes et cachées, auxquelles je ne pouvais atteindre... et qui seules font le bonheur parfait. Maintenant je vais à Dieu ! Près de lui, tout nous sera donné... et dans sa présence, pendant toute l'éternité... tous deux nous nous appellerons amis,... et alors la mesure du bonheur sera comblée !

A ce moment son malaise s'accrut à un tel point qu'elle ne pouvait plus rester couchée. Je la pris dans mes bras, et m'assis sur le bord du lit. Sa belle tête reposait sur mon cœur. Peu à peu le calme lui revint.

Je la gardai longtemps ainsi entre mes bras. Ce que je souffris, Dieu seul le sait. Elle ne faisait pas un mouvement. Ses yeux étaient fermés... un souffle si faible qu'il était perceptible à peine prouvait seul qu'elle vivait encore. Je tenais sa main dans la mienne — elle était déjà froide, hélas ! Je suivais avec anxiété le mouvement de son pouls, qui allait s'affaiblissant toujours. Je ne vivais plus que de son battement — vie sans espérance. — La main devint de glace... la fin approchait.

Tout à coup elle releva ses yeux, dans lesquels

je vis briller comme un reflet de la lumière céleste, et, doucement, elle murmura : « Mon ami ! » Les mots s'échappaient de ses lèvres comme un souffle expirant, je les entendis pourtant, en me penchant vers elle pour déposer un baiser saint sur son front.

Elle remua encore une fois ses lèvres ; mais aucun son ne parvint à mes oreilles. Je me rappelai qu'elle m'avait dit autrefois qu'elle aimait cet usage de la primitive église, qui bénissait avec un signe de croix, et ce signe sacré, je le fis instinctivement devant ses yeux mourants.

Elle comprit, et un sourire empreint d'une paix divine illumina ses traits... Mais cette lueur s'évanouit comme une vision, les paupières s'abaissèrent lentement... un faible soupir s'exhala ; ce fut tout, la belle âme tendre s'était envolée ! Le corps de Lily reposait toujours sur mon cœur.

Il me fut impossible de me soumettre à mon sort. La frêle jeune fille m'avait soutenu. Elle partie, je perdis toute ma force et toute possession de moi-même. Pendant des jours, des semaines et des mois, je fus semblable à un homme privé de raison — livré comme une proie au chagrin dévorant.

XXII

Voici bien longtemps que je ne vous ai écrit. Plus d'une fois j'ai pris la plume pour le faire, et je l'ai laissée retomber, dans un accès de désespoir. Il me semblait impossible de décrire ce que j'ai vu. Mais cela me reste comme un poids sur le cœur, et il faut que j'essaie de vous le raconter — faiblement sans doute.

Le moment solennel approchait. Les ténèbres se dissipaient, dévorées en quelque sorte par l'abîme. La lumière venait à nous, avec la transparence d'une belle aurore. Mais là-bas, là-bas, de l'autre côté du fleuve, c'était l'éclat du grand jour, qui chassait la nuit. Je compris que la belle région des bienheureux allait nous être révélée. Un merveilleux rayonnement, dont l'intensité allait croissant toujours, revêtit les lointains horizons, de couleurs charmantes, inconnues à mes yeux, indescriptibles à ma plume. C'est seulement dans nos rêves, ou bien encore lorsque nous nous abandonnons à la toute-puissante magie de la musique que notre esprit peut avoir comme un faible avant-goût de ces rayonnements d'apothéose.

L'enfer était comme fasciné. Mais un seul sentiment dominait tous les autres : celui de la crainte ! Des millions d'âmes aux regards avides tendaient toutes vers le même but. Quelques-unes, immobiles comme des statues, contemplaient la brillante lumière ; d'autres étaient tombées à genoux. Il y en avait qui s'étaient jetées par terre, et qui s'efforçaient de cacher leurs visages, tandis que d'autres, défiantes et rebelles à toute espérance, refusaient de regarder. Quant à moi, je me tenais debout, tremblant de crainte, oubliant tout, excepté la vision qui allait m'apparaître.

Tout à coup, il me sembla qu'un grand voile se déchira du haut en bas ; des torrents de lumières jaillirent de toutes parts, et, tout entier, le vaste ciel ne fut plus qu'un brûlant foyer de lumière. Un soupir immense, sorti de la poitrine de mille millions de damnés, s'acheva en gémissement de douleur, qui fit tressaillir les profondeurs de l'enfer. Pour moi, je ne vis plus rien ; je n'entendis plus rien. Pareil à un homme que la foudre a frappé, je tombai la face contre terre.

Combien de temps dura cette espèce d'évanouissement, je ne saurais le dire ; mais quand je rouvris mes yeux, un moment éblouis, il y avait autour de moi un rayonnement doux, bienfaisant si j'ose dire, qui attirait le regard et le laissait pénétrer en lui, au lieu de l'offenser par un fulgurant éclat. Il me fallut pourtant y accoutumer ma vue. On eût dit un immense océan de lumière qui, par degrés, prenait une forme et des couleurs ; c'était comme un monde, plein de charme et de beauté, tel que l'œil humain n'en a jamais contemplé de pareil, tel que son esprit n'en a jamais imaginé de semblable, — un monde que je voyais naître devant mes regards enchantés. Pas un instant je ne pus douter de sa réalité. Je vis tout de suite que c'était la terre de bénédiction, le paradis, qui se développait devant moi. Tout d'abord on aurait dit des îles éloignées et de lointains rivages, qui devenaient peu à peu visibles dans cet océan de lumière, et autour desquelles flottait comme une suave harmonie de nuances et de couleurs. Mais, graduellement, toutes ces îles éparses se réunirent, de façon à former comme un seul continent, — un vrai monde de délices — immense, sans limites. Eh ! pourtant, tout infini qu'il fût, il ne faisait qu'une seule région, — quelque chose comme un grand jardin, d'une admirable beauté, vrai séjour du bonheur. Comparés à lui, les sites les plus exquis de la terre ne sont que des déserts arides.

Tremblant de crainte et de plaisir tout à la fois, je contemplais ce paradis, m'enfonçant, en quelque sorte, dans ses lointaines profondeurs. Si étrange que fût cet aspect, plus étrange encore était le pouvoir accordé maintenant à ma vue. Elle errait dans ces vastes royaumes de l'éternelle gloire, et toutes leurs beautés se dévoilaient et devenaient sensibles à mes organes merveilleusement perfectionnés. Je respirais les brises embaumées ; j'entendais le bruissement des feuilles dans les arbres, et le murmure cadencé des cascades ; rien ne m'échappait : pas une seule de ces fleurs charmantes, ou de ces gouttes de rosée, réfléchissant, comme des prismes, l'étincelante lumière. C'étaient tous mes sens à la fois qui percevaient la beauté dans toute sa plénitude. Je la voyais, je l'entendais, je la buvais à flots. Jusqu'ici, cependant, je n'avais aperçu aucune âme bienheureuse ; mais des chants de joie, des hymnes d'allégresse retentissaient de toutes parts. Que vous dirai-je ? Ces enchantements, ces inexprimables délices, cette paix céleste faisaient pénétrer dans mon âme des émotions heureuses, mêlées aux poignants aiguillons du désir et du regret.

— C'était l'Éden que je voyais devant moi... Il me semblait que j'y étais moi-même... Hélas ! quelle distance m'en séparait. De toute cette glorieuse lumière, pas un rayon pour moi ; de tous ces parterres, pas une fleur ; de toute cette rosée, pas une goutte ! Oh ! miséricorde du ciel ! quoi, pas une goutte d'eau ?... Non, pas même une seule, pas une pauvre larme !

Mais où donc se trouvaient-elles ces âmes dont aucun homme ne sait le compte ; les âmes sauvées et rachetées ? Je n'en avais pas aperçu une seule encore... Le jardin de délices ne paraissait pas avoir été foulé par un pied humain ; il semblait solitaire comme au jour où Ève et Adam en avaient été chassés par l'ange à l'épée flamboyante.

— Où donc êtes-vous, mes bien-aimés, si vous n'êtes pas dans le ciel que je contemple ? m'écriai-je dans un élan de mon cœur soupirant après eux, altéré d'eux. Ma tante Betty fut la première à qui je pensai. Pourquoi elle ? En vérité je ne pourrais le dire, puisqu'il y a quelqu'un au monde qui est bien plus cher à mon âme ! A l'instant même où je pensais à elle, je la vis. C'était bien elle ! J'ouvris mes bras pour l'embrasser... mais, entre nous, il y avait l'abîme... l'abîme infranchissable... Quelle transformation s'était opérée en elle ! Elle avait retrouvé sa jeunesse, et conquis l'éternelle beauté. C'était bien elle toujours ; mais elle arrivée à l'idéale perfection, sans tache, comme le blanc vêtement qu'elle portait. Elle marchait, l'âme pleine d'une pensée heureuse, couronnée de l'auréole des saintes. Sa félicité rayonnait dans la lumière de ses yeux, dans le sourire qui errait autour de ses lèvres. Elle avait conquis la palme immortelle, et le chagrin et la douleur avaient disparu pour elle avec le bas monde qu'elle avait quitté.

J'étais profondément ému, ému jusqu'au besoin d'épancher mon âme avec des larmes... Mais à quoi bon une émotion semblable, chez celui dont l'œil n'est plus qu'un puits sans eau. Je songeais à l'adorable tendresse, toujours prête à s'oublier elle-même, qu'elle m'avait montrée toute sa vie. C'était seulement à cette heure que je voyais ce qu'elle avait été pour moi... Oui, seulement à cette heure que je la comprenais! Car, chose étrange! mais vraie, il ne m'était pas seulement permis de la voir ; mais je pouvais lire dans son cœur, ce qu'elle avait souffert — ses combats et sa victoire : je voyais tout cela comme on voit la page d'un livre ouvert. Il y a bien longtemps, quand elle était jeune, au moment de ses amers chagrins, mon père avait été pour elle un frère véritable. Au moment où elle avait trouvé le monde vide et froid, il lui avait offert, comme un abri, sa tendresse dévouée. Elle ne l'avait jamais oublié, et toute sa vie ne fut qu'un acte de reconnaissance.

Mon cœur, en ce moment, retournait en même temps vers mon père et vers Lily. Tout à coup je les aperçus, sortant d'un bocage. La tante Betty semblait aller au-devant d'eux.

La vue de Lily, c'était vraiment plus que je ne pouvais supporter ! Je crus tout d'abord qu'elle ne m'était apparue que pour disparaître aussitôt — c'était une erreur. Elle restait devant moi, sereine et calme comme une vision céleste. Rien ne m'était plus caché de ses intimes sentiments qu'il ne m'avait pas été donné jusqu'ici de pénétrer entièrement. Je les connaissais maintenant pour la première fois.

Lily ! elle était belle sur la terre ; mais combien plus belle encore dans cet éclatant rayonnement du paradis. Jamais l'œil humain n'a contemplé une grâce plus aimable plus divinement idéalisée. « *Pure et sanctifiée !* » Ces deux mots semblaient écrits sur chacun de ses traits, et l'entouraient d'une sorte de rayonnement céleste. Tout parlait de sa couronne de gloire; des palmes victorieuses qu'elle portait dans ses mains, et de sa robe virginale, plus blanche que la neige ! Quand elle releva ses yeux brillants, il me sembla que j'étais entouré de ses regards. Je brûlais et je tremblais, comme la flamme vacillante, sur laquelle passe un souffle embrasé. Le sourire angélique qui accompagnait ce regard — sourire du bonheur parfait — semblait s'adresser à moi. Hélas ! ce n'était qu'une illusion de ma part, car aucun de ces bienheureux ne peut nous voir... et il faut en remercier Dieu !... Elle était près de moi, comme une apparition dont mon esprit pouvait jouir — mais, en réalité, elle était loin — bien loin .. Les bienheureux sont à l'abri de la préoccupation de l'enfer et de ses tortures. Mais l'abîme qui nous sépare ne me séparait point de sa pensée. Malheur à moi! Dois-je pleurer, ou dois-je me réjouir ? Je puis lire maintenant dans son tendre cœur, et je vois qu'elle m'aimait de toute son âme, inconsciemment peut-être, mais avec tout le pur abandon d'une fiancée virginale. Hélas ! Elle m'aime encore ! Elle pense à moi... Mais sa pensée est aussi sereine qu'elle est pure. C'est seulement en enfer que l'on connaît le chagrin et la douleur.

Que dire de plus ? Le désespoir est ma vie de tous les jours. Mon cœur est la proie d'un feu dévorant, qui le réduit en cendres, sans pouvoir le consumer. Phénix de la douleur, il renaît de lui-même, et ma misérable existence n'est que la continuité d'une misérable agonie.

— Vois ce que tu pouvais avoir, et ce que tu as perdu ! Tel est l'éternel et monotone refrain qui revient sans cesse à mon âme torturée... Pouvez-vous maintenant vous étonner si je fis peu d'attention à mon bon et vénéré père, qui marchait à côté de Lily, partageant son bonheur. Pas un mot de ce qu'ils disaient ne parvint jusqu'à moi. Je ne pouvais rien entendre... Ah ! sans doute, mon nom revenait souvent dans leurs discours, et ils s'entretenaient de moi avec tendresse. Mais j'avais vu Lily ; j'avais lu dans son cœur qu'elle m'aimait toujours... Rien de plus ne pouvait m'être accordé. J'essayai de lever encore une fois les yeux sur elle. Je ne pus y parvenir ; aussi, poussant un cri d'horreur, je m'affaissai sur moi-même !

XXIII

Depuis que vous n'avez entendu parler de moi — et il me semble qu'il y a assez longtemps — j'ai erré çà et là, occupé de stériles aventures.

En enfer, nous n'avons guère le moyen d'apprécier les distances que nous parcourons, ni la rapidité de notre locomotion. Il y a là, j'imagine, quelque chose d'effrayant. Le temps et l'espace ne sont ici que des façons de parler : ces deux choses n'existent plus qu'à l'état d'abstraction. Il n'y a peut-être point parmi nous deux âmes qui soient d'accord quand il s'agit de s'en rendre un compte exact. Du reste, l'accord ne se rencontre chez nous à propos de rien.

Ces voyages dont je parle, je ne les ai pas entrepris volontairement. Quand je me trouve plus particulièrement malheureux, j'éprouve je ne sais quel soulagement, à me précipiter en avant, tête baissée, tout à fait en aveugle, sans autre but que de me donner du mouvement. Pour moi, dans ce cas, les obstacles ne sont rien : je me jette à travers les montagnes et les vallées, les maisons et les arbres — et même à travers les créatures vivantes, s'il s'en rencontre sur ma route : peu m'importe !

— C'est le désespoir — et pas autre chose — qui me donne cette furieuse envie de m'échapper à moi-même, ou, tout au moins, de m'étourdir.

Se fuir soi-même, s'étourdir, c'est à quoi l'on réussit parfois dans le monde ; jamais en enfer ! Je le sais bien ; mais cela ne m'arrête pas, et, de temps en temps, il faut que je parte, et que je visite les lieux les plus étranges.

Le plus étrange entre tous c'est bien celui que j'ai vu dernièrement. Je m'y suis précipité comme un fou, impétueusement, et comme un fou je me suis aussitôt rejeté en arrière, dans une confusion inexprimable.

Ce voyage, je suis persuadé que chacune des âmes damnées est obligée de le faire au moins une fois, — on pourrait donner à cette excursion le nom de pèlerinage — bien qu'il ait pour but un horrible sanctuaire. Vous savez que la foule est toujours attirée par ce terrible spectacle que l'on appelle une exécution. C'est là un goût bizarre sans doute ; mais que diriez-vous de celui qu'une sorte d'attraction morbide entraînerait à voir sa propre exécution ? Il nous arrive quelque chose de semblable.

Vous savez déjà qu'entre ce lieu maudit et le paradis, il existe un grand abîme — grand et terrible, pourrais-je dire, — si ces mots, inventés pour les besoins de la terre n'étaient point absolument impropres quand il s'agit de décrire cet abîme.

C'est la demeure de Satan.

La demeure de Satan ! comprenez-vous ce que cela peut être. Dans la profondeur du gouffre brûle un feu inextinguible, sur lequel veillent sans cesse le démon et ses serviteurs. Est-ce loin ? Je ne saurais le dire ! Ce doit être sur les confins mêmes de l'enfer. Jusqu'à quelle distance est-il possible d'en approcher ? A plus de cent mille on est déjà pris par le vertige, et saisi par les affres de la mort... Eh ! cependant, on se sent toujours invinciblement attiré. Que personne ne puisse échapper à cette mystérieuse attirance c'est ce qui semble merveilleux. Quelle est l'étendue de cet abîme ?

On peut le comparer à un Océan sans limites.

A mesure que l'on approche de ses bords, on voit la lumière décroître, absorbée par les ténèbres qui montent de ses profondeurs. Je ne vous décrirai point ce séjour de la terreur. J'en serais aussi incapable que je l'étais naguère de vous dépeindre les splendeurs du paradis. Je ne puis vous dire qu'une chose, c'est que, dans ce lieu de désolation, vous trouverez plus d'un riche qui, comme celui dont parle l'Évangile, tend la main pour obtenir une goutte d'eau, afin de rafraîchir sa langue.

Hélas ! et moi aussi j'appartenais à la catégorie de ces riches suppliants, et je priais de tout mon cœur... Mais personne, personne ne m'entendait. Le désespoir me poussait à me jeter moi-même dans l'abîme terrible... Peut-être aurais-je la chance de m'anéantir au milieu de cette troupe hurlante des démons. Quel pouvoir me retint et me ramena en arrière, je ne le sais. Peut-être que, dans sa miséricorde, Dieu veilla sur moi.

Je revins sur mes pas, craignant que, la seconde fois, je ne fusse entraîné plus loin encore.

En m'en revenant, je sentais frémir toutes mes fibres, et, ne pensant qu'à Satan et à ses anges, je me jetai dans les bras de quelqu'un qui venait à ma rencontre, engagé lui-même sur la route de l'abîme.

Était-ce vraiment un être humain cette créature au corps mutilé, à l'expression de visage profondément troublée ?

Oui c'était un homme, et son seul aspect révélait son nom... C'était Judas l'Iscariote !

Un bout de corde s'enroulait autour de son cou, et il portait dans sa main trente pièces d'argent. La corde l'étranglait, et la monnaie lui brûlait les doigts. Il cherchait à la jeter au loin; mais toujours elle revenait dans sa main.. J'ai entendu dire qu'elle pouvait le quitter quelque fois, pour s'arrondir par quelques gains usuraires; mais, au bout d'un certain temps, Judas la retrouvait encore dans sa main, marquée de taches de sang... Mais il se consume en vains efforts pour s'approcher de quelqu'un par derrière, et pour le saisir par le cou.

Quelle est sa véritable intention en agissant ainsi ? On ne sait trop. Quelques-unes pensent qu'il voudrait trouver une âme compatissante qui lui rendrait le baiser donné par lui, — par lui Judas, — à son Seigneur et Maître, et qui le débarrasserait ainsi de ces horribles pièces d'argent. Mais il n'y a point en enfer une seule âme vivante qui consentirait à le sauver au prix d'un baiser. Il est pour nous tous un objet de répugnance, et moi-même je m'éloignai de lui avec un sentiment d'horreur.

. . . .

Je tombai l'autre jour sur un bout de journal, et mes yeux furent attirés par une annonce offrant des bouquets de noce et des guirlandes funéraires, aussi nombreuses que variées. Tout à côté, un papetier offrait des cartes de menus, peintes à la main pour des déjeuners de noce, et des souvenirs pour enterrement.

— Telle est la vie, me dis-je à moi-même ; des fleurs pour orner le front des fiancées, et des couronnes pour les défunts. Qui sait où est le bonheur ? Ne vaut-il pas mieux être étreint dans les embrassements de la mort, que de survivre à l'amour éteint avant le temps, quand il devrait brûler encore !

Des cartes de souvenir... Comme c'est touchant... et pas cher ! Comme nous aimons à parler des vertus de ceux des nôtres qui s'en vont, en les pleurant avec ostentation, et en assurant au monde que nous sentirons toujours leur perte... Toujours ! Ah ! mon ami, faites un retour sur vous-mêmes, et ne vous attendez pas à ce que l'on se souvienne

de vous trop longtemps, quand vous n'y serez
plus. Les fleurs de l'amour se faneront bien vite
sur votre tombeau, et seul le vent de la nuit viendra
gémir à l'entour.

Qu'est-ce qui vient murmurer autour de moi,
comme un vol de mouches importunes? ce sont
des souvenirs !

J'avais pris jadis un jeune homme à mon service. C'était une sorte de legs de ma tante Betty,
et, en considération d'elle, je me promettais d'être
bon pour lui. Mais, d'une façon ou d'une autre, je
le trouvais toujours en faute. Il y a des gens qui
éveillent nos mauvais instincts, sans que personne
puisse dire pourquoi. Pauvre diable ! ce n'était
pas sans doute un sujet brillant; cependant il faisait
de son mieux. La patience, je l'avoue, n'est pas
une de mes vertus; je le tançais presque continuellement, trouvant une sorte de satisfaction à
me venger de ce que j'appelais sa stupidité. Je me
rappelle les dures paroles dont je l'accablais, provoqué que j'étais à le traiter plus mal encore par
sa contenance humble et malheureuse. Enfin, je
prétendis ne pouvoir supporter davantage sa face
d'imbécile, et je lui donnai son compte. Je l'aidai,
d'ailleurs, à trouver une autre place, dans laquelle

je m'imaginais qu'il serait traité plus doucement que chez moi. Mais c'était là un commencement bien décourageant pour quelqu'un qui avait à faire son chemin dans le service des autres. Il avait le droit d'espérer plus d'égards dans ma maison ! Quand il m'eût quitté, je trouvai toutes sortes de petites preuves de sa fidélité touchante, et de ses dispositions d'âme absolument affectueuses et reconnaissantes. Que le pauvre garçon avait donc été mal récompensé de ces rares et précieuses qualités.

Ce n'était point un grand crime, sans doute, que j'avais commis là ; mais cette façon d'agir, vraiment mauvaise, ne m'en laissa pas moins quelque chose comme un remords.

Ma maison de ville avait pour elle le rare agrément d'un petit jardin. Ce jardin était clos à son extrémité par un grand mur sans fenêtre, contre lequel s'appuyait, de l'autre côté, un modeste logement de pauvres gens. Ce mur, à quelque distance du sol, avait une petite fenêtre. A ma connaissance, c'était le seul jour que l'humble logis pût prendre sur ma propriété. Derrière cette fenêtre travaillait une pauvre couturière, qui avait, hélas ! autre chose à faire que de surveiller mes mouvements. Il est vrai que, de temps en temps, ses yeux quittaient son aiguille, comme si elle eût pris plaisir à regarder mon jardin. Parfois même elle osait pencher sa tête, hors de la fenêtre, pour jouir du parfum de mes fleurs. Elle ne me faisait pas grand mal en agissant ainsi. Mais cela me déplaisait. Aussi, m'appuyant sur le texte de la loi, je fis élever une palissade à quelques pieds du mur.

Ce que je faisais là, j'avais certainement le droit de le faire... mais la chose n'en était pas moins mal en soi. La pauvre créature faisait ses délices de mon jardin, dont le voisinage lui avait rendu moins pénible bien des jours sans joie. Elle aimait les fleurs, et la vue d'un peu de verdure était agréable à ses yeux fatigués par le travail. Il y avait quelques grives dans mes arbres : elle aimait leurs chansons. Ma palissade prenait pour elle un caractère de cruauté. Je ne la privais pas seulement de ces innocents plaisirs, mais encore d'air frais, et de la lumière dont elle avait si grand besoin.

J'avais agi un peu légèrement et je ne tardai point à m'en apercevoir. Ma bonne nature se réveilla, et je résolus de réparer le mal que j'avais fait. Il était trop tard. La pauvre fille avait été obligée de quitter sa petite chambre, à laquelle dix années de travail et de luttes solitaires avaient donné un caractère sacré à ses yeux.

Ce n'est pas là une grosse affaire, direz-vous. Il est vrai! mais les petites choses, à la fin, n'en font pas moins dans la vie une véritable somme de bien ou de mal... Quand je pense à ma conduite en cette circonstance, j'ai gros cœur.

Un jour, j'étais sorti à cheval. C'était à la campagne : je voulais voir un fermier qui demeurait dans un petit village des environs, mais je ne connaissais pas sa maison. La sieste de midi semblait endormir tout le monde. Pas le moindre garçon autour de moi à qui jeter la bride. A force de regarder, j'aperçus une jeune fille sur le seuil d'un cottage. Je l'appelai, et timide, mais heureuse pourtant de m'obliger, elle promit de veiller sur l'animal.

J'allai à mes affaires, et, quand je revins, je fus frappé d'un spectacle intéressant. La jument était devenue difficile, et la jeune fille pouvait à peine la maintenir. Ses efforts, pour résister aux défenses de la bête, faisaient admirablement valoir tout le charme de sa personne; chacun de ses mouvements était plein de grâce, et son joli visage reflétait si délicieusement ses craintes et son chagrin, qu'au lieu de me hâter de venir à son aide, je me tins tranquillement derrière un buisson, contemplant avec un réel plaisir ce que je regardais comme une scène exquise.

Nul danger d'ailleurs. La jument était gaie : elle n'était pas vicieuse. Mais la rustique beauté ne savait pas cela, et elle était vraiment effrayée. Tenant la bride serrée, elle sautait à droite et à gauche, toute sa petite personne suivant les bonds de chèvre de l'animal. C'était tout simplement pour faire la coquette avec la jeune demoiselle que la jument tantôt relevait la tête et tantôt la baissait, comme si elle eut voulu s'emparer du mouchoir qui glissait maintenant des épaules rondelettes, en découvrant le cou le plus blanc du monde. Voici maintenant que des masses de cheveux dorés, échappant aux entraves qui les retiennent, s'échappent en pluies de boucles folles, comme pour voiler de naissants attraits. La détresse de l'aimable créature devenait de plus en plus grande ; sa poitrine se soulevait en palpitations violentes, une vive rougeur se répandait sur ses traits. Tantôt se dressant sur la pointe des pieds, tantôt recourbant ses bras qu'elle venait d'étendre, elle me charmait par la grâce de ses mouvements. Mais mon plaisir fut de courte durée. Elle me vit, et je fus bien forcé de m'approcher. Si elle eût laissé aller la jument, je n'aurais eu que ce que je méritais. Mais elle la maintint courageusement jusqu'à ce que j'eusse pu me saisir moi-même de la bride. Alors elle resta debout devant moi, toute brûlante de colère et de honte, des larmes plein ses beaux yeux. Avant de me remettre en selle j'essayai de lui glisser une demi-couronne dans la main. Mais elle se détourna fièrement de moi, et la pièce roula par terre à mes pieds.

Ici encore je crois n'avoir pas commis un crime; mais, cependant, je n'avais pas agi tout à fait bien. Aussi ma conscience m'a-t-elle fait des reproches. La justice est la loi de la vie, sur la terre, au ciel et dans l'enfer. Tout acte de l'homme, quand il ne contiendrait que l'ombre du mal, n'en appelle pas moins l'expiation, si Dieu lui-même, dans son infinie miséricorde, ne l'a pas effacé. Je le sais maintenant! Oui, je le sais... Mais qui me lavera, même de mes fautes légères?

Il y a ici un arbre, à l'ombre duquel je me suis assis bien souvent, en poussant des soupirs et des gémissements. C'est que toutes les occasions de bien faire que j'ai perdues dans ma vie sont suspendues à ses branches. Elles menacent sans cesse de tomber sur moi et de m'écraser. Et je suis ramené sous son ombre par une invincible fatalité. Que j'aurais pu être heureux ! Que de bien j'aurais pu faire, dans les beaux jours de ma vie dorée.

Mais je ne voulais pas ! Je marchais en aveugle dans les sentiers de la vie, sans même me soucier de la lumière. Maintenant il fait sombre — mais je puis voir — et je vois — la perte de mes jours !

XXIV

Mes souvenirs me reportent vers la Terre-Sainte. Il me semble que je la parcours de long en large, comme un pèlerin au cœur brisé, demandant à chacun de ses grands sites des détails sur le Sauveur des hommes; mais incapable de trouver celui qui a le pouvoir de remettre les péchés. Pendant les jours bénis que j'ai passés là, c'était à chaque heure, à chaque minute, que la paix du ciel m'était offerte. Mais alors j'étais trop sous l'empire de mes vaines pensées pour m'occuper de ces ineffables dons. L'Ange du ciel, qui marchait à mes côtés, avait pourtant sur moi une merveilleuse influence. La foi et la piété de Lily étaient comme des rayons de soleil qui me tombaient sur le cœur. J'en sentais le contact vivifiant, et plus d'une fois je fus sur le point d'abandonner ma vie de péchés pour me livrer à ce Sauveur qui était le sien — qui pouvait devenir le mien... Mais, au moment décisif, l'égoïsme faisait pénétrer en moi je ne sais quelle flamme de l'enfer, qui m'aveuglait... Ce n'était plus LUI que je voyais, c'était une belle jeune fille qui se tenait à mes côtés, but unique de mes espérances terrestres, presque mienne déjà, et pour laquelle j'allais bientôt lutter contre la mort même.

O Galilée, terre de beauté, quel contraste tu formes avec la Judée, sombre, sauvage et désolée ! De tous les sites galiléens, aucun n'est plus sublime que le mont Thabor. Dans sa glorieuse solitude, il s'élève, du sein de la plaine immense, dressant vers les quatre vents du ciel un front chargé de précipices; couvert depuis ses pieds jusqu'à la cime de forêts et de buissons, il étale l'orgueil de ses chênes et de ses pins à l'éternelle verdure, qui luttent de beauté. Nulle part je n'ai rencontré plus de fraîcheur; nulle part une plus exubérante nature. C'est seulement du côté qui regarde le midi que la montagne est accessible. Un sentier tournant, qui monte jusqu'au sommet, vous révèle à chaque pas les beautés d'un paysage exquis A mesure que vous vous éloignez de la plaine vous pénétrez dans une région où l'air est plus pur et plus embaumé que dans vos rêves. La route est longue ; mais elle vous paie amplement de vos fatigues. Quand vous atteignez le sommet, vous contemplez à vos pieds une superficie de trois milles de circonférence, où les prairies verdoyantes luttent avec la splendide végétation des plus beaux groupes d'arbres qui se puissent imaginer. C'est par une porte en ruine que vous entrez dans ce royaume de la beauté. Si la paix a sa demeure quelque part sur cette terre, c'est bien ici, dans ce calme auguste de la nature. Rien d'étonnant que Pierre se soit écrié : Seigneur nous sommes bien ici ; faisons ici trois tentes : une pour vous, une pour Moïse, et l'autre pour Élie !

Nous commençâmes l'ascension vers le soir, et, quoique nous ne fussions qu'au mois de mars, la chaleur du jour avait été vraiment accablante. Aussi, quand nous atteignîmes les hauteurs embaumées, il nous sembla que nous buvions la fraîcheur à longs traits, et que nous faisions notre entrée dans le paradis. Nous touchâmes la cime avant le coucher du soleil. C'était partout un profond silence, — l'immensité de l'horizon nous laissait voir la Galilée tout entière, et la plus grande partie de la Judée, étendues à nos pieds.

Je regardai Lily, car c'était par elle que m'arrivaient mes meilleures impressions. Les rayons de pourpre et d'or lui mettaient une auréole autour du front, et répandaient comme une teinte rosée sur sa beauté, qui paraissait déjà ne plus appartenir à la terre.

Du côté du nord, nos yeux rencontraient les collines de la Galilée, ses pics neigeux, et la grande région au milieu de laquelle s'élève Damas, la ville superbe. A nos pieds, tout près, et comme nichées dans la verdure, ces petites villes charmantes, Cana, Nazareth et Naïm, toutes pleines de pieux souvenirs. Vers l'ouest, s'étend la plaine d'Esdralon, parée de sa beauté, ayant pour limites le Carmel et la mer, en ce moment inondée des feux du ciel. Le ruisseau de Kison, se déroulant dans la vallée comme une moire lumineuse, guidait le regard vers le promontoire qui domine la Méditerranée. Est-ce à présent le levant qui vous attire ? Votre regard est captivé par les beautés du lac de Gennézareth, que baigne les ruines de la petite ville de Tibériade ; non loin de là, c'est Capharnaüm, et, au delà du lac, le désert où Jésus nourrit la foule. Le mont Hermon, et les collines de Samarie s'élèvent vers le sud; plus loin encore, au delà de

Jéricho, ce sont les hauteurs solitaires sur lesquelles le Fils de Dieu jeûna, et fut tenté par le démon. Votre œil erre sur le Jourdain, à Béthabara, où Jean baptisait; sur la mer Rouge, et le mont Nébo, où mourut Moïse, dans le pays des Moabites; enfin, dans la distance infinie, sur les déserts sans bornes de l'Arabie.

Le soleil descendait. Il tomba dans la mer comme un globe de feu, et, tout à coup, l'obscurité couvrit la terre. Mais nos gens n'étaient pas restés inactifs. Une tente était préparée pour recevoir ma mère et Lily, car nous voulions passer la nuit sur le Thabor. Nos mules en liberté paissaient le gazon savoureux. On avait allumé un feu de branches de cèdre odorantes, et l'on nous préparait un souper modeste. Tout le monde travaillait, à l'exception des Turcs composant notre escorte, qui, oisifs et paresseux, contemplaient cette petite scène en s'abandonnant aux délices du houka. Quelle était belle cette soirée sur le mont Thabor, et que son calme auguste apportait de repos à mon âme agitée... Hélas! Ce fut une des dernières soirées paisibles qu'il m'ait été donné de passer sur la terre.

Quand la nuit fut venue, nous allumâmes de

grands feux, et nous plaçâmes nos sentinelles aux avant-postes, car, en Terre-Sainte, on n'est nulle part à l'abri d'une attaque de Bédouins.

Nous entrâmes dans la tente, et, à la lueur de la lampe, Lily nous lut l'histoire de la *Transfiguration*. Sa douce voix me faisait toujours l'effet d'une main fraîche posée sur un front brûlant. Elle suffisait pour mettre mon âme à l'unisson de la prière et de l'adoration — mais ce n'était là qu'une émotion passagère : mon esprit retombait bientôt, incapable de se maintenir à la hauteur où, pour un moment, elle avait su me porter.

— Vous sentez-vous bien, Lily? lui demandai-je, en lui souhaitant le bonsoir.

— Oh! oui, me répondit-elle, avec un de ses beaux sourires heureux. Je voudrais vivre et mourir ici...

Je compris à sa manière d'être, et je vis dans ses yeux, qu'elle avait encore quelque chose à me dire : je prêtai l'oreille.

— Philippe, murmura-t-elle, n'oubliez pas de faire vos prières ce soir en vous couchant. Souvenez-vous qu'ici-même Notre-Seigneur a prié pour vous.

Un souffle de vie me toucha ; mon âme ouvrit un

moment ses ailes. Je m'en allai profondément ému.

Mon lit était préparé en dehors de la tente. Je m'y étendis, enveloppé dans mon burnous. Mais je n'étais pas disposé à dormir. Je voulais dire mes prières — des prières venant du cœur, et, comme je n'en avais pas récité depuis mon enfance : j'essayai de rassembler et de fixer mes pensées, en les élevant vers Dieu. Elles se dispersaient et s'égaraient çà et là, malgré ma volonté. Ce fut en vain que j'essayai de joindre mes mains et de remuer mes lèvres ; l'esprit de la prière n'était pas en moi... Cependant, je ne voulais pas m'endormir avant d'avoir prié. Le calme semblait régner sous la tente, mais moi, dehors, je ne pouvais pas trouver de repos. Je fixais mes yeux sur le ciel étoilé... Il me semblait si près ! Mais cette impression même ne me donnait point la paix intérieure. J'étais plutôt comme oppressé : cette coupole du firmament s'arrondissant autour de moi me semblait une prison. Les voix de la nuit surexcitèrent bientôt mon imagination en travail, et une agitation que je ne pus dominer mit le feu dans mon sang enfiévré. Puis, c'étaient toutes sortes de bruits autour de moi : les sangliers faisant leur trouée dans les fourrés ; les chacals hurlant dans la plaine ; les oiseaux de nuit s'appelant et se répondant dans les arbres; tout cela mêlé à l'étrange grognement des Turcs endormis et ronflant, et faisant leur partie dans ce concert discordant, qui me déchirait le tympan.

Il était minuit. La répétition de ma montre me l'annonçait aussi clairement que la cloche d'une église. Je m'agitais impatiemment sur ma couche, tout en regardant nos feux qui se mouraient. Il y avait quelque chose comme un apaisement dans ces clartés s'éteignant. Cela me donna enfin quelque calme. A présent, je m'imaginais entendre la voix de Lily lisant tout haut comment le Seigneur s'était transfiguré sur la montagne. Oui, je le voyais lui-même, entre Élie et Moïse, rayonnant d'une lumière céleste. Ce fut sur cette vision que je fermai les yeux. J'avais prié. Pour un moment mon âme s'était dégagée des liens de la chair ; elle s'était élevée vers LUI. A présent je pouvais dormir, et je dormis, en effet, tranquillement jusqu'au jour.

L'aube commençait à paraître sur les hauteurs d'Arztaroth, de l'autre côté de la mer de Galilée, quand je me dirigeai vers la partie septentrionale du Thabor. Je me tenais debout, près d'une citerne comblée, les yeux fixés vers l'Orient, attendant les premiers rayons de l'astre encore voilé, quand une silhouette légère glissa derrière moi.

C'était Lily qui, doucement, passa son bras sous le mien. Nous ne parlions point ; mais tous deux nous regardions du côté de l'Orient, inondé déjà des lueurs matinales. O calme sacré de la nature!

A ce moment le soleil parut, inépuisable source des splendeurs célestes. Il faisait tour à tour étinceler toutes les hauteurs, et mettait une auréole au front du Carmel.

O Philippe ! N'est-ce point là une beauté divine? murmura Lily... Louons tous deux le Seigneur.

Je ne trouvais pas de mots pour lui répondre. Je l'enveloppai de mon burnous, car un vent froid passait sur la montagne.

Les vallées étaient encore cachées sous les brouillards de la nuit. Tout à coup, il se fit comme une déchirure dans ces voiles humides, et nous vîmes apparaître une coupole brillante, et les murs d'une pet'te ville, resplendissants de blancheur. C'était à nos yeux comme une révélation d'un autre monde.

— Nazareth ! s'écria Lily, heureuse et ravie. — O Philippe! regardez ! Nous avons tout ici! la douce et gracieuse petite ville, et la Montagne

Sainte. IL s'est humilié lui-même... jusqu'à devenir homme... Eh! pourtant, IL était le fils bien-aimé dans lequel le père mettait toutes ses complaisances.

Le soleil était maintenant dans toute sa gloire — nous retournâmes vers notre tente.

— C'est ici, dit Lily qu'il fut transfiguré. — Et elle s'arrêta tout à coup, en promenant autour d'elle des regards respectueux. Mais il n'avait pas encore accompli sa mission, continua-t-elle. Il n'avait pas encore fait la volonté de son père, — il n'avait pas subi la mort — et la mort sur la croix ! Il n'avait pas encore bu la coupe d'amertume; il n'avait gravi ni le Golgotha, ni le Calvaire. Mais, pour un moment, il entra dans la gloire qui l'attendait à la droite de son père, et, ainsi fortifié, il marcha vers les souffrances et les humiliations qu'il lui fallait subir. Philippe, ajouta-t-elle, n'est-ce point là un saint exemple pour tous les enfants de Dieu ? Nous aussi nous avons à parcourir un sentier douloureux, semé de ronces et d'épines; mais nous avons comme un avant-goût des joies à venir, et c'est une force qui nous soutiendra dans nos épreuves. Sans cette force nous ne serions peut-être pas capable de porter le fardeau jusqu'au bout, car la vie est parfois bien rude. Pour moi, j'ai trouvé sur cette montagne une vigueur nouvelle. La mesure de mon cœur est comblée ; mon esprit est dans la joie, et je veux, moi aussi, chanter les louanges de l'agneau.

Était-ce bien Lily que j'entendais, que je voyais là devant moi ? Ce n'était pas la première fois qu'elle avait ainsi parlé, dans la plénitude du sentiment qui l'animait. Chaque jour, en ces derniers temps, la rapprochait davantage du ciel. Je m'en apercevais. Mais je tremblai devant cette beauté intérieure qui se manifestait tout à coup, et qui semblait inséparable de l'ardent désir qu'elle avait de passer de l'autre côté du rideau — ce rideau qui sépare la vie d'un jour de la vie éternelle.

— Je ne saurais vous le cacher, me dit-elle, en demandant un appui à mon bras, sur lequel je la vis se pencher ; il me semble que je ne pourrais plus respirer à l'aise dans l'atmosphère d'en bas, en continuant à vivre de la vie de tous les jours. C'est là une disposition d'esprit heureuse, mais qui n'est pas tout à fait exempte de chagrin. Je ne dis pas que je donnerais le reste de ma vie, mais j'en donnerais du moins une bonne partie pour quelques jours tranquilles sur cette hauteur sacrée.

— Cela vous rendrait-il vraiment heureuse,

Lily? lui demandai-je avec une certaine tristesse.

— Oh! oui, Philippe, bien heureuse... Il me semble que je suis mieux ici que partout ailleurs : mon cœur y jouit d'une liberté parfaite.

— Eh ! bien, alors, parlez-en à ma mère ! Pour moi j'accepte avec bonheur tout ce qui peut vous faire plaisir, ma petite Lily !

La montagne semblait se réveiller, notre campement était plein d'animation et de vie. Nos gens s'étaient réveillés; les Turcs comme les autres !..... Un vent frais passait dans la cime des arbres, et les fleurs semblaient plus gaies dans la lumière matitinale.

Ma mère ne fit aucune objection au désir de Lily. En ces dernières semaines elle était toujours prête à lui être agréable, sans doute parce qu'elle n'avait plus longtemps à la garder.

Nous restâmes donc dans notre petit camp du Thabor, et nous en fûmes tous très contents. A dire vrai c'était une façon charmante d'employer quelques jours, à mille pieds au-dessus des ennuis et des travaux de la vie quotidienne, dans l'atmosphère la plus pure que l'on puisse rêver, au milieu d'une adorable nature, aussi parfumée que l'Éden lui-même, et dans une tranquillité absolue. Ce fut pour nous comme une halte bénie dans notre existence. Lily revenait à la vie. Plus de battements de cœur irréguliers ; plus d'écarts morbides dans les pulsations de son pouls. Je le savais bien, car souvent je prenais sa petite main, que j'emprisonnais dans la mienne, comme dans un nid. Plus de ces rougeurs furtives et de mauvaise augure qui s'éteignent tout à coup dans une pâleur malsaine. Son visage faisait songer à une fleur délicate. Je commençais à croire à la puissance merveilleuse de la montagne sacrée. Je commençais à rire de mes craintes passées, et, dans ces moments heureux, j'avais aussi ma part de joie.

Dans le cours de la matinée, il arriva des pèlerins de toutes les nations, traînant à leur arrièregarde des infirmes et des malades. Par bonheur notre campement était à quelque distance du sanctuaire actuellement en vénération, ce qui nous empêcha d'être débordés. Tout cela formait un spectacle assez triste, vraiment écœurant. — Mais Lily ne trouvait point qu'il en fût ainsi. Tout au contraire, dans l'effusion de sa généreuse sympathie, elle ne songeait qu'à venir au secours de tout le monde. Aux pauvres, elle offrait de l'argent ; aux malades, des médicaments ; à tous, un mot d'espoir et de consolation. La tendresse de son âme mettait des lueurs tremblantes dans ses yeux, et des larmes à ses longues paupières. Et comme elle était belle, dans son costume à demi oriental, belle et plus charmante encore ! Qu'elle semblait aimable, quand elle parcourait ainsi la troupe misérable, allant d'un pèlerin à l'autre. Ils la comprenaient tous, bien qu'aucun ne sût un traître mot de la langue qu'elle parlait.

Vers le soir, je reçus la visite du chef d'escorte, qui s'était chargé de nous conduire sains et saufs de Nazareth à Samarie. Il avait chassé dans la montagne, et il venait, accompagné d'une suite nombreuse, pour me présenter ses hommages, et m'offrir un sanglier qu'il avait tué. Le soir, il me fallut reconnaître sa politesse en l'invitant à souper. Sans le savoir, il me volait ainsi des heures charmantes que je voulais passer avec Lily. Il est vrai que Lily, à quelque distance de l'endroit où nous étions, semblait prendre grand plaisir à nous regarder !

Aucun autre incident ne vint troubler les enchantements de notre séjour sur le Thabor.

Des aventures de toutes sortes nous arrivent chaque jour en enfer ; mais elles sont absolument dénuées d'intérêt. Le vide et l'inanité, voilà le caractère de la vie dans ce triste séjour ! Nous n'avons plus que l'ombre des choses que nous avons laissées derrière nous.

Il n'y a point de cela fort longtemps je me promenais dans un lieu solitaire, quand une jeune femme s'est jetée tout à coup dans mes bras — non par amour pour moi, mais par horreur d'un autre. C'était là une vraie folie de sa part, car celui qui la poursuivait n'était pas plus capable de lui faire le mal que je n'étais, moi, capable de la défendre.

Je lui donnai le temps de se remettre, et m'enquis du sujet de ses alarmes. Elle leva sur moi des yeux pleins de confiance et de tendresse — de doux yeux de colombe — mais, toute tremblante, comme s'il eût été au-dessus de ses forces de répondre à ma question, elle garda un instant le silence, puis, quand elle retrouva la force de parler :

— Il est toujours à mes trousses, me dit-elle. Je ne sais pas son nom. Il cherche Béatrix, et il me prend pour elle.

Je sus tout de suite de qui elle voulait parler. L'homme est bien connu en enfer ; il n'est personne jeune ou vieux, qui ne puisse vous le montrer, et, où que ce soit qu'il aille, il ne saurait manquer d'exciter les railleries de tout le monde, avec son éternel refrain :

« Où est Béatrix ? »

Il n'a pas d'autre parole dans la bouche. Béatrix est son unique pensée; la reprendre, sa constante manie. Il est persuadé qu'elle doit être en enfer « parce que » dit-il.....

..... Mais je veux jeter un voile sur l'histoire de la pauvre fille... Il l'a cherchée en vain jusqu'ici; mais on frémit à la pensée de ce qu'il voudrait faire s'il la rencontrait.. C'est un des êtres les plus répulsifs que j'ai jamais vus, et ici, ce mot-là dit beaucoup. Il ne lui reste plus rien des bons sentiments humains. Il n'est plus que la personnification du vice; il est livré tout entier à la passion sauvage qui s'est emparée de lui. Tout son corps est défiguré par d'horribles blessures, à travers lesquelles son sang coule incessamment. Il est le rebut des plus misérables damnés. — Quoi d'étonnant si cette pauvre créature, qui est venue à moi la honte sur le visage, est remplie d'horreur à sa vue?

— Alors, vous n'êtes pas Béatrix ? lui dis-je en essayant de la rassurer.

Mais elle, relevant sur moi les plus doux et les plus beaux yeux du monde :

— Non, répondit-elle, je suis Emilie.

Notre connaissance n'alla pas plus loin ce jour-là ; mais j'étais bien certain que, d'une manière ou d'une autre, je la retrouverais plus tard.

Je la quittai sur le moment ; mais, malgré moi, ma pensée était remplie d'elle. Je me demandais comment il s'était pu faire qu'une telle créature se trouvât ainsi parmi les damnés. Elle offrait la plus parfaite image de la beauté féminine. Je sais bien que la beauté n'est point une sauvegarde pour la femme... au contraire! Nous avons ici une assez grande quantité de femmes qui ont été fort belles. Mais la grâce de celle-ci, sa modestie charmante et sa simplicité de cœur, tellement exquise, paraissaient si sincères que je m'étonnais de sa présence parmi nous. Un voile de pureté semblait entourer toute sa personne. Il y avait de la grâce, non seulement sur son visage et dans sa tournure, mais dans chacun de ses mouvements, qui semblait révéler une âme innocente... et si jeune ! presqu'une enfant. Elle pouvait avoir dix-neuf ans ; mais on ne les lui donnait pas. Elle devait être mariée, car elle portait une alliance. Mais sa croissance n'avait pas encore atteint tout son développement. Il y a des femmes qui conservent un cœur d'enfant, en dépit des tentations de la chair. Selon toutes les apparences, Émilie devait appartenir à cette élite bien rare. Elle faisait songer à une grande enfant, dont les pieds n'auraient jamais été souillés par la boue de la terre. Mais, si tout cela était vrai, comment donc, se faisait-il qu'elle se trouvât maintenant en enfer ? Involontairement ma pensée se reporta sur cette triste vérité que le cœur humain est d'essence corrompue, quelles que soient les grâces qui l'entourent.

Je ne tardai point à rencontrer de nouveau l'aimable créature, et, n'étant point remarqué par elle, je pus l'étudier à loisir. Elle se tenait assise à l'écart, profondément absorbée, tout à la fois très singulière et très attrayante. Sa mise était d'une simplicité claustrale, toilette complètement blanche — avec de grands plis enveloppant ses formes élégantes — Oui, blanche des pieds à la tête, sans un soupçon d'autre couleur, et formant ainsi le plus étrange contraste avec l'obscurité noire qui l'entourait. Une seule chose semblait porter atteinte à l'indescriptible grâce de tout son être, et nuire à l'impression que produisait cette beauté parfaite. Ses mains, d'un galbe délicat, s'agitaient presque convulsivement autour de son cou. Je découvris au bout d'un instant, que toute son attention se concentrait sur un collier précieux, dont elle comptait les perles, commençant tantôt par un bout, tantôt par l'autre; mais, s'arrêtant toujours au milieu. Tout à coup elle le retira, et l'enroula autour de ses mains.

Je m'imaginai voir des larmes dans ses yeux... mais je me trompais.

A ce moment je m'avançai vers elle.

— Êtes-vous la *Dame Blanche ?* lui demandai-je.

La question était idiote, puisqu'il y a une quantité de femmes qui portent ce nom.

Elle secoua la tête et me répondit :

— Non, je suis pas la *Dame Blanche;* je suis Émilie Fleming.

— Fleming et Sparkman ? m'écriai-je étourdiment, en citant un respectable établissement commercial.

Elle baissa la tête, en poussant un profond soupir. Qu'est-ce que tout cela pouvait bien signifier ? Appartenait-elle à cette famille bien connue des Fleming ?

Elle avait remis les perles à son cou, et elle se tenait maintenant immobile, les mains jointes. Je me hâte d'ajouter que personne ici ne parvient à joindre les mains convenablement. — Ceci est pour nous le souvenir d'un passé devenu impossible. Elle me parut s'abîmer dans une pensée douloureuse.

— Pauvre enfant, m'écriai-je, vous semblez bien à plaindre !

— Et je le suis, en effet, répondit-elle en soupirant, car j'ai fait une perte irréparable.

— Qu'avez-vous donc perdu, pauvre Émilie ?

— Une perle ! une perle !! répliqua-t-elle, en tordant avec désespoir ses petites mains blanches.

— Une perle ! repris-je, comme un écho ; une perle ! c'est vraiment bien peu de chose pour mériter l'enfer... Cependant, il y a des perles bien précieuses... est-ce que l'on ne parle pas d'un homme qui a vendu tout ce qu'il avait pour acheter une perle magnifique ? Vous la retrouverez certainement votre perle.

— Croyez-vous ? fit-elle, les yeux brillants... Hélas ! voilà des années et des années que je la cherche.

— S'il y a si longtemps que vous cherchez, vous êtes sans doute sur le point de trouver, repris-je à mon tour, sans en croire un mot ; mais désireux de me montrer aimable.

Si vaines qu'elles fussent, ces paroles lui firent

oublier la réserve dont elle s'était entourée jusque-là. Elle sembla prendre confiance en moi, et bientôt elle me raconta l'histoire de sa vie, qu'elle commença en ces termes :

— Vous semblez connaître la maison Fleming et Sparkman. Vous êtes peut-être en relations avec son chef actuel... Mais ce récit me reporte... voyons !... à sept générations en arrière... comme cela semble long !

J'avais seize ans et le cœur léger, quand je devins la fiancée de Robert Fleming — il m'épousa, et m'amena, heureuse jeune femme, dans la vieille maison de sa famille. Le jour de notre mariage, il me donna un riche collier — la rançon d'un prince ! Avant de l'attacher à mon cou il me parla de chacune des perles qui le composaient, en me donnant des détails qui ajoutaient une signification à leur valeur... Je me rappelle tout cela avec une force qui me rend la chose présente à l'esprit. « La large perle bleue qui occupe le milieu du collier est un vrai joyau, me dit-il : elle symbolise votre fidélité d'épouse ; celle-ci, d'un rouge si intense, c'est votre amour vrai ; celle-là, d'une blancheur immaculée, c'est votre innocence. Les autres, plus petites, que vou voyez de chaque côté, forment le total des vertus de la femme. Chaque perle est une de vos grâces... et vous voyez qu'il y en a beaucoup. Et celle qui les rassemble et les retient toutes, de façon à former votre précieuse parure, représente la chasteté et l'honneur de la femme. »

Il attacha de sa main le collier à mon cou. Ses paroles n'avaient fait sur moi qu'une impression légère. J'étais jeune, et ce qui m'occupait et me réjouissait surtout, c'était la beauté de cette parure. Plus tard ce qu'il m'avait dit là me revint, et je me le rappelai avec des larmes. Regardez-le, mon collier ! les perles y sont toutes... à l'exception du joyau central... Sa perte a entraîné la mienne.

Aimais-je mon mari ? en conscience, je ne pourrais pas le dire ! Sans doute je ne l'ai pas aimé comme j'ai pu en aimer un autre. Mais je dois avouer que ma vie de femme sembla d'abord heureuse. Il m'aimait, lui, et deux petits enfants vinrent bénir notre union.

Tout alla bien, jusqu'au jour où un ami de mon mari fréquenta notre maison : cœur faux, visage charmant ! Comment la chose arriva-t-elle ? je ne saurais le dire ; mais le fait est qu'il m'ensorcela. Est ce que je l'aimais ? L'affection que je ressentais pour mon mari était toute différente, et je suis bien certaine qu'elle était vraie! Mais il n'avait pas su me donner l'idée de ces enivrantes délices que l'autre évoquait devant moi. Dès que j'étais près de lui, c'était comme un torrent de flammes qui traversait tout mon être. Était-ce de la folie ? m'avait-il jeté un sort ? C'était, du moins, quelque chose comme la puissance du mal, qui embrasait mon sang, sans avoir la même domination sur mon esprit et sur mon cœur. J'étais travaillée par un poison subtil — mortel et doux tout à la fois. C'est en vain que je luttais contre lui... Mais puis-je vraiment dire que je luttais ? Quelque chose m'avertissait que de tels sentiments étaient coupables, je n'en prenais pas moins plaisir à les entretenir en moi, et je n'avais guère le désir de les vaincre.

Un jour que je me trouvais seule avec lui, emporté par sa passion il me saisit dans ses bras. Je n'opposais point de résistance sérieuse : je compris que j'étais perdue, et la sensation que j'éprouvai fut une sorte de pamoison qui m'absorbait tout entière. Je dus faire, cependant quelque mouvement involontaire pour échapper à son étreinte, car le fils de mon collier se brisa tout à coup, et les perles roulèrent de tous côtés dans la chambre. Cet incident me rappela à moi-même. L'autre fut aussi calmé comme par enchantement. On eût dit qu'une invisible main nous séparait. Nous restâmes à quelque distance l'un de l'autre.

Oui, nous avions été dégrisés tout à coup, et nous nous trouvions maintenant en face de la vérité. Je revins à moi, et le priai de partir immédiatement. C'est ce qu'il fit. J'avais hâte de chercher mes perles... Je les retrouvai toutes... à l'exception d'une seule — la perle bleue, emblème de la fidélité conjugale. Hélas ! avec quel soin je la cherchai pourtant ! Je la cherchais, le matin, le midi, et le soir. Elle avait disparu comme par enchantement. Je parvins à cacher la chose à mon mari pendant quelque temps, et je ne permis à qui que ce fût de pénétrer dans la chambre fatale. Je cherchais ; je cherchais encore ; je cherchais toujours ! Mais la gemme précieuse était bien perdue. Un beau jour, mon mari s'aperçut qu'elle n'était plus là ! Ce fut un moment terrible. Il dit peu de chose ; mais, à partir de ce moment, il y eut toujours un nuage sur son front, et ce nuage en disait plus que n'auraient pu le faire toutes les paroles du monde. Comme je comprenais ce qu'il ne me disait pas ! ..

« Ta foi est brisée, ta pureté souillée ; tu n'es plus à moi ! »

Le faux ami semblait aussi bourrelé de remords...
Il ne revenait plus. Que se passait-il en lui ! Je ne
saurais le dire ; mais le feu qu'il avait allumé dans
mes veines me brûlait de ses flammes cachées. Mon
cœur avait conçu le péché, et l'image maudite ne
pouvait plus en être bannie. Je luttais contre elle ;
mais faiblement. Elle était plus forte que moi. Un
charme attachait ma pensée aux pas de cet homme.
J'étais à lui, même dans mes rêves. Le moment où
j'avais été si près de commettre l'acte coupable,
m'avait laissé une souillure ineffaçable. Le péché
avait pris sur moi un irrésistible ascendant, et je
m'abandonnais à ses séductions perfides dans les re-
plis secrets de mon cœur. Eh ! cependant, avant de
l'avoir connu, lui, ce cœur était pur, et les mauvaises pensées ne l'avaient jamais assailli. Hélas !
qu'il faut donc peu de chose pour tuer l'innocence !
Ma robe blanche n'était plus sans tache... Un seul
être au monde pouvait lui rendre sa virginité, CELUI
qui n'avait pas voulu condamner la femme péche-
resse. Mais je ne levais point mes regards sur lui,
moi qui me prosternais en rampant aux pieds d'une
idole.

Je tombai malade. — Même pendant la maladie
ma folie ne me quitta point... elle restait en moi,

me brûlant, me dévorant. Les divagations de la fièvre mirent mon âme à nu devant mon mari... mes dernières pensées sur la terre s'attachèrent étroitement à l'instant coupable qui m'avait fait perdre ma perle. J'étais déjà la proie de la mort ; ma vie s'enfuyait, et, en rouvrant les yeux, j'eus le sentiment de ma position : je compris que j'étais sur le chemin de l'enfer.

Il y eut un instant de silence, après lequel Émilie continua :

Savez-vous ce que c'est que de retourner sur la terre à l'état de revenant ? Non ! alors vous échappez à la loi cruelle qui régit un certain nombre d'entre nous. Je ne pourrais demeurer toujours en enfer. Il faut que je retourne là-haut pour chercher ma perle. J'ai cherché, cherché pendant des siècles... mais elle est perdue sans espérance...

Je ne saurais vous dire quelles furent mes sensasations la première fois que je retournai dans mon ancienne demeure, esprit sans corps. — Je tremblais comme quelqu'un qui s'avance sur un terrain défendu.

Pas un coin de la grande vieille maison qui n'ait été hanté par moi : dans les corridors, dans les chambres, de la cave au grenier, partout, j'ai cher-

ché ma perle : partout aussi je répandais la terreur.
Mais cette terreur rejaillissait sur moi ; je tremblais
comme la feuille. Pas un être dans la maison qui
à un moment donné, n'ait vu la dame en blanc, sa
lampe à la main, et cherchant quelque chose. On
me craignait plus que l'on n'eût craint la mort
elle-même. Il n'y a plus aujourd'hui qu'un seul
vieux serviteur au logis que semble capable de
supporter ma présence. Il m'a vue si souvent qu'il
a, je crois, fini par s'accoutumer à moi. Quand il
m'aperçoit, il joint ses mains, fait une prière silencieuse, et ne s'occupe plus de ma présence. Il
arrive parfois que nous nous rencontrons, lui et
moi, occupés chacun de notre besogne, avec cette
différence entre nous qu'il marche dans la sérénité
d'une conscience tranquille, tandis que moi j'erre
dans le trouble et le désespoir. Eh ! pourtant, c'est
un soulagement pour mon pauvre cœur que de rencontrer cette figure bien connue dans les appar-
tements solitaires. Je le connais depuis sa jeunesse,
et, l'ayant surveillé, je l'ai toujours vu accomplissant son devoir avec exactitude et droiture. Maintenant sa figure est blanche, et son corps penché ;
mais plus il approche de la mort, plus il semble
courageux, et moins il a peur de me rencontrer. Il

est le seul qui ne frémisse point d'horreur à mon approche... Il a raison : il n'est pas plus en mon pouvoir de lui faire de mal qu'il n'est au sien de m'arrêter. Je ne puis faire autre chose que chercher ma perle.

Jamais je ne manque de me rendre dans la chambre bien connue. C'est là que, dans une minute fatale, j'ai abandonné mon âme au péché. C'est là que mon joyau s'est perdu... et moi avec lui ! Aussi c'est là que j'éprouve mes plus inexprimables angoisses. Mais la perle ne peut plus être là. Quelqu'un l'a trouvée et emportée ; c'est pourquoi je fouille toute la maison, toutes les chambres, tous les cabinets, mon coffret à bijoux, et jusqu'aux boîtes de travail des plus humbles servantes. C'est surtout les femmes de service de la maison que je soupçonne d'avoir dérobé ma perle.

J'erre à travers les corridors. Un d'eux, depuis un temps immémorial, avait été converti en galerie de tableaux. J'y trouve un portrait grand comme nature du mari que j'ai si cruellement outragé. Je n'ose pas lever les yeux sur lui... Eh ! pourtant, je semble avoir pris pour longtemps racine dans ce parquet! n'y a-t-il point dans cette physionomie une expression — si légère soit-elle ! — qui me promette le pardon ?... C'est là ce que je me demande, sans oser m'en assurer par moi-même. Je m'éloigne en m'effaçant, suivie de mon crime.

Mon propre portrait figure à côté de celui de mon mari... Je m'imagine que c'est vraiment moi — moi dans la fleur de ma jeunesse et de mon innocence,— et que le moi que je suis actuellement n'est qu'une misérable copie.

Les peintures de mes enfants — de mes chers petits bébés — sont là aussi, mon cœur palpite de tendresse pour ceux qui jadis trouvaient leur ciel sur mon sein. Hélas! ils sont maintenant des étrangers pour moi. Ils me regardent avec des yeux qui ne me reconnaissent pas. Eux aussi je les ai trahis, en leur dérobant l'amour de leur mère. Maintenant ils n'ont plus besoin de moi... J'essuie mes yeux, tout remplis de larmes de honte... et je m'enfuis!

J'ai vu ainsi venir... et partir quelque chose comme sept générations qui me sont unies par les liens du sang... et elles n'ont pas appris seulement à me regarder comme une étrangère — mais à me fuir, comme une vision de l'enfer.

Cette maison, jadis si vénérée, a aujourd'hui cette épouvantable réputation d'être une maison hantée. La famille a souvent pensé soit à l'abattre, soit à la vendre; mais leur fortune semble attachée d'une façon ou d'une autre à la vieille bâtisse, et, au dernier moment, la quitter leur semble impossible. Ils acceptent donc l'ennui que leur apporte ma présence, et c'est ainsi que j'erre, ombre sans vie, parmi les vivants.

L'absence de mystère contribue aussi à les familiariser avec moi. Je suis connue pour être leur aïeule, et ma triste histoire est un texte de longs récits. Les échos de la maison murmurent le nom de la jeune femme qui fut si charmante et si infidèle !

Le fatal collier fait encore partie de l'héritage ; mais la perle centrale manque toujours. On l'a remplacée par une croix de diamants ; c'est là un symbole de foi... si mes souvenirs sont fidèles.

C'est toujours mon collier, et quand celle qui l'a un moment possédé est sur le point de quitter la vie, j'apparais au chevet de son lit de mort, avec ma solennelle question sur les lèvres :

« Où est la perle ? »

Pendant plusieurs générations un sentiment d'horreur fut la seule réponse que je pus obtenir, et, moi-même, effrayée du trouble que j'avais causé, je m'enfuyais, le désespoir dans l'âme. Mais, depuis quelque temps, on a trouvé un expédient. La mourante place invariablement sa main sur la Bible et prononce hardiment cette phrase :

— La perle est retrouvée. J'en prends ce livre à témoin !

Ce n'est pas ma perle, vous le comprenez bien ; mais je ne puis contester. Ah ! pauvre de moi ! que n'ai-je pu la trouver, cette autre perle précieuse qui donne une telle assurance à celles qui vont mourir... Et moi aussi, alors, je pourrais être consolée de la perte que j'ai faite... Mais le péché reste sur ma conscience ; ma perle est à jamais perdue, et je suis condamnée aux larmes et aux tourments éternels.

Elle se tut, tordant ses membres dans les convulsions de l'agonie. Mais, alors même qu'elle était la proie du désespoir, son joli visage gardait toujours une expression d'amabilité enfantine et de séduisante innocence : quelle beauté enchanteresse elle était ! Je pensais en moi-même que si elle ne s'était point condamnée par son propre aveu, et que j'eusse appris son histoire par une autre bouche, il m'eût été impossible d'y ajouter foi, et de supposer un cœur si coupable dans une aussi charmante créature !

N'est-il point effrayant de penser qu'une minute

d'erreur peut causer ainsi la perte de tout une vie ! Mais une goutte de poison ne peut-elle point aussi corrompre tout le sang qui coule comme un rouge torrent dans vos veines ?... Quand la pensée tentatrice a pénétré dans votre âme, Dieu seul peut savoir jusqu'où elle vous conduira... Si jamais elle gagne votre cœur, courez au médecin...

Ce médecin, où est-il ?

Ah ! mon ami, je ne le sais pas !

XXV

Des lambeaux de musique me trottent par la tête. Ce n'est pas moi qui attrape la mélodie, c'est la mélodie qui me saisit. Vous ne pouvez pas savoir à quel point la musique peut devenir pour nous une source de réels tourments. Plus les chants sont doux, et plus ils retentissent cruellement dans notre âme. La musique — si peu faite, pour le séjour de douleur où je suis, — produit sur nous le même effet que les sons les plus discordants. Harmonie et enfer! Ces deux seuls mots rapprochés ne suffisent-ils point pour vous désorienter complètement ? A vrai dire, qu'est-ce donc que la musique, si ce n'est une aspiration vers l'infini, qui vous remplit de l'avant-goût d'une joie et d'une beauté inexprimables... Mais pour nous ce pressentiment et ce désir même s'évanouissent, puisque nous sommes exclus de ce monde promis aux élus, et vers lequel nous portent les ondes sonores des sublimes mélodies. C'est d'aujourd'hui seulement que je comprends dans toute sa plénitude le pouvoir de la musique. Mais cette compréhension est accompagnée d'une douleur terrible, car elle vous donne comme une vision du paradis, tout en vous laissant en enfer.

. . . .

Quel était le nom de ce village, au milieu des collines de Samarie où nous fîmes halte un jour, à l'heure de midi ? Sychem, je crois, ou Sichœr ? les gens du pays vous diront que certaine citerne, maintenant en ruine, mais qui garde encore de l'eau, est le puits même où Jacob pleura de joie en apercevant Rachel avec les troupeaux de son père. Je n'ai jamais vu des champs plus verts, ou une plus luxuriante végétation qu'en cet endroit vraiment béni, entouré des montagnes sévères, qui s'élèvent de tous côtés. La vallée entière semble un vaste jardin, où croissent en abondance les figuiers, les mûriers, les grenadiers, les sycomores et la vigne. Les palmiers, les cactus, les aloès y poussent aussi à profusion, l'olivier couvre le pied des collines ; les frênes et les chênes verts escaladent leurs flancs.

Mais il n'y avait point de repos pour nous ce jour-là près du puits de Jacob. La chaleur était intense, même sous les ombrages les plus épais, et la plaie des insectes était intolérable. Aussi, voulûmes-nous abréger notre sieste, pour aller chercher un air plus frais sur les hauteurs. Lily, pendant la route, me raconta une histoire.

« Lorsque l'apôtre saint Pierre quitta les chrétiens pour se rendre à Rome, où il devait trouver la mort comme son maître, un grand nombre de fidèles, jeunes et vieux, l'accompagnèrent hors des murs. Mais ils durent enfin se séparer en pleurant, au moment où il leur donna sa bénédiction, et, retournant dans leurs demeures, pendant que l'apôtre poursuivait son voyage, ils vécurent dans l'amour de Dieu, et dans l'obéissance à ses commandements.

Mais il se trouva, parmi les disciples, un vieillard qui, tout en ayant reçu comme les autres la bénédiction, au moment du départ, n'en suivait pas moins Pierre à quelque distance. Celui-ci l'apercevant lui fit signe d'approcher.

— Vous êtes troublé, mon fils ? lui dit le vieil apôtre, avec une tendresse pénétrante ; pourquoi votre cœur est-il dans la peine ?

— Mon père, répondit timidement l'étranger, est-ce que la foi ne justifie pas l'homme aux yeux de Dieu, et ne le fait-elle point héritier du royaume céleste ?

— Sans doute ! Est-ce que tu ne peux pas croire ?

— Oui, certes, je crois, ô cher père ! Mais je ne sais pas si la foi que j'ai est vraiment bien la foi qui sauve : elle est si faible et si vacillante ! Eh ! cependant, je le sais, c'est par la foi seule que je puis gagner le ciel. Voilà mon chagrin ! Il me semble qu'il y a des moments où je puis arriver à toute l'ardeur et à toute la plénitude de la foi. Mais ces moments-là ne durent pas longtemps, et je retombe bientôt dans le trouble et le doute. Ma foi semble réduite en poudre ; toute ma confiance s'évanouit, et s'il ne me restait le nom béni du Sauveur, je n'aurais plus rien à quoi m'attacher. J'ai connu des heures où je planais comme sur des ailes ; où je sentais dans mon âme la plénitude du ciel. Dans ces moments-là j'avais le bonheur de croire que celui qui cherche finit toujours par trouver ; que celui qui frappe à la porte de Dieu la verra s'ouvrir pour lui ; que moi-même, instruit et dirigé par l'esprit saint, je ne m'éloignerais jamais de mon Père qui est dans les cieux ; que j'avais été racheté au prix du sang de Jésus, et que son amour serait mon salut éternel. Cette foi-là, ô Pierre, je l'ai connue, et je jure qu'elle était exempte de toute pensée présomptueuse. Pourtant, ce ne peut pas être encore la foi qui sauve, car il arrivait parfois qu'au moment même où j'étais le plus près de l'intime union avec mon Sauveur le péché m'attendait ; je faisais des chutes profondes; je perdais le sentiment de la soumission à Dieu, et je me trouvais dans la poussière, sanglant, abandonné, plus misérable que celui que les voleurs laissèrent jadis étendu sur la route de Jéricho... Mais le bon Samaritain était loin de moi... Oh ! bien loin !

Hélas ! mon père, en ces moments-là, combien grandes sont mes souffrances ! Je pourrais encore supporter les railleries de l'incrédulité, niant le pouvoir de la foi ; mais ce qui me jette dans un trouble profond, c'est que, cette incrédulité, l'expérience de mon cœur la confirme.

J'ai essayé de lutter ; j'ai fermé ma porte à l'incroyance; j'ai voulu être conduit comme un petit enfant, par Celui qui est venu pour sauver les hommes... Mais, malheur à moi ! Je ne suis pas sauvé ! Je me crois debout, et je suis à terre !

Un tel état me désole; mais le repentir ne me rend pas cette puissance de l'esprit sur la chair qui ferait de moi un véritable compagnon du Christ... Mes larmes les plus amères ne me servent à rien ! Quand tu as failli, toi, tu as pleuré aussi ! Mais tu t'es relevé, plus fortement replanté qu'avant ta chute, dans ta foi et dans ton amour ! et, depuis, tu n'as jamais plus renié ton maître ! Il n'en est pas ainsi de moi... Je tombe ; je pleure ; je me relève ; je retombe de nouveau, et, sans cesse, je renie mon Seigneur !

Voilà ma vie ! Puis-je espérer la victoire finale ? sera-t-elle donnée à une foi aussi faible que la mienne ? Je sens que je n'ai pas aimé Dieu comme je l'aurais dû ! Je l'ai moins aimé que mon père et ma mère ; que mon fils et ma fille, qui viennent continuellement s'interposer entre moi et lui... Que puis-je donc bien faire pour trouver la paix... pour être certain de mon salut ?

L'apôtre avait écouté silencieusement. Son visage brillait d'une lueur céleste, et ses yeux cherchaient à voir des choses lointaines : il y avait autour de son front comme une auréole ; il évoquait la mémoire bénie des jours passés. L'Esprit le reportait aux rivages du lac de Tibériade, et il entendait la voix du Sauveur lui disant :

— Simon, fils de Jonas, m'aimez-vous ?

Et il répondait :

— Oui, Seigneur, vous savez que je vous aime !
Et le Christ reprenait :
— Paissez mes brebis !

Il regardait le vieillard. N'était-il point une brebis errante des troupeaux du bon Pasteur. Profondément ému, l'apôtre dit encore :

— Mon frère, si ta foi est trop petite pour te venir en aide, essaie de l'amour. Prends note de mes paroles ! Qu'à partir de ce jour ton seul désir soit de prouver au Seigneur que tu l'aimes. Que rien ne te semble ni trop grand ni trop petit, quand il s'agira de le faire pour l'amour de lui. Que ton amour pour Dieu soit ton appui et ta force, et ton âme trouvera la paix. Et, vois combien est merveilleux son amour pour toi. Tout ce que tu fais pour lui, c'est à toi-même qu'en revient le bénéfice. Il ne prend jamais ; il donne toujours — accomplissant ainsi sa propre parole, «qu'il est meilleur de donner que de recevoir.» La seule chose à laquelle il tienne c'est à ton amour.

— Mais, poursuivit l'étranger, toujours tourmenté par ses doutes, quelle est donc cette foi, par laquelle seule il est dit que nous vivons ?

Un sourire heureux illumina le visage de l'apôtre, et il répliqua :

— Si tu aimes, tout ira bien aussi du côté de la foi ! Crois-tu donc que la foi puisse être absente, là où l'amour vit et agit. Suis ta voie; ne lâche point ce que tu tiens, et la grâce et la paix demeureront éternellement avec toi. »

. . . .
. . . .

Ne vous ai-je point déjà parlé d'une peine particulière, d'un chagrin qui ne se confond point avec les autres ? Ah ! mon ami, que je suis loin de t'avoir tout dit !

Nous sommes toujours sur la limite du désespoir — le moindre choc, une pensée, un rien suffisent pour nous y jeter en plein... Le désespoir ! il jaillit incessamment de notre cœur, comme d'une source intarissable et profonde, pour nous engloutir. Parfois nous résistons, par un prodige d'énergie ; mais c'est pour retomber plus bas, après une honteuse défaite. Et le pire de l'affaire, c'est qu'il me faut lutter des deux côtés à la fois, tantôt résistant jusqu'à la mort, et tantôt dans un accès de haine folle, tournant entre moi-même mes dents et mes ongles.

Combien ces accès peuvent-ils durer ? Je ne saurais le dire. Il n'en est pas avec nous comme avec vous. Sur la terre, la nature épuisée par l'excès de la souffrance, apporte elle-même le remède au mal..., et vous guérit — ne fût-ce que par la mort. Rien de pareil ici, où la vie persiste, et où la nature a perdu ses droits.

Cependant, le paroxysme cesse. Il y a un apaisement à la fureur. Quand je me suis, pour ainsi parler, battu moi-même, j'éprouve une sorte d'accalmie.

Quelquefois on dirait que les vagues de la folie retombent sur elles-mêmes et se reposent. Alors m'apparaît une vision merveilleuse et sainte — l'image de quelqu'un qui est attaché sur une croix. C'est alors comme une détente soudaine. Le désespoir s'enfuit : tout est tranquille. Ce n'est point que la souffrance cesse complètement; mais elle est comme enveloppée, et je me sens mollement plongé dans une sorte d'évanouissement..... Mais je suis là comme un accusé, et j'entends une voix qui me crie :

— C'est toi ! c'est toi qui l'as attaché à l'arbre maudit !

J'ai parlé de vision... non ! ce n'est pas cela : le mot est trop fort ! Je suis en proie à un désir... Mais je ne puis me tromper moi-même. Un tel spectacle n'est pas fait pour moi. Mon âme affamée s'est imaginé... pour un moment... que je voyais la croix, et un patient couronné d'épines. Je regarde — plus rien ! — Eh ! cependant, je le sens toujours présent... Oh ! si je pouvais seulement percer l'obscurité qui me le dérobe. Je regarde encore... je regarde toujours... Mais c'est l'obscurité de dix nuits concentrées qui m'environne.

Celui qui mourut, je ne le vois pas. Mais la croix est toujours là... elle avance; elle recule... c'est tout ce que je sais ! J'ai connu autrefois toute l'histoire; mais je l'ai oubliée... complètement... quand j'essaie de me la rappeler, je ne trouve qu'un vide dans ma mémoire... dois-je m'en réjouir ou m'en affliger ?... Oui, certes, je vois une croix..... mais une croix vide. Sur cette croix, n'est-IL pas mort ? Pourquoi se dresse-t-elle devant moi ? Est-ce le châtiment toujours ? Serait-ce enfin l'espérance ?

Trois fois heureux, homme ou femme, qui avez une croix à porter sur la terre... Oh ! ne murmurez pas ! portez-la, au contraire, avec joie, de peur qu'il ne vienne un jour où vous la désirerez, et où vous ne trouverez plus qu'une vision vaine, et où vous ne pourrez plus sentir ce fardeau béni !

Nous étions un jour assis tous deux sur une roche élevée qui dominait une mer du Nord. Au-dessus de nos têtes un bouquet d'arbres solitaires, étendant leurs grands bras, comme pour indiquer la terre aux vaisseaux qui faisaient voile dans ces parages. Bien loin, au-dessous de nous, les vagues se brisaient en mesures harmonieuses, envoyant ainsi comme de mystérieux messages au rivage solitaire.

Le soir glissait à travers le ciel avec cette lenteur languissante que l'on ne connaît que dans l'extrême Nord, et, bien que le soleil fût déjà prêt à disparaître, la nuit semblait hésiter encore à descendre. Déjà prête à s'endormir, la nature, en ces régions, s'enveloppe dans un crépuscule embaumé, colorée doucement des teintes persistantes, des rayons évanouis, et cache sous une ombre douce et tendre et la terre et la mer. C'est seulement dans le Nord que la saison d'été atteint toute la plénitude de sa beauté réelle, chaque jour qui tombe amenant après lui, immédiatement et sans se faire attendre, le radieux matin. Ici l'obscurité n'existe plus, vous n'avez à sa place qu'une pénombre rêveuse. Rien n'est plus beau que ces heures du soir, avec leur calme, qui descend du ciel lentement ? Quelle paix enchanteresse ! Quelle poésie dans cette silencieuse étendue, quand la vaste mer s'endort à vos pieds, et que les rivages lointains se colorent sous les baisers du jour qui s'en va.

Mais je ne prenais pas garde à tout cela, parce qu'ELLE était assise près de moi. Ses jolies petites mains blanches s'occupaient à je ne sais quel ouvrage d'aiguille. J'avais voulu lui faire une lecture, mais le livre m'était tombé des doigts, et je me perdais dans mes rêves. Qu'elle était adorable, cependant, en cette prime-fleur de sa jeunesse ! Elle allait prendre sa seizième année. Il y avait un je ne sais quoi d'irrésistiblement attirant dans ce premier développement de la femme, paraissant me faire un appel à la fois tendre et chaste.

Elle était très blanche ; mais c'était la blancheur transparente du lis, délicatement effleuré par un rayon de l'aurore. Le sang rose de la jeunesse, à la fois ardente et pure, se laissait deviner sous la finesse de sa peau, il fallait peu de chose pour le faire apparaître en rougeurs charmantes sur son délicieux visage. Une forêt de cheveux blonds couronnait son front, pour retomber sur ses épaules en boucles soyeuses, tandis que ses longues paupières, en se soulevant, dévoilaient à vos regards la beauté de ses yeux profonds. Il y avait quelque chose de l'enfance persistante dans le contour de sa bouche et dans le doux oval de son visage; mais déjà, chez elle, l'impression de la femme commençait à se faire sentir, tout à la fois mystérieuse et sacrée.

Je ne sais quelle paix, venue d'un autre monde — le calme d'une vie sereine — descendait sur tout son être ; un souffle égal et léger soulevait sa poitrine ; tandis que ses mains, comme des ailes blanches, voltigeaient autour de son ouvrage. Elle s'abandonnait tout entière à ses propres pensées, qui éclairaient sa physionomie, comme des rayons de soleil, en lui laissant un sourire, comme trace de leur passage.

Pendant que je m'absorbais dans cette contemplation enchanteresse, mon bon ange se détournait de moi et pleurait... Il pleurait parce que le mauvais Esprit avait le dessus dans la lutte... Eh ! cependant, même en de pareils moments, c'était à l'âme pure de Lily que la toute-puissance appartenait.

Inconscient de toute autre chose, je ne perdais pas un seul de ses mouvements. Tout à coup je vis des rougeurs furtives passer sur ses joues, et couvrir son front. C'était comme un avertissement qu'elle me donnait de ne plus écouter que le meilleur de ces deux *moi* qui se disputent l'être humain.

A la fin son œil rencontra le mien. Il y avait des reproches dans son regard empreint d'une imposante dignité. Le mauvais charme fut rompu, et un sentiment de regret remplit tout à coup mon âme contrite. Le bon ange s'apprêtait à m'élever encore au-dessus du niveau de la passion terrestre.

— Pourquoi, me demanda-t-elle, vous obstinez-vous à me regarder avec tant de persistance ?

Je ne savais trop que répondre.

— Quoi donc, Lily, lui dis-je enfin, est-ce que cela vous déplaît ?

— Je suis désolée, Philippe, de vous sembler méchante ; mais, vraiment, je n'aime pas cela ! Quand vous me regardez ainsi, voyez-vous, cela me jette dans un trouble étrange. Tenez ! je suis comme un oiseau qui se sent serré trop fort par une main cruelle. Je ne sais pas pourquoi ! Mais enfin ne pourriez-vous point porter ailleurs vos regards ? dites, cher ami, ne le pourriez-vous pas ?

— Certainement, répondis-je, en souriant de sa demande naïve. Mais croyez-vous, vraiment, que je pourrais vous faire du mal ? Avez-vous peur de moi ?

— Peur de vous ? s'écria-t-elle, rappelée tout à coup à son naturel enjouement ; peur de vous !

Voilà qui est étrange ! Je pourrais également vous demander si vous avez peur de moi... Eh ! bien, oui, avez-vous peur de moi, là ?

Elle mit sa main dans la mienne, et, au bout d'un instant, avec beaucoup de grâce :

— Êtes-vous fâché ? me demanda-t-elle.

— Quand donc ai-je été fâché avec vous dernièrement, Lily, voyons un peu !

— Je ne me le rappelle pas du tout ! fit-elle, en retrouvant toute sa gaieté. Mais venez ! Je crois qu'il faut songer à rentrer au logis.

Elle prit mon bras et me regarda avec des yeux confiants, comme pour me dire qu'il lui était bien impossible d'avoir peur de moi.

Nous nous en allâmes en suivant la crête des rochers. A la côte, sous nos pieds, les bateaux de pêche nous offraient des scènes animées ; dans la distance quelques yachts fuyaient devant la brise. Les rivages d'une île que l'on apercevait à l'horizon prenaient sous les feux du couchant des aspects nouveaux. C'était une de ces rares soirées où la beauté de la terre semble refléter tout le bonheur du ciel.

— Peur de vous, reprit Lily, en renouant gaiement le fil que nous avions rompu ; c'est, à coup

sûr, la plus étrange idée que vous ayiez jamais eue.
Loin de là ! je me sens avec vous absolument en
confiance, et délivrée de toute inquiétude. Le sentiment de votre mâle vigueur me remplit d'orgueil ;
je m'imagine que c'est à mon profit que cette force
vous a été donnée, afin que personne ne puisse me
faire de mal ! Je me dis parfois à moi-même : « Qui
pourrait donc lui résister ? » Oh ! ce doit être une
grande chose que d'être un homme, et d'occuper
sa vie à de nobles actions. Mais je crois qu'il vaut
encore mieux être une femme, et se voir l'objet des
soins d'un homme robuste et généreux. On prétend
qu'il y a beaucoup de mal dans ce bas monde.
C'est triste à dire ; mais je crois que c'est vrai !
Vous connaissez les choses beaucoup mieux que
moi ; et, quand un homme a votre intelligence, il
doit être à l'abri du mal, et il doit aussi être capable d'en préserver les autres. C'est pour cela que je
me sens si heureuse à vos côtés ! C'est pour cela
que je vous suivrais aveuglément partout où il
vous plairait de me conduire. Je n'ai besoin, moi,
ni de force ni d'habileté, puisque je trouve en vous
tout ce qui m'est nécessaire. Vous êtes prêt, j'en
suis sûre, non pas seulement à défendre ceux que
vous aimez ; mais à tout sacrifier par amour pour

eux. J'aime à m'imaginer que je me trouve dans le malheur et le danger : tant que je suis près de vous c'est une sensation qui m'est agréable. Oui je suis certaine que vous risqueriez votre vie pour moi ? Vous ne voudriez pas ? Ah ! vous souriez ! Voyons ! ne me prenez pas pour une petite folle ! Je suis certaine que vous êtes bon, noble et fort !

Je ne pus m'empêcher de sourire en l'écoutant ; mais mon âme était éclairée comme par les rayons de mille étoiles, dispersant tout ce qui, chez moi, était obligé de fuir la lumière. Quel merveilleux pouvoir cette enfant avait donc pris sur mon être : m'élevant au-dessus de moi-même, elle m'emportait dans la pure atmosphère où elle vivait. Oui, son influence était bien une influence divine. Il me semblait que je sortais de ma poussière pour devenir ce qu'elle croyait que j'étais — un être plus fort qu'elle — bon et sage tout à la fois, vraiment capable de devenir le protecteur et le gardien de sa vie confiante. O moment heureux... qui ne doit pas revenir...

Le soir s'évanouissait dans la nuit. Nous n'étions pas loin de notre demeure. Nous avions atteint un endroit où, souvent, nous venions nous asseoir, sur la cime d'un rocher, qui s'élevait comme une tour à plusieurs centaines de pieds au-dessus de la mer. A la marée haute, les vagues en venaient battre le pied, écumantes, déferlantes, se recourbant en volutes d'argent, pour retomber les unes sur les autres — épuisées. Mais, à ce moment, les eaux étaient basses et c'est à peine si le clapotement faible du flux et du reflux dans la distance arrivait jusqu'à nous. Sur le sommet de la falaise, on avait élevé, pour le pavillon, une hampe qui affectait une forme de croix. Il y avait dessous un banc de bois, assez bas. Nous nous y assîmes, comme nous l'avions, Lily et moi, déjà fait bien souvent. La cime du rocher recevait encore le rayon de l'astre à son déclin, tandis qu'autour de nous, la mer, la terre et le ciel étaient déjà plongés dans l'ombre et le silence. Nous ne disions rien. Le calme et la paix de la nature enveloppaient nos cœurs.

— Voyez ! dit tout à coup Lily, en me montrant du doigt quelque chose dans l'espace.

Un vol d'oiseaux de mer traversait l'immense étendue, bien au-dessus de nos têtes. Mais le calme était si profond que nous les entendions parfaitement. Nous les suivîmes du regard, jusqu'à ce qu'ils eussent disparu dans l'ombre.

— Partis ! fit ma jeune amie, avec un soupir

qu'elle tirait du fond de sa poitrine. Ils me faisaient songer à ces âmes bienheureuses, allant regagner la région fortunée où il n'y a plus ni peine, ni mort, ni douleur ; où toutes les larmes sont essuyées. Comme elles doivent se réjouir ! Quel ravissement et quel triomphe !

La même idée m'était venue presque en même temps. On voit que mon esprit s'ouvrait maintenant aux grandes et hautes pensées !

Nous avions rompu le silence. A présent, nous parlions de la musique de la mer, dont le rythme, pour monotone qu'il soit, n'en semble pas moins toujours nouveau. Ce mouvement des eaux s'élevant et s'abaissant continuellement je le comparais à un pendule fait pour mesurer les siècles de l'éternité.

Et nous parlions de ces merveilleuses aspirations de l'esprit de l'homme, qui cherche toujours autre chose que ce qu'il possède, qui veut atteindre ce qui est loin, — au-dessus — au delà, — et qui ne trouve point la paix — même dans le bonheur.

— Qu'elle est donc belle, cette image de la croix ! dit Lily tout à coup ; comme elle domine bien la mer, du haut de ce rocher ! Que sa vue doit apporter de secours, de consolation, d'espérance et de joie, à l'heure du danger, au matelot qui lutte contre les flots et contre les vents. Le blanc rocher est aperçu de loin, et la croix semble étendre les bras pour bénir, en envoyant un message d'espérance au loin sur l'abîme :

« Ne crains rien, car je t'ai racheté — tu es mien ! »

— Mais Lily, répliquai-je, tout le monde ne partage pas votre sentiment. Cette croix, comme vous l'appelez, n'est, pour la plupart des matelots, que la hampe d'un drapeau — rien de plus !

— Peut-être bien ! répliqua-t-elle ; mais ceux qui sont chrétiens n'en éprouvent pas moins à sa vue un sentiment de profonde émotion.

Elle s'arrêta un moment, puis, sans même s'en apercevoir, posant sa main sur mon bras, elle continua :

Pour ma part, si jeune que je sois, j'ai plus d'une fois éprouvé la puissance de la croix. J'aime à y penser comme à un symbole. Quelquefois, dans des moments de trouble, je n'ai qu'à reporter mon esprit vers la croix, et le calme m'est rendu. Ceci semble extraordinaire ; mais, après tout, c'est bien naturel. Car ne savons-nous pas que c'est son amour pour nous qui l'attacha jadis à la croix.

— Est-ce que vraiment votre cœur a connu des moments de trouble, Lily ?

— Oui, souvent ! J'ai tout ce qu'il faut pour être heureuse, je l'avoue ; mais parfois l'inquiétude remplit mon âme. Je suppose qu'il en doit être ainsi tant que nous vivons.

Elle avait raison ! Le cœur de l'homme doit lutter jusqu'à la dernière minute pour obtenir la paix.

— Mais j'ai encore mieux que la croix pour me soutenir, continua Lily ; j'ai le nom cher de celui qui fut crucifié. Quel que soit l'ennui qui m'arrive, il me suffit de murmurer ce nom, et, tout aussitôt, la paix redescend sur moi — sa propre paix à lui, pleine de consolation. C'est une grande bénédiction que de pouvoir l'invoquer en toute chose. Avez-vous jamais essayé, Philippe ? Il est si aisé de nous tourner vers lui, dans nos tristesses et dans nos défaillances, je le sais, moi... je l'ai si souvent éprouvé !

Hélas ! non ; je ne puis pas dire que j'ai essayé, au moins depuis le temps où j'avais l'habitude de prier sur les genoux de tante Betty... Mais, en ce moment, quelque chose remuait en moi, agitant mon âme jusque dans ses plus intimes profondeurs.

Oui, j'écouterais la voix de Lily... oui je suivrais son exemple... oui j'essaierais de faire ce qu'elle voulait... Le bon Pasteur était à la porte. Ce ne fut pas sa faute si le salut me fut vainement offert. Je l'entendais qui frappait, et j'eus de lui une crainte qu'il ne demandait pas.

— Est-ce vous, Seigneur? m'écriai-je en tremblant... Hélas! je ne suis pas prêt! Mais je vous introduirai dans la Maison quand elle sera préparée.

Et lentement, mollement, je m'occupai de la mettre en état, le contraignant à l'attente... Jusqu'à ce qu'il fût trop tard.

XXVI

Mes lettres deviennent rares, et ne vous parviennent qu'à de longs intervalles. Je suis toujours tourmenté de l'envie d'écrire ; mais je redoute de plus en plus tout effort — je cède à mon désir... mais c'est pour me voir tout à coup saisi par une invincible répugnance, et je laisse tomber la plume — parfois au milieu d'une phrase.

Par bonheur, ceci me rappelle les lettres de ma tante Betty : ce souvenir m'aidera à ressaisir le fil de mes idées, car je puis vous assurer que la seule vue de l'encre me porte au cœur ; mais le souvenir de ma tante Betty est pour moi comme une brise rafraîchissante.

Les lettres de ma tante Betty étaient bien l'image d'elle-même : toutes bouillantes, candides, parfois bizarres ; mais sans la moindre prétention au style. Elle n'avait pas le temps, disait-elle, de penser à la composition, et elle n'écrivait que ce que l'on appelle des lettres confidentielles. Mais il arrivait parfois que ses missives causaient d'étranges méprises.

Je me rappelle un jour l'avoir vue se précipiter une lettre à la main dans la chambre de ma mère.

— Elle est folle ! elle est folle à lier ! criat-elle, dans une sorte de surexcitation très visible... Que vais-je faire avec les pauvres de Jamina. A-t-on jamais vu malentendu pareil ?

Nous essayâmes de la calmer, et nous lui demandâmes des explications. J'étais déjà assez grand garçon. La petite tante se jeta en plein dans le sujet.

— Il y a, dit-elle, une pauvre femme malade, avec une poignée d'enfants, que j'assistais par des aumônes, pendant que le mari faisait son temps pour vol avec effraction. Voilà que Jamina m'écrit l'autre jour que le *convict* est revenu, et que sa femme est morte, en le laissant aussi misérable, aussi dénué de secours qu'aucun de ses enfants. Elle me priait de lui indiquer ce qu'il y avait à faire.

Je courus au plus pressé, en lui faisant passer quelque argent, et en la priant de m'envoyer des détails quant à l'âge, au sexe, etc., etc., et que j'essaierais de trouver un logement pour eux... Eh bien ! imaginez-vous que cette stupide Jenny m'envoie toute la bande ! Ils sont là, chez la femme de charge, huit malheureux, pas un de moins, s'imaginant que j'ai des logements pour eux dans ma poche. Il y a surtout cette vieille carcasse de convict, puant le tabac ! que vais-je en faire ?

— Vous avez sans doute voulu demander des *particularités*, et vous avez probablement demandé les *particuliers !* hasardai-je en manière de supposition...

— Comment pouvez-vous être aussi stupide que cela, Philippe ? — Je suis certaine que ma lettre était claire comme l'eau de roche. Un enfant n'aurait pu s'y tromper ! Il faut que Jamina ait perdu la tête.

Mais le convict et sa progéniture se trouvaient à l'aise chez la femme de charge, où ils se répandaient en remerciements. Rien n'était plus loin de leur esprit que l'idée qu'on pouvait maintenant les renvoyer.

Cependant la tante Betty allait et venait, perdant la tête, et demandant « ce qu'elle allait faire de ces gens-là ? »

Elle eut la chance de voir venir mon père à la rescousse, de sorte que le malentendu devint une source de bonheur. Le voleur par effraction rentra dans la bonne voie, et l'on casa peu à peu son troupeau d'enfants.

. . . .

... Je vous ai dit que les mauvais désirs cherchant en vain leur satisfaction sont pour nous un feu dévorant, au milieu même des feux de l'enfer. Jusqu'où cela peut-il s'étendre, vous ne pouvez pas vous le figurer, ne sachant pas ce que sont les flammes qui nous brûlent sans nous consumer. C'est à l'imagination que nous devons ce mauvais service. Même sur la terre l'imagination peut prendre sur nous un dangereux ascendant. Mais, dans l'enfer, son empire est plus terrible encore. Elle devient un véritable monstre de tyrannie, dont notre esprit sans défense est naturellement la victime.

Rien de plus facile, cependant, que d'accorder certaine réalité à nos dévorantes fantaisies : il suffit pour cela d'obtenir l'assentiment de notre volonté complice. Nous avons alors, en une certaine façon, la table à laquelle nous allons nous rassasier. Nous avons les vins, le jeu, les belles femmes que nous convoitons... Il n'en manque pas en enfer ! — mais tout cela est moins que l'illusion même. N'exigez pas que je précise... C'est l'ironie, ajoutée au supplice. Vous me comprenez, n'est-ce pas ? Le crime d'Ixion et la roue cruelle, instrument de son éternelle agonie, sont le véritable symbole de la condition qui est faite parmi nous à une multitude d'âmes damnées.

Vous ne pouvez pas douter que je ne m'en rapporte ici à ma propre expérience. Ne vous ai-je pas dit que la sensualité fut toujours mon penchant, et que j'étais l'esclave de la passion amoureuse ? De quels malheurs ce vice n'est-il point ici la source ?

Ma position, sous ce rapport, n'est pas meilleure que celle des autres. Peut-être même est-elle pire, car il y a des moments où je suis véritablement couvert de honte... Comment est-il possible, quand on a aimé Lily... quand on a été aimé d'elle... Oui, comment est-il possible de tomber si bas ?

Il existe pourtant, une différence, entre moi et quelques autres. J'ai un moyen sûr de m'arracher à la tyrannie dont je viens de vous parler — c'est de penser à Lily. Chaque fois que j'évoque devant moi sa belle et pure image, toutes mes mauvaises passions s'apaisent ; la lutte sauvage dont mon âme est le théâtre se calme tout à coup, et je reviens à des sentiments humains...

Lily ! mon cœur est rempli d'elle ! à chaque instant son souvenir me revient. Un jour elle me dit doucement :

— Je suis si fatiguée, Philippe !

Aussitôt j'arrêtai sa mule, et, comme une tendre mère aurait fait de son enfant malade, je l'enlevai de sa selle, et la déposai doucement sur un tapis de mousse. Nous étions en ce moment tout près d'un pont jeté sur le torrent de Cédron.

« Si fatiguée !... » Ah ! quelle triste chose dans ces deux mots... N'avoir que dix-sept ans, et être toujours fatiguée — je repoussais souvent la preuve que j'avais sous les yeux... Je ne voulais pas croire qu'une si jeune vie pût être brisée... Eh ! cependant, je ne pouvais chasser complètement l'anxiété de mon âme... et souvent j'étais bien forcé de regarder en face la terrible réalité.

— Cela finira sans doute par une hémorragie, m'avait dit à Jaffa un médecin anglais. De la prudence ! toute fatigue, toute émotion violente peut amener la crise.

Aussi étais-je continuellement sur mes gardes, la surveillant comme la prunelle de mes yeux. Ce voyage en Terre-Sainte, entrepris sur ses vives instances, n'était, de ma part, qu'un long effort pour la rendre heureuse. Ma jeune amie était le centre d'un cercle d'affection, dans lequel on ne laissait rien pénétrer qui pût lui faire du mal.

Que je fisse tout pour la servir, il n'y avait à cela rien que de bien naturel. Mais les Turcs, et les Bédouins eux-mêmes, n'arrêtaient les yeux sur elle qu'avec un respect voisin du culte. O jours inoubliables, tout remplis de désespoir et d'amour !

Partout où nous allions, elle rencontrait les souvenirs saints de CELUI auquel son cœur s'était donné... Sans cesse IL lui parlait au moyen de cette Bible qu'elle aimait. C'était LUI qui l'accompagnait partout. Elle goûtait alors le suprême bonheur.

— Il me semble que je suis déjà dans le ciel ! me disait-elle parfois.

Pour elle le soleil se levait et se couchait comme dans un rêve, transfigurant toutes les choses de la terre. Pour elle, les heures fuyantes étaient déjà comme le commencement de l'éternité...

Il venait, cependant, le spectre terrible, pareil au coup de tonnerre éclatant dans un ciel sans nuages. Il ne l'emportait pas encore... Mais il me laissait dans les angoisses d'une crainte sans espérance.

Elle se remit un peu... mais pouvait-on espérer un véritable retour à la santé. Son âme était calme ;

mais la mienne était dévorée d'inquiétude. Comme un lis qui se penche, elle gardait encore son parfum et sa beauté ; elle tenait toujours ouvert son calice plein de prières ; mais, peu à peu, ses pétales se fermaient dans l'évanouissement de la mort. Le lis languissait... le Jardinier céleste allait le transporter dans ses jardins du paradis.

Nous fîmes halte près du torrent royal ; Lily se souvenait de David, — et d'un roi plus grand encore — qui l'avaient franchi.

Tout ce paysage est présent à mes yeux. J'en revois chaque pierre, chaque arbre, chaque buisson. Devant nous le mont Moriah, où s'élevait jadis le temple de Salomon, et cet autre temple, bâti par Hérode ; où la mosquée d'Omar dresse aujourd'hui fièrement ses fins minarets dans le ciel bleu. A notre droite s'étendait la vallée de Josaphat, triste et profonde, — une fente entre deux montagnes, jaillissant comme des tours du sein de la terre. De chaque côté, d'innombrables caveaux sont creusés dans les roches ; ce sont les anciens sépulcres des rois et des prophètes. — A notre gauche, sur la montagne de la Corruption, un pauvre village juif s'accroche à la pente abrupte. A nos pieds, le lit rocailleux du torrent de Cédron, qui soupire après ses eaux taries. Plus loin c'était le mont des Oliviers, s'élevant par une succession de courbes gracieuses, qui vous conduisent jusqu'à Gethsémani. Un groupe de vieux oliviers indique l'endroit sacré.

Le soleil couchant jetait partout dans la vallée des ombres profondes, rayées çà et là, par des traînées vives d'éclatante lumière, tandis que la cime des oliviers rayonnait d'une lumière douce qui caressait les yeux.

L'endroit où nous nous étions arrêtés se trouvait entièrement dans l'ombre. Une brise fraîche se jouait autour de nous. Lily était assise, calme, les mains croisées, dans une pose nonchalante. Elle était fatiguée, fatiguée à en mourir ! Ses yeux étaient clos — et quelle pâleur ! On eut dit la madone mourante ! Mais quelque chose de plus alarmant que sa pâleur, c'étaient les rougeurs soudaines qui se répandaient sur son visage, pour rendre ensuite sa blancheur plus saisissante encore.

La mule et son conducteur s'étaient arrangés pour dormir à quelque distance de nous. « Heureux garçon ! me disais-je en le regardant avec envie, et, tout bas j'ajoutais, en regardant la mule vigoureuse et bien portante... Heureux animal !... » L'escorte turque, étendue par terre, fumait son inévitable houka, aussi insouciante des beautés de la nature que de la douleur des humains.

Le silence me devenait insupportable. Bien que ses yeux fussent clos, ma Lily ne dormait pas.

— A quoi pensez-vous? lui demandai-je doucement, en me tournant vers elle.

— A mes péchés! me répondit-elle en me regardant.

— A vos péchés! repris-je comme un écho, ô Lily, chère et pieuse enfant, ils ne peuvent être ni bien nombreux, ni bien graves, vos péchés!

— Philippe, fit-elle, avec une vivacité extrême ; il n'y a personne de bon... excepté LUI! Nous tous, nous sommes des pécheurs!

— Ah! qui donc vous fait parler de péchés, juste à ce moment?

Elle me regarda, avec une expression d'étonnement dans les yeux. Elle avait le don d'ouvrir les miens... Je compris sa pensée. Ma vue se promena sur l'étendue immense et paisible. Il n'est pas un site au monde qui soit plus fait que celui-là pour convaincre l'homme de son néant. Je courbai la tête sous le poids de ma honte.

— Cher ami, continua-t-elle, toute tremblante

d'émotion, à l'instant même où je vous parle je me sens réprouvée. Oui, maintenant, malgré moi, des pensées mauvaises viennent assaillir mon cœur. Un regret soudain s'est emparé de mon âme ; j'ai songé qu'un peu plus de temps aurait pu m'être accordé, et j'ai oublié d'ajouter :

« Mon Dieu ! que votre volonté soit faite ! »

Vous voyez que j'avais tort, puisque nous devons nous soumettre entièrement à LUI, persuadés que notre père sait mieux que nous ce qui nous convient.

Un sentiment de colère et d'égoïsme, d'une inexprimable amertume, gonfla tout à coup mon cœur. Mes yeux se reportèrent involontairement sur notre escorte musulmane, et le mauvais Esprit me souffla cette pensée :

« Ne vaudrait-il, pas mieux être Turc ? »

Mais j'avais à ma portée le moyen de calmer ma douleur, et j'en usai.

— Soyez certaine que vous pouvez vous guérir, dis-je, avec beaucoup de douceur, à la charmante créature ; mais chassez donc ces tristes pensées, qui n'ont d'autre effet que de désoler votre cœur... O Lily ! ma chère, ma bonne petite sœur... songez à l'affection qui voudrait vous garder ici, toujours !

— C'est ce que je fais, dit-elle, avec un sourire qui ressemblait à un rayon de soleil glissant à travers des nuages. L'amour est précieux ici-bas ; mais un amour meilleur encore m'attend là-haut.

Elle ne parla pas davantage ; mais je ne voulais pas ; je ne pouvais pas garder le silence — aussi je continuai :

— Le désir de vivre ne peut pas être un mal, ma Lily. Tâchez seulement de l'éprouver, et vous le verrez se réaliser. Dieu lui-même a implanté dans nos cœurs l'amour de la vie. Nous y attacher ne saurait être un péché. Ne vous calomniez donc pas vous-même ; il n'y eut jamais une créature moins obstinée, moins égoïste, ni meilleure que vous !...

— C'est ainsi que pense l'amour d'un frère, répondit-elle avec tendresse. J'avoue, du reste, que vous avez raison sur un point. J'ai parfois une certaine puissance de volonté ; mais je n'ai pas d'égoïsme. Ce n'est pas pour moi que je voudrais vivre ; c'est pour les autres. Philippe, mon bien-aimé... ne comprenez-vous pas que c'est pour vous que je voudrais vivre. Je sais que je vous manquerai plus qu'à tout autre, à vous, mon plus fidèle, ou, pour mieux dire, mon unique ami. »

Si j'avais été seule avec elle, je serai tombé à ses

pieds dans un transport d'adoration... mais, dans les circonstances où nous étions, je ne pus que balbutier :

— Lily, si vous me quittez, je mourrai !

Nous retombâmes dans un morne silence ; mais il y avait comme une douceur dans ma douleur même... j'avais vu le ciel s'ouvrir.

Le visage de Lily avait pris une expression sérieuse, presque solennelle. Je savais que son âme était le théâtre d'une lutte. Mais le tumulte de la bataille ne pouvait troubler sa confiance en Dieu. Elle voyait déjà la palme de la victoire, et, allongeait la main pour la saisir ; je l'entendis murmurer : — « Votre volonté, Seigneur, et non la mienne ! »

Cependant, à ce moment, la couronne n'était pas encore complètement à elle ; elle se leva tout à coup, et, d'une lèvre tremblante :

— Ce doit être le péché, murmura-t-elle, qui empêche que nous ne recevions le don complet de la paix. A coup sûr c'est mal de s'attacher ainsi à la vie... Mais je suis prêt à partir... Je me sens plus forte maintenant... Allons !

Je pris sa main, et, la serrant doucement, je lui dis :

— Lily, mon cher bien, ce n'est pas au monde que vous vous sentez attachée, et, à coup sûr, un amour comme le vôtre est bien loin d'être un péché... Comment donc pouvez-vous vous croire coupable, et vous sentir troublée ?

Elle me regarda, avec un rayon céleste dans les yeux.

— Je me sens coupable, me dit-elle ; mais non troublée... Car je me confie à LUI et IL le sait. Voyez, Philippe, continua-t-elle, en regardant le lit du torrent desséché. Pouvez-vous compter ses cailloux, petits et grands ? Innombrables comme eux sont les péchés du monde... Mais SES pieds ont passé par ici, alors qu'il était triste jusqu'à la mort... et les péchés de tous — les miens aussi — ont été placés sur sa tête. Il les a portés avec lui... Ils ne peuvent plus me troubler !

Nous traversâmes le Cédron, et, gravissant le mont des Oliviers, nous arrivâmes à Gethsémani. Le jardin dont parle l'Évangile est enclos d'un mur de pierre assez bas, et il contient huit oliviers de la plus grande antiquité. L'endroit où Judas trahit son maître par un baiser est séparé du reste du jardin. Les Turcs eux-mêmes le regardent comme un endroit maudit. Nous nous arrêtâmes sous ces arbres, les mêmes sans doute qui virent le Sauveur lutter aux heures suprêmes de sa mortelle agonie, quand il but le calice qui devait racheter les hommes. Lily s'agenouilla dans un transport de dévotion exaltée, et elle pria pour obtenir la soumission aux ordres de Dieu, et, je n'en doute pas, elle pria aussi pour moi. La paix de l'âme lui fut accordée sans doute, car lorsqu'elle se releva, il y avait comme une auréole autour de son front, et je l'entendis murmurer : « Que votre volonté soit faite ! »

Quant à moi, je ne pouvais prier ; mais je me sentais disposé à maudire la faiblesse qui m'avait fait consentir à ce pèlerinage en Terre-Sainte. Je n'aspirais plus qu'au retour. « Chez nous, me disais-je, la vie aurait pu nous sourire ; tandis qu'ici, sur ce sol sacré, c'est la mort que je rencontre à chaque détour du chemin. »

Nous prîmes pour rentrer la route la plus courte, passant par la porte de Saint-Étienne, et suivant la voie douloureuse à travers la ville. Cette voie est toute remplie des souvenirs les plus vénérés. Voici le prétoire où le Christ fut couronné d'épines, où celui qui était la sainteté même fut l'objet des railleries des plus coupables d'entre les hommes ; voici l'arcade de l' « *Ecce homo* » où Pilate, montrant Jésus aux Juifs, leur dit : « Voilà l'homme ! » Voici l'endroit où Marie, rencontrant son divin Fils, chargé de sa croix, s'évanouit de douleur ; ici le Christ, se tournant vers les femmes qui se lamentaient, leur dit : « Ne pleurez pas sur moi, filles de Jérusalem ; mais plutôt, pleurez sur vous et sur vos enfants. » Plus loin, Véronique essuya le visage du Christ, qui resta imprimé sur la toile...

Ah ! cette voie douloureuse, elle est bien pour moi aussi la voie des larmes ! Mais ce n'était point à lui que je pensais, à lui qui la parcourut jadis, pareil à l'agneau qui va être égorgé. Ce n'était que pour moi que je m'affligeais, et, sur cette route, je ne rencontrais pas une seule pensée consolante... Ah ! si je m'y revoyais maintenant, quels secours je puiserais dans ces pieux souvenirs . . . . . .
. . . .

Il peut sembler étrange que je n'aie pas encore songé à visiter la ville que l'on appelle ici la ville des Juifs, et qui est un des plus grands spectacles que l'enfer puisse vous offrir. On n'en parle point chez nous comme de Jérusalem. Mais je ne doute point que ce soit la même ville qui portait ce nom sur la terre.

J'éprouvai tout à coup un ardent désir de la voir. J'y avais beaucoup souffert, il est vrai... Mais je m'y étais trouvé avec Lily. Il me semble à présent que le pouvoir m'est donné de revoir tous les lieux que j'ai visités avec elle.

Eh ! cependant, si cette cité infernale est vraiment Jérusalem, ce ne peut être qu'une ruine et une désolation. Il doit y avoir, en effet, une grande différence entre la Jérusalem des temps anciens, et la Jérusalem après sa chute. Mais que m'importe à moi ? Quelle que soit la ville aujourd'hui, ici, dans l'enfer, elle ne peut pas être assez changée pour que je ne puisse reconnaître les endroits que j'ai visités, quand j'avais Lily près de moi.

Je ne puis plus tenir en place, et, quoique la lumière soit sur son déclin, il faut que je parte sans retard... Ce n'est peut-être qu'une vaine imagination qui me pousse ; mais j'éprouve cependant une misérable satisfaction à obéir à ses ordres.

XXVII

Bien loin, séparée du continent de l'enfer par une solitude immense, s'élève la cité des Juifs — tout un monde ! — un monde à part. Là, dans un cycle perpétuel, et tournant sur elle-même, la sombre histoire se répète, depuis la catastrophe du Golgotha jusqu'à la destruction finale. Le sac de Jérusalem est englouti dans une impénétrable obscurité. — Mais, le jour renaissant, la roue de l'histoire recommence à tourner, et la sombre période recommence également.

Quand on entre dans la ville, au moment où la nuit s'achève, on trouve le peuple juif accablé sous l'horreur du forfait qu'il vient d'accomplir. On entend retentir au-dessus de leurs têtes ces terribles paroles : « Que son sang retombe sur nous et sur nos enfants ! » On voit qu'ils comprennent que des choses redoutables viennent de se passer chez eux, et qu'un châtiment effroyable les attend. Jérusalem tremble! Ceux qui ont pris part au plus épouvantable attentat que les hommes aient jamais perpétré, — mais dont la conscience n'est pas entièrement pervertie, — se demandent si, après tout, CELUI qu'ils ont crucifié était bien le Fils de Dieu... et ils frappent leur poitrine, et ils déchirent leurs vêtements.

Eux-mêmes, les chefs des prêtres, et les anciens du peuple, si endurcis qu'ils soient, ne peuvent se défendre d'un certain trouble. Mais ils se flattent eux-mêmes, et se disent, pour se consoler, que le sépulcre est sûr et qu'il garde sa proie. Le matin du Sabbat, on les voit qui s'en vont au jardin, Caïphe à leur tête. Leurs visages sont pâles, et leurs yeux injectés de sang. Leurs dents grincent ; mais Satan est là qui les soutient. Du haut du Golgotha, les trois croix semblent les regarder. Mais aucun d'eux n'ose lever les yeux vers la cime, où ils l'ont crucifié, où donc est maintenant leur dignité sacerdotale ? Ils relèvent les longs plis de leur vêtement et se dirigent vers le tombeau.

Les voici tout près. Ils semblent contents. Les choses sont bien comme elles doivent être. La garde est là ; le sceau est intact ; la pierre qui ferme l'entrée est toujours à sa place.

Le jour du grand Sabbat est venu. Mais Jérusalem ne va pas connaître les joies que, d'ordinaire, il sapporte avec lui. Un nuage pèse sur le peuple tous voudraient que la fête fût déjà passée. Leur pensées se détournent des symboles de ces solennités. Le pain sans levain a perdu sa douceur ; le sang de l'agneau pascal est caillé dans leurs mains, et c'est en vain qu'ils essaient d'en marquer le linteau de leurs portes. L'Ange de la mort ne passe point comme autrefois. Il demeure parmi eux, et ils en ont conscience.

Mais voyez ! ils ont peur ; ils tremblent !.. Comme le choc d'un éclair, une nouvelle vient de tomber sur eux et les a frappés. Le Crucifié est ressuscité. Les paroles de la vie résonnent à leurs oreilles comme un glas mortel. Mais le fait est-il vrai ? Oui ! de tous côtés l'évidence le confirme. Rien ne vient contredire le miraculeux événement. Ils courent au sépulcre : il est vide ; la pierre qui le fermait a roulé loin de l'entrée.

Pilate est un des premiers à qui l'on en porte la nouvelle. Sa mauvaise conscience lui a conseillé de laisser faire le mal, et le mal a été fait. Mais il y a un Dieu, pour faire triompher le bien — malgré la mort — malgré la tombe — et pour perdre les fauteurs d'iniquités. A chaque bruit qu'il entend, Pilate tremble ; à tout moment il croit voir apparaître le vengeur à sa porte ; il regarde sa femme, le misérable lâche, et celle-ci lui crie :

— Mon rêve ! ô mon rêve ! Malheur à toi, qui as livré le Juste entre leurs mains !

Mais les princes des prêtres et les anciens du peuple ne sont pas si aisément vaincus. Ils font courir le bruit que le corps du Nazaréen a été dérobé par ses disciples, qui, disent-ils, ont inventé l'histoire de sa résurrection. Ils ont corrompu les gardiens pour que ceux-ci s'accusent devant Pilate de s'être endormis à leur poste... Le misérable gouverneur est heureux d'accepter ce mensonge, et, pour apaiser ses craintes, il fait jeter ces malheureux en prison.

Mais il n'est point si aisé de supprimer le merveilleux récit, et, de nouveau, l'on raconte que le Fils de l'homme est ressuscité, et qu'il a été vu par plusieurs. Les princes des prêtres ne savent plus à quel parti s'arrêter. Le grand Conseil défend de prononcer le nom de CELUI qui a été crucifié. Pareil au troupeau effrayé, le peuple suit ses pasteurs accoutumés. Ceux-ci ne manquent pas d'assurer qu'ils ont bien agi. C'est comme un baume qu'ils versent sur leurs blessures. L'hypocrisie fleurit et produit des fruits de mort. Les sépulcres blanchis répandent au dehors la corruption qu'ils recèlent, et bientôt le corps du peuple tout entier est souillé et gangrené... Il est en train de devenir un cadavre, que se disputeront les aigles et les vers.

Pilate a disparu — il y a eu, après lui, d'autres gouverneurs plus capables. Le peuple juif s'en est aperçu à ses dépens. Il est en butte à la cruauté et au mépris. — Jusqu'à ce que la mesure soit comble. A ce moment l'insurrection éclate comme un incendie, et les passions haineuses se donnent libre carrière. Mais le pire ennemi de Jérusalem se trouve dans ses murs — c'est la furie de la discorde. Le peuple se déchire de ses propres mains. Pas de crime si affreux qui ne se commette de frère à frère. La dernière heure de la grande cité de David et de Salomon va sonner. L'ennemi, qui ne respire que la vengeance et la destruction va donner l'assaut à ses remparts. C'est la fin des troubles et des haines — mais une épouvantable fin !... Les horreurs de ce siège ne furent jamais égalées.

Une nuit de mort enveloppe la scène. Le drame historique est terminé. Mais demain, avec l'aube, une nouvelle représentation recommencera.

Il se faisait déjà tard quand j'entrai dans la ville. La catastrophe finale était proche. Les inimitiés avaient atteint leur faîte ; partout rampait la discorde, avec le désespoir. L'hypocrisie et la haine contre l'ennemi du dehors étaient les seuls liens qui pussent encore unir les masses frémissantes. Le mensonge, la trahison, l'impudicité, le meurtre, le parjure, en un mot, le mal sous toutes ses faces montrait son front qui ne sait pas rougir... Eh ! cependant, pour qui s'en rapportait aux seules apparences, c'était toujours la fière et noble ville d'autrefois.

Aussi superbe que jamais, la sainte montagne de Sion dressait ses remparts vers le ciel, et, sur le mont Moriah, le temple s'élevait dans sa splendeur que rien n'égalait. La piété, en longue robe flottante, errait par les rues, en faisant des prières d'apparat. Une foule de gens allaient et venaient dans les synagogues. Partout la dévotion voulait se faire voir. Parmi les inscriptions édifiantes qui ornaient les maisons, dans le but de prouver la sainteté toute particulière de leurs habitants, il en est une qui me frappa plus spécialement que les autres, parce qu'elle revenait plus souvent : « *Piété est profit.* »

Il semblait que le peuple courait après les deux choses à la fois, regardant la piété comme un moyen, et le profit comme un but, et pensant que, pour obtenir ce résultat, aucune habileté n'est trop grande.

Le cœur me battait haut dans la poitrine, quand je m'aventurai à travers les rues obstruées par la foule. Quoi ! c'était donc là Jérusalem ! Comme elle était différente de la ville que j'avais connue sur la terre, et combien, pourtant, elle avait de ressemblance avec elle. C'était bien toujours la même Jérusalem des anciens jours, celle que le Christ parcourait, en prêchant et en guérissant. — Le Sauveur! oui, à chaque pas que je faisais, sa pensée s'élevait dans mon esprit... Au point de me faire perdre jusqu'au souvenir de Lily. Oui, à coup sûr, il y a ici des hommes qui peuvent me parler de lui... Mais, tout d'abord, je veux suivre la route qui mène de Gabbatha au Golgotha... hélas ! avec d'autres sentiments que ceux qu'il m'aurait été possible d'éprouver sur la terre. J'avais besoin d'un guide. J'arrêtai le premier Juif que je rencontrai sur ma route. Mais il me repoussa d'un air rogue et dédaigneux.

Le second fit de même, et le troisième aussi. Plus tard je fus également bafoué, rien que pour avoir cité le nom de la *Via dolorosa* ; ils prirent sans doute cette appellation pour des mots latins, et ils crurent que j'étais un Romain. Tout d'abord, je m'imaginai que leur rudesse provenait tout simplement de leur haine contre l'étranger. Mais je ne tardai point à m'apercevoir que personne, dans la ville, ne savait quoi que ce fût à propos du Fils de Marie. Il était oublié — entièrement oublié. De faux prophètes étaient élevés à sa place, et on les avait écoutés.

Je n'avais plus qu'un parti à prendre : — essayer de trouver ma route par moi-même et sans guide.

Je me dirigeai vers le torrent de Cédron, et je trouvai bientôt, près du pont, la place où je m'étais reposé avec Lily. Je voulus m'y reposer encore... comme si, maintenant, le repos m'était encore permis. Je m'y arrêtai... c'est tout ce que je puis dire...

Je m'assis, silencieux et solitaire. Hélas ! que la joie était loin de mon cœur ! Ce n'était point que le souvenir de Lily fût chez moi plus réel et plus présent. Mais le désir et le regret étaient dix fois plus ardents. J'avais souhaité passionnément revoir les lieux saints, et ce pèlerinage fut pour moi la cause d'un vrai désappointement... Mais qu'importe ? Est-ce que la vie est désormais à mes yeux autre chose qu'une longue désillusion ! Jérusalem n'était plus qu'un tombeau ; abandonnée de l'Esprit, étrangère à Dieu, une proie livrée à la haine, un cadavre jeté au ver immortel ! Les esprits qui la hantaient n'étaient que les revenants d'un passé terrible, vivant au milieu des ruines dont eux-mêmes étaient les auteurs. Que pouvais-je trouver là qui fût capable de me donner l'ombre d'un plaisir ? Je n'étais venu en ces lieux que pour me convaincre que j'étais un damné comme ces anciens juifs... Il fallait être fou pour espérer autre chose. Mais nous n'apprenons rien par expérience. Sur la terre nous ne voulons ; en enfer, nous ne pouvons !

La mort dans l'âme, je revins sur mes pas jusqu'à la ville, et fus témoin de scènes émouvantes. Un nouveau gouverneur venait d'arriver — l'avant dernier de ceux que Rome devait déléguer près de ses vaincus, et il faisait dans la cité conquise une entrée solennelle. Je ne le voulus point voir !

. . . .

J'avais envie de me donner une idée d'une des villes les plus curieuses qu'il y ait en enfer, la ville des Politiciens. Je me dirigeai vers elle.

Je rencontrai sur ma route une étrange procession.

Imaginez-vous une machine tout à fait extraordinaire, traînée par une foule coiffée de bonnets rouges, et poussant des hurlements effroyables. Au sommet de la machine, un homme, assis sur un trône, portant avec une parfaite élégance le costume à la mode à Paris pendant le dernier siècle, la chevelure poudrée, coiffé d'ailleurs avec le plus grand soin, la cravate brodée, scrupuleusement blanche, la veste de velours à la fois riche et gracieuse, les manchettes de dentelle retombant sur des mains délicatement modelées, belles comme des mains de femme, la culotte de soie, les souliers ornés de boucles et de rubans. A le juger sur les apparences il était impossible de le prendre pour autre chose que pour un type d'homme raffiné et blasé... Eh ! bien, non ! cet homme était gorgé de sang, pire que Néron lui-même, et le char de triomphe sur lequel il passait n'était autre chose qu'une guillotine ambulante.

Avez-vous reconnu le personnage ?

Cette gracieuse image de la noblesse est toujours altérée de sang. Mais l'enfer n'a rien pour apaiser la soif — pas même du sang ! Il regarde toujours le cou des gens. Ses compliments se ressentent de ses préoccupations.

— Monsieur, dit-il, votre cou est fort joli.

Ou bien, encore :

— Madame, permettez-moi de vous faire compliment de votre nuque !

En disant cela il pense au couperet.

Suivi de ses créatures — une véritable escorte de bourreau — il aime à se promener dans la foule, qu'il regarde comme une vile matière pour ses expériences philanthropiques. Mais, en général, on le regarde, lui, comme un fou, dominé par une manie inoffensive. Il ne fait plus peur à personne, parce que l'on sait qu'il est désormais sans pouvoir. Il voudrait encore couper des têtes : il ne le peut plus, et c'est là son châtiment. Cependant, il a toujours un cercle d'amis et de courtisans, qui partagent sa manière de voir sur la corruption de la société et sur le besoin impérieux qu'elle a de se guérir par une révolution sanglante. Ils s'affligent de son désappointement, et, où que ce soit qu'il fixe sa chère guillotine, ils lui offrent gracieusement leur cou pour se faire décapiter. Vous comprenez que la chose se passe de façon à ne pas leur faire de mal — absolument comme dans les représentations des théâtres bien machinés. Mais leur bonne nature bien connue nous permet de croire qu'ils ne sont pas satisfaits... précisément parce qu'il n'y a pas de sang versé.

C'était un long voyage que j'avais entrepris là. Je rencontrai sur ma route une ville qui ressemblait à une véritable nécropole. Silencieuse et sombre, elle s'élevait au milieu d'une plaine lugubre. Ni portes ni fenêtres ne laissaient voir la vie à l'intérieur. Aucun bruit ; personne dans les rues. Pas un être vivant dans les environs. J'étais dans un étonnement profond, quand une âme errante vint me donner l'explication de cet étrange spectacle.

— Ceci, me dit-elle, était la ville de l'Inquisition.

Et il ajouta qu'un puissant roi d'Espagne, il n'y avait point fort longtemps de cela, avait fait son entrée solennelle dans cette ville, avec une suite nombreuse et une splendeur inouïe.

— Entrerai-je ou n'entrerai-je pas ? me demandai-je à moi-même.

Je conclus en me disant que là où Sa Majesté très Catholique était allée, moi, simple damné, je pouvais bien m'aventurer.

Arrivé à la porte, mes yeux tombèrent sur une affiche qui me fit frémir. Elle était ainsi conçue :

AUTODAFÉ

PARTICULIÈREMENT INTÉRESSANT

DANS LEQUEL

SA MAJESTÉ TRÈS CATHOLIQUE

PUISSANTE PROTECTRICE DE

LA SAINTE INQUISITION

A PROMIS GRACIEUSEMENT
D'ÊTRE BRULÉE VIVANTE

APRÈS D'EXQUISES ET ROYALES TORTURES

ET DANS LEQUEL AUSSI
SIX CENTS HÉRÉTIQUES SERVIRONT D'ESCORTE

A SA MAJESTÉ

NOUS ANNONÇONS LEUR PRÉSENCE
SUR L'ÉCHAFAUD

QUAND ELLE IRA AU FEU INFERNAL

CE SPECTACLE SUBLIME AURA
UNE MISE EN SCÈNE

D'UNE EXACTITUDE ABSOLUE

Ce sera à se croire en enfer !

Voilà une étrange annonce. Mais elle est certainement à sa place, au moment où la ville se prépare à fêter royalement cet infortuné monarque.

Entrerai-je ? J'hésitais encore. Je ne doutais pas que les choses ne prissent ici un caractère vraiment atroce ; mais, d'un autre côté, ce placard exerçait je ne sais quelle influence diabolique sur mon imagination.

« Il faut que je voie cela ! » me disais-je.

C'était donc la seconde ville sainte que j'avais l'honneur de visiter, et je dois reconnaître qu'il y a entre elles une véritable ressemblance. Ce que la cité déicide est pour les Juifs, la cité de l'Inquisition l'est à son tour pour les Chrétiens.

Au moment où j'y pénétrai, un frisson courut dans tout mon être. Les portes roulèrent automatiquement sur leurs gonds, en se refermant avec un gémissement que je dus prendre pour un présage. Chose étrange ! ces portes, à l'état ordinaire, sont ouvertes devant celui qui arrive comme l'ouverture béante d'un tombeau ; mais elles se referment d'elles-mêmes derrière vous quand vous les avez franchies. C'est une ville aux rues tortueuses, dont l'atmosphère respire la mort. Les maisons, très élevées, n'ont que de rares fenêtres, et ces fenêtres sont garnies de barres de fer, comme des fenêtres de prison. On dirait le séjour de l'horreur. De mystérieuses figures glissent à travers les passages sombres, enveloppées dans de longues robes, avec des capuchons sur leurs têtes, et deux trous ronds à la hauteur des yeux. Sont-ce des morts, sortis du tombeau ? Çà et là je rencontre une procession, tantôt d'affreux pénitents, offrant les plus horribles échantillons du fanatisme qui se déchire lui-même, tantôt de dévôts plus affreux encore, accompagnant les condamnés jusqu'au lieu du supplice, pour les assister au moment de leur agonie publique. Pompe et vanité ! La seule chose qui apporte un peu de vie dans la stagnation ordinaire de la cité maudite, c'est un *Autodafé*.

Tous les habitants de la ville, depuis le premier jusqu'au dernier, ont été des familiers de l'Inquisition. Si on ne l'a pas été il faut du moins en avoir la réputation. C'était précisément mon cas particulier.

A vrai dire, cette ville est un tombeau qui renferme un terrible mystère ; car personne ne sait qui va être, en vertu du verdict d'un tribunal secret, livré le premier aux plus horribles tortures. Personne n'est en sûreté ; pas même ceux qui occupent

les plus hautes situations dans la communauté —
pas même les plus ardents sectaires de cette église
fanatique... pas même les membres du tribunal.
Celui qui vient de condamner son voisin à des tortures aussi raffinées qu'elles sont cruelles, peut être
le premier à les souffrir à son tour. Un juste retour
les attend, les uns après les autres, secrètement et
promptement. Ils sont arrachés de la retraite où
ils se cachent, et amenés à la barre. On leur or-
donne de rendre compte de leur foi, ce qu'ils sont
absolument incapables de faire. Ici, hélas ! personne ne le pourrait. Ils sont jugés en conséquence...
et notez ceci, c'est que ceux qui les condamnent
n'en savent pas davantage.

Maintenant, au supplice ! Pas de cruautés, pas
d'horreurs, inventées jadis pour obéir aux ordres de
l'Inquisition, qui ne soient connues ici, et appli-
quées dans toutes leurs rigueurs. Je sais bien que
les victimes sont de purs esprits. Mais l'imagination
est pour elles l'instrument de leurs propres tortures.
Jadis, sur la terre, ils tourmentaient la misérable
humanité ; maintenant ils se tourmentent eux-
mêmes, étant tour à tour juges et patients. Ils sortent du bûcher et ils y rentrent. Mais, bien que ce
feu n'ait pas de flammes ; bien que ces misérables

soient incapables de brûler, ils n'en subissent pas moins cette exaspérante agonie de la mort à petit feu, sur un bûcher qui se consume lentement.

La fin de tout cela c'est une impression d'horreur que la parole ne peut rendre. Ici les âmes ne vivent pas : elles tremblent et frémissent. Moi-même je partageais cette sensation générale, bien que j'essayasse de m'y soustraire, en me disant à moi-même que jamais, d'aucune façon, ni à aucun degré, directement ni indirectement, je n'avais pris part à une persécution religieuse. Mais peu importe ! depuis que j'étais là, je participais au désespoir de la même damnation que les autres.

Que le silence paraissait donc terrible en ce moment. C'était le calme qui précède la tempête. La ville de l'Inquisition allait atteindre le maximum d'intensité de son existence. Il était évident que l'Autodafé allait avoir lieu. De chaque maison sortaient silencieusement des figures masquées, suivant toutes la même direction. Je n'avais qu'à les accompagner pour être certain d'atteindre le lieu même de la scène. Mais je me rappelai ce qui s'était passé avec Sa Majesté Catholique et les six cents hérétiques, livrés aux flammes, et j'éprouvais une invincible horreur. Je ne pouvais pas — je n'osais pas

— être le témoin d'un tel spectacle. Je me détournai et je m'enfuis, comme si j'avais eu la mort à mes trousses, sous la forme de la sainte Hermandade. J'eus le bonheur de pouvoir m'échapper de la ville. De grosses gouttes de sueur froide coulaient sur mon front, et mes genoux s'entrechoquaient de terreur. Lorsque les terribles portes se furent refermées derrière moi, je tombai dans un long évanouissement.

XXVIII

Quand on parle de constructions gigantesques, dans le langage de la terre, cela s'applique aux pyramides d'Égypte, aux grands ouvrages de Babylone et de Ninive, ou, pour arriver à une date plus récente, à la fameuse muraille de la Chine. Je n'ai vu aucune de ces merveilles, et je ne connais pas leurs ruines ; mais j'ose affirmer que leur importance se réduit à rien quand on les compare à l'immense bâtiment qui s'élève ici sous le nom de ville des Politiciens. Et cette construction s'achève en un seul jour, — je veux dire dans l'espace qui s'étend d'une nuit infernale à l'autre -- mais suis-je fondé à donner le nom de jour à ce laps de temps, quand cela peut-être un mois ou une année. Quand, ici, je me sers du mot de ville, c'est un terme inexact que j'emploie. Car, bien que l'endroit soit habité par une foule de gens, la construction ne forme qu'une seule masse, à laquelle on ajoute sans cesse, et qui n'est jamais achevée. Entre un matin et un soir, elle atteint ses dimensions colossales, pour s'affaisser tout à coup et ne plus former qu'un monceau de ruines. La nuit met un terme à l'ouvrage, fatalement anéanti, mais que l'on recommencera à l'aube suivante. Seules les fondations restent, et servent à ces constructions successives. Ce sont elles, à coup sûr, qui sont la cause de ces continuels renversements, elles s'étendent sur un trop grand espace pour avoir une solidité suffisante. Qui est-ce qui les a établies ? C'est un mystère. Quelques-uns s'imaginent pourtant que c'est Satan lui-même.

Quoi qu'il en soit, ces fondations durent depuis des siècles, et survivent à la destruction de tous les édifices élevés successivement sur elles. Il y a des passages dans toutes les directions, et des souterrains, pareils à des catacombes, où demeurent les ouvriers.

C'est sur cette base que s'élève la cité. Les hommes d'État qui se trouvent dans les enfers en sont les maîtres-maçons. Les ouvriers ne leur manquent pas : il y en a ici des millions. L'enfer s'en débarrasse en les envoyant dans ces parages. Semblables aux abeilles, ils apportent avec eux les matériaux qu'ils emploient, et, comme ces insectes, ils travaillent ensemble en vertu d'un instinct commun à tous.

Vous avez entendu dire de tel ou tel homme que sa conscience a été changée en pierre; ceci n'est pas une simple manière de parler : l'expression cache une vérité — et une vérité terrible. C'est une affreuse chose, mon ami, que d'avoir une pierre là où l'on devrait avoir une conscience. Chaque tromperie, chaque injustice, chaque action impitoyable et dure, contribuent à pétrifier notre conscience, et le cœur de certaines gens est tellement engourdi que tous les sentiments de justice en ont disparu,... — vous n'y trouverez plus que des pierres... Pas un de ceux qui viennent ici ne sont délivrés de ces poids morts... et, pour quelques-uns, le poids est tellement lourd que l'on a le droit de s'étonner qu'ils puissent vivre avec lui. Eh ! bien, c'est avec ces pierres-là que l'on a bâti la ville des Politiciens. Il y a certaines âmes dont la seule occupation est d'essayer de se délivrer de cette pétrification qui les accable. Effort inutile. On a beau ajouter pierre sur pierre à l'édifice qui monte toujours, on ne parvient point à changer les cœurs de pierre ! On ne peut savoir cela que par expérience ; mais quelques-uns sont tellement chargés d'injustice, et si désireux de s'en débarrasser qu'aucune expérience n'est capable de les convaincre.

Les corniches et les pierres angulaires sont fournies par les maîtres-maçons, qui furent jadis des hommes d'État distingués. On ne voit pas sans étonnement le poids auquel peuvent s'élever leurs mauvaises actions. Il faut en avoir été le témoin pour être à même de se rendre compte de leurs injustices, de leurs violences et de leurs trahisons, pendant le cours de leur vie terrestre. C'est parmi eux que l'on trouvera les plus grands scélérats que le monde ait jamais produits. Personne — pas même les rois — ne peut se donner pour faire le mal une plus libre carrière que les hommes d'État. On peut naître héritier d'une couronne sans avoir rien fait pour cela. Mais on ne devient pas homme d'État sans avoir librement consenti à remplir les fonctions de directeurs des peuples. Ils savent à quoi ils s'engagent, et ils sont sans excuse. Le bien-être d'innombrables créatures dépend d'eux absolument. Ils ont le bien et le mal dans leurs mains. Comment ont-ils usé de ce pouvoir ? Parcourez l'histoire du passé; étudiez les événements contemporains. Ils semblent croire, ces hommes, que l'intérêt de leurs vues politiques justifie tout le mal qu'il leur plaît de commettre. La justice ? pour eux ce n'est qu'un mot vide de sens. Le bonheur des nations ? peu de chose vraiment, en face de la raison d'État. Ils se croient au-dessus des lois humaines et divines, et s'imaginent que, si Dieu les juge, il a pour eux d'autres poids et d'autres mesures que pour nous! Du reste, la perversité du monde est si grande, qu'il se laisse lui-même éblouir par l'éclat de leurs succès, et qu'il donne le titre de grand à celui d'entre eux qui dépasse les autres en perfidie. — C'est ce que l'on appelle là-haut de la diplomatie — mais, ici, nous donnons aux choses leurs véritables noms.

La principale fonction des maîtres-maçons, dans la cité des Politiciens, consiste à bien disposer la quantité énorme de matériaux qu'ils ont apportée, ou dont les autres leur ont fait l'abandon. Ceci ne laisse point que d'offrir de réelles difficultés, car chacun de ces anciens hommes d'État a son plan qu'il désire naturellement mettre à exécution. Vous n'en trouverez pas deux qui soient d'accord, quand même ils travailleraient à côté l'un de l'autre. Mais ils sont quelquefois séparés par des centaines de milles. Voyez alors quelle doit être la circonférence de la ville, et tâchez de vous faire une idée de ces hommes politiques, les uns ici, les autres là, bâtissant séparément, sans se préoccuper de leurs collègues. C'est cette raison qui fait que l'*État* n'est jamais achevé. Je dis l'État, car l'idée cachée de tous ces politiciens est, en effet, de former un État, et, quand il sera terminé, de choisir un roi. Une foule de souverains sans royaume errent tout à l'entour de la ville, tout pleins de l'anxieux désir d'être élus.

Nos Politiciens ont bien le sentiment des difficultés que présente leur entreprise; ils sont sans cesse occupés à envoyer des dépêches dans toutes les directions, tantôt flattant, tantôt menaçant, selon les craintes ou les espérances du moment. Leurs ambassadeurs sont toujours en route, pour se rendre d'un endroit à l'autre; mais la diplomatie n'aboutit à rien, et il ne reste plus qu'un parti à prendre : réunir un congrès. Une dernière difficulté les embarrasse. Il n'y a point de terrain neutre dans la cité des Politiciens; on fait donc choix, pour lieu de réunion, d'une certaine île boueuse, située sur la rivière noire qui coule aux pieds de la ville. On ne peut s'y rendre qu'à la nage, et l'on se figure que nos diplomates doivent craindre de voir leur auguste personne touchée par cette eau fangeuse.

Loin de là ! ils l'aiment. — Vous vous rappelez que cette rivière noire est alimentée par le reflux des injustices et des mensonges qui, de la terre, débordent jusqu'ici. C'est un curieux spectacle que leurs ébats dans ces horribles eaux. On s'aperçoit vite qu'ils sont là dans leur véritable élément. Pareils à une troupe d'écoliers dans la mare d'un moulin, ils s'y jouent avec une sorte de volupté.

Mais ils n'ont pas plus tôt repris terre qu'ils retrouvent aussitôt leur dignité d'hommes d'État. Le congrès est inauguré avec la solennité voulue. Chaque plénipotentiaire trouve sa place, et se case adroitement. Tous conviennent avec une suavité de paroles absolument remarquable qu'il faut en arriver à un plan d'action en commun. Mais l'unanimité ne va pas plus loin : d'innombrables propositions sont faites et rejetées ; une jalousie mutuelle rendant tout accord impossible. Une seule proposition est agréée. Que chaque diplomate travaille à part, mais avec la pensée d'atteindre le but que tous se proposent. On conçoit de grandes espé rances ; mais le résultat final est tout simplement ridicule. Le plan général n'est autre chose qu'un monstrueux assemblage de propositions hétérogènes ; mais personne ne veut abandonner la position qu'il a prise, et tout se termine par un désarroi universel. C'est en vain que l'on prononce les discours les plus saisissants sur les incomparables bienfaits de la simple honnêteté en politique ; sur la pondération des pouvoirs, sans laquelle on aurait à craindre et les plus grandes révolutions et les plus inextricables complications ; sur les lois éternelles qui dérivent de la nature des choses ; sur la haute civilisation à laquelle est parvenu notre dix-neuvième siècle, et qui peut seule résoudre toutes les questions sociales ; enfin, sur les principes dont on ne saurait s'écarter, même en enfer, et sur les droits sacrés qu'il faut maintenir à tout prix. Dans aucun parlement sur la terre on ne fait une plus grande dépense d'éloquence ampoulée que dans cette réunion d'ex-politiciens aux enfers. Mais on n'aboutit à rien — et il ne reste plus qu'une seule chose à faire — dissoudre le congrès.

Cependant, avant de se séparer, on échange de mutuelles et menteuses félicitations ; on se promet un appui réciproque pour l'aplanissement de toutes les difficultés qui pourront se présenter. On déclare que le congrès a réussi ; on sonne des fanfares ; on chante des *Te Deum*, en l'honneur de la sagacité déployée par les mandataires en qui les nations ont placé leur confiance — ce qui n'empêche pas qu'en retraversant le fleuve noir, messieurs les plénipotentiaires ne se jettent réciproquement ses eaux bourbeuses à la tête.

Cependant l'édifice se poursuit. Le temps passe. Il y a longtemps que l'on n'a vu le rayonnement de la lumière paradisiaque ; le jour va s'éteindre — et ils bâtissent, et ils bâtissent toujours, en se servant, comme matériaux, de leurs cœurs et de leurs consciences de pierre. La construction ne cesse de monter, masse informe — et, plus elle s'élève, et plus il devient évident qu'elle ne peut tenir debout. Ils viennent de terminer la coupole qui lui sert de couronnement, quand tout s'écroule avec un fracas de tonnerre, qui va retentir jusque dans les plus lointaines profondeurs de l'enfer. Chaque pierre retourne à son propriétaire, qui l'accueille avec des cris de désespoir, allant se confondre dans un gémissement universel. Rien ne subsiste plus que les gigantesques fondations ; les ouvriers du bâtiment se sont enfuis avec horreur, laissant les misérables rois accablés sous le poids de leurs malheurs, comme autrefois Marius s'affaissait sur les ruines de Carthage. Il est nuit. Le silence de la mort et les terreurs de l'obscurité, troublés de temps en temps par les sanglots des monarques, pèsent sur l'enfer, lourdement.

XXIX

La lumière s'est évanouie : mes pensées errantes retournent vers Lily. Je n'ai pas d'autre chance de retrouver un semblant de paix.

Avec quelle douceur elle lutta contre le mal, tant qu'elle fut capable de le faire... Quelle patience et quel courage, quand il s'agissait de calmer nos craintes.

A la fin, elle-même ne connut plus le repos. Nous songeâmes à retourner en Europe, aussi vite que nous le pourrions. Mais elle désira revoir Bethléhem ; nous ne pouvions refuser. Le voyage s'accomplit avec toutes les précautions possibles Nous étions effrayés, en arrivant au but, des conséquences qu'il pourrait avoir pour elle, bien qu'elle nous assurât qu'elle se sentait bien, et qu'elle n'avait besoin que de repos.

Elle passait de longues heures étendue sur une étroite terrasse, le long du mur du couvent, abritée contre le soleil par une petite tente que j'avais dressée là ; je ne la quittais plus ; je m'asseyais près d'elle, et me sentais triste jusqu'à la mort. Ce fut là que, faisant un courageux effort pour être capable d'aller jusqu'au bout, elle me raconta une histoire pour la dernière fois... Oh ! sa dernière histoire ! ce ne fut pas son effort qui l'épuisa... Son sourire heureux et la douce cadence de sa voix me le disaient assez — ce fut la mort elle-même qui l'interrompit.

« C'était l'aube d'un beau jour, dit Lily ; déjà les nuages qui voilaient les hautes cimes, entre Jérusalem et le mont des Oliviers, s'effaçaient devant le jour renaissant. L'apôtre Jacques — celui que l'on appelait le juste, et le frère du Seigneur — descendait vers la ville. Il avait passé la nuit sur la montagne, en communication avec Dieu, comme le maître lui-même avait coutume de le faire. Il aimait le site vénéré où Jésus avait subi les transes de l'agonie.

L'apôtre rentrait en son logis ; mais en quittant le jardin des Oliviers, il s'arrêta un moment sur le penchant de la colline, d'où il dominait le paysage étendu à ses pieds. Le soleil allait se lever ; un vent frais dispersait les vapeurs roulantes. Le jardin de Gethsémani était là tout près ; en bas murmurait le torrent de Cédron. En face s'élevait la cité royale — le temple superbe étincelait dans la lumière — ce temple dont il ne devait bientôt plus rester pierre sur pierre !

Jacques espérait, car il aimait son peuple, que ce spectacle terrible lui serait épargné. Un pressentiment solennel l'avertissait qu'avant cela il aurait parcouru sa carrière et obtenu la palme — pressentiment heureux, car, plus encore que sa ville et son peuple, il aimait son Dieu, et sa présence pour toujours était à ses yeux le comble du bonheur.

Tout à coup, une femme vint à lui, jeune et belle, mais éperdue de douleur. Des larmes brûlantes coulaient le long de ses joues, et elle tordait ses mains désespérée. Tombant aux pieds de l'apôtre, elle implora sa pitié. Elle n'avait que dix-sept ans et elle était mariée. Son mari, abattu par une fièvre dévorante, allait mourir. Ils étaient très pauvres : les médecins ne pouvaient rien pour lui... — Il allait mourir !... et ils s'aimaient tant tous deux !

L'apôtre la regarda en silence, comme s'il eût

voulu lire jusqu'au fond de son âme. Il la reconnaissait, car elle avait été près de lui bien des fois, pendant qu'il annonçait la bonne nouvelle de la grâce. Mais la foi n'avait pas encore pris racine dans son cœur ; elle avait toujours de l'attachement pour le monde, et un trop grand amour d'elle-même. Il lui semblait dur de renoncer aux joies de la terre, quand elle était encore dans la fleur de sa jeunesse. Le Saint Vieillard la regardait toujours — mais il ne parlait point. Elle sentit le pouvoir de ce regard, et elle en fut troublée. Car il y avait, dans l'œil de l'apôtre, tout à la fois de la tendresse, et un je ne sais quoi de majestueux et de solennel, et ce pouvoir sur les âmes, qui vient de Dieu seul... Enfin, il parla :

— Femme, aimes-tu vraiment ton mari ?

— Oui, mon père ! de tout mon cœur ! répondit-elle d'une voix qui tremblait...

— L'aimes-tu autant que toi-même ?

— Oh ! cent fois plus, s'écria-t-elle, avec des sanglots dans la voix.

— Bien, ma fille ! alors, il y a un moyen de sauver les jours de ton mari. Tu le trouveras peut-être dur... mais souviens-toi que c'est le seul... Quitte la maison, et va demander la charité pour lui !

— Hélas ! mon père, comment des aumônes pourront-elles sauver sa vie ?

— Ce ne sont point des aumônes d'argent que tu demanderas pour lui, mais des aumônes de temps. Tous les jours, ou toutes les portions de jour que les gens de cœur te feront la charité de te céder en les prenant sur leur propre vie, seront ajoutés à la vie de ton mari.

La veuve désolée songea en elle-même qu'il y avait encore des gens charitables de par le monde ; que la plupart des hommes tenaient moins à leur temps qu'à leur argent, et que ces adorateurs de Mammon, dieu des richesses, ne laissaient point que de perdre bien des jours inutiles. Elle remercia l'apôtre, et, faisant appel à son courage, elle se mit en route.

Elle s'en alla donc à travers Jérusalem, racontant son histoire de porte en porte, avec d'humbles supplications, parlant de son mari malade qu'elle aimait, et du serviteur de Dieu, qui lui avait dit de s'adresser à la pitié des hommes charitables.

— Miséricorde ! s'écriait-elle ; ne me laissez pas vous invoquer en vain ! donnez-moi un jour ! rien qu'un jour chacun, et Dieu vous bénira à jamais !

Prières inutiles et désespérées !... Les uns se moquaient d'elle, et lui demandaient si elle était bien dans son bon sens. Les autres la repoussaient rudement ; ne lui pardonnant pas de vouloir leur suggérer de telles idées... D'autres déclaraient que c'était là une bonne plaisanterie... mais qu'ils ne voulaient point s'en mêler. Il s'en rencontrait, cependant, un petit nombre qui admettait bien l'efficacité du remède, mais qui n'en voulait point faire les frais... Leur propre vie, disaient-ils, était assez précaire déjà. Ils avaient beaucoup à faire pour mettre ordre à leurs affaires de famille, et ils seraient impardonnables vraiment s'ils prenaient sur le temps précieux qu'ils avaient à vivre...

Mais, chose étrange ! les gens qui étaient connus pour perdre leur temps avec le plus d'insouciance étaient précisément ceux qui étaient le moins disposés à céder la plus légère parcelle de leur vie... La pauvre jeune femme, le cœur brisé, sous le coup des indignes réponses...

Lily n'alla pas plus loin... Un accès du mal brisa le fil de son histoire... et bientôt celui de sa vie... Elle ne revint point à elle... Elle n'avait plus la force de vivre... La lampe jetait ses derniers éclats, pour tomber à jamais dans l'éternelle obscurité.

Les années ont passé... Quinze hivers ont neigé sur ma tête. Je n'étais plus jeune... parfois je me rappelais l'histoire interrompue de Lily... Un jour, sous l'empire d'une émotion tendre, je pris sur moi de la raconter à un ami qui la trouva si admirable qu'il eût voulu la connaître tout entière.

Donc, au bout de quinze ans que je n'avais guère employés de façon à me rendre digne de celle que j'avais perdue, un fragment de journal me tomba dans les mains. Quelle ne fut pas ma stupéfaction en voyant ce titre : *La Mendiante*, légende de Jérusalem.

Était-ce l'histoire commencée par Lily ? Oui, en vérité, et l'on ne pouvait pas lui supposer une autre fin.

Cette suite de la légende, la voici :

La jeune femme se présenta à la porte d'un riche changeur. Celui-ci, ayant appris son infortune, trouva, après un instant de réflexion attentive, qu'il y avait là matière à une spéculation très possible. Le moribond devait avoir de l'argent, et se trouver disposé à payer un bon prix le temps qu'on lui vendrait. Combien pour un jour, pour un mois, pour une année ? Hélas ! la pauvre femme dut renoncer à ses espérances de ce côté-là : son mari était pauvre,... très pauvre!

Elle continua sa route, et rencontra un centurion romain. Il était peu probable que ce païen aurait un cœur pour elle — une Juive ! — mais il paraissait avoir une bonne nature d'homme ; elle devait tenter !

Le centurion la comprit certainement mieux qu'elle ne l'avait espéré, car, s'il n'avait pas la foi, il était, du moins, assez superstitieux pour être crédule.

— Ma pauvre enfant, dit-il, en caressant sa barbe grise, je serais charmé de venir à ton secours... Mais, tu vois, ma vie est tellement livrée au hasard que je ne sais pas si j'ai le droit de l'appeler mienne. Je peux être tué demain, et, par Jupiter, ce serait mal à moi de te donner ce que je ne suis pas certain d'avoir... Je ne sais même pas si ce ne serait point voler César, car c'est à lui que ma vie appartient : il l'a achetée ! Je n'en prends pas moins part à ta peine. Veux-tu un peu d'argent ?

L'argent n'était pas ce que souhaitait la pauvre créature. — Elle le dit avec tant de tristesse que le centurion passa son chemin, triste lui-même !

Elle aborda ensuite un homme dans les affaires.

C'était le propriétaire d'un établissement de menuiserie, qui employait des centaines d'ouvriers. — C'était aussi un des dix lépreux que le Seigneur avait guéris, et dont un seul était revenu pour rendre grâce à Dieu... Mais ce n'était pas celui-là ! La femme s'adressa à lui avec les mêmes paroles pleines d'humilité dont lui-même s'était servi pour appeler le Fils de Dieu à son secours.

« Seigneur ayez pitié de nous ! »

Mais lui ne connaissait pas la pitié, et se tournant vers l'atelier en plein travail, il répondit :

— Femme, vois tout cet ouvrage entrain ! Je ne puis suffire aux commandes, et tu veux que je te donne quelque chose du peu de temps dont je dispose. Demande-moi plutôt tout autre chose.

Mais elle continua à l'importuner :

— O maître, par l'amour du Seigneur, Fils de Marie, qui eut pitié de vous, ayez pitié de moi, et de mon mari.

L'homme ne s'attendait point à ce qu'on lui rappelât ce souvenir. Il rougit et pâlit tour à tour, mais cette réponse lui vint aussitôt à la bouche :

— Puisque vous connaissez cette histoire, vous

avez deux fois tort de m'adresser une telle requête. Ne comprenez-vous point que ma vie est beaucoup plus courte que celle des autres, puisque je puis dire que je n'ai véritablement vécu que du jour où j'ai été guéri... c'est trop attendre de moi que de s'imaginer que je vais abréger encore une vie abrégée déjà. Va-t'en, femme, le temps est trop précieux pour le perdre davantage en paroles !

La pauvre femme s'éloigna de l'atelier, et se trouva bientôt dans le voisinage du temple. Bien qu'elle fût accablée de chagrin, elle n'oublia pas de jeter son obole dans le tronc des pauvres. A ce moment, elle aperçut un prêtre, lequel, ses devoirs accomplis, sortait de la maison du Seigneur.

Elle lui adressa aussi sa supplique :

— Dieu d'Abraham, s'écria-t-il, en rangeant autour de lui son vêtement, dont elle essayait doucement de baiser le bord, Dieu d'Abraham, d'Isaac et de Jacob, entends cette femme ! Est-ce que c'est moi qui dois être victime de sa folle demande ? mais c'est de la sorcellerie, cela ?

— Je ne suis ni sorcière ni folle ! répliqua-t-elle, avec humilité ; je ne suis que malheureuse !

— Oui ! c'est de la sorcellerie, répète le prêtre, en lui jetant un dédaigneux coup d'œil ; mais, prenez garde ! on va vous faire conduire dans la synagogue pour vous lapider !

Elle alla ensuite chez un Syrien de haute naissance, apparenté avec des princes, qui était venu à Jérusalem pour y jouir de la vie. Et il en avait joui, en effet, vidant jusqu'à la dernière goutte la coupe du plaisir. Arrivé à la satiété, après avoir satisfait tous ses désirs, il ne savait plus quoi faire de son temps.

La suppliante fut admise près de lui.

A travers une cour intérieure, véritable paradis, où des statues de marbre blanc brillaient au milieu du sombre feuillage des arbustes ; où le chant des oiseaux accompagnait comme un chœur le murmure des fontaines ; où des parterres de fleurs embaumaient l'air de leurs parfums ; à travers des salles à colonnes, tendues de la pourpre syrienne, enrichies d'or et d'ivoire, ayant pour parquet des mosaïques romaines, et dont les portes étaient ouvertes et fermées par des esclaves en costumes superbes, elle atteignit enfin la pièce où le maître de toutes ces richesses se livrait, après les délices du bain, aux délices du repos. Elle le trouva étendu sur sa couche, les yeux à demi fermés. Une esclave abyssinienne, noire comme la nuit, rafraîchissait l'air autour de sa tête, avec un éventail en plumes de paon, tandis qu'une jeune Grecque, belle comme le jour, caressait doucement la plante de ses pieds. Ces deux femmes étaient vraiment belles, chacune dans son genre ; mais leur beauté n'était pas ce qui occupait l'infortunée créature. Elle comprenait cependant que, tenant le milieu entre la Grecque et l'Abyssinienne, elle réunissait dans sa personne la beauté du jour et de la nuit, avec sa complexion chaude et ses yeux brillants, — et que les charmes de ces femmes pâlissaient devant les siens, comme les étoiles s'éclipsent devant la lune.

— Femme, dit le jeune homme d'une voix languissante, il est vrai que je tiens peu à la vie. A tout prendre, ce n'est qu'une misérable farce, la vie ! Pourquoi vous offrirai-je une chose qui me semble lourde à moi-même ? Je n'en vois vraiment pas la raison. Serait-ce par philanthropie ? Allons donc ! Le mot d'ordre du monde, c'est donner et recevoir ! Eh ! bien, en fait de plaisir et d'amusement, que pouvez-vous me donner, que je n'aie déjà goûté dans sa plénitude ? Va-t'en donc, et laisse-moi à moi-même.

La pauvre femme quitta la maison du Syrien, en versant des larmes amères.

Mais elle s'était chargée d'une mission sacrée, et elle ne voulait pas l'abandonner... Non, pas encore ! Il y avait à Jérusalem un ancien gouverneur qui vivait maintenant pour son plaisir, mais qui invitait litéralement les autres à se divertir avec lui. Pour lui, d'ailleurs, vivre c'était jouir. Enlevez le plaisir de ce monde, et, à ses yeux, le monde n'existait plus. Il avait connu, cependant, de plus nobles efforts ; jeune homme il avait observé les commandements, et il s'était montré soucieux de l'autre vie. C'était ce même personnage qui était venu à Jésus, lui disant :

« J'ai acquis toutes ces choses... qu'est-ce qui me manque encore ? »

Mais celui qu'il appelait le Bon Maître lui dit : « Si tu veux être parfait, cours vendre ce que tu as, et donne-le aux pauvres, et tu me suivras, et tu auras un trésor dans le ciel ! »

Mais ce n'était pas cela que le jeune homme attendait, car il avait de grands biens.

Ce fut là un moment fatal dans sa vie, car, à partir de ce moment, il cessa de croire à l'héritage que l'on recueille de l'autre côté du tombeau, et il alla rejoindre les Saducéens qui nient la résurrection, et il devint un de leurs plus zélés sectateurs. La pauvre femme ne pouvait plus mal s'adresser qu'à un tel homme. Aussi ce fut avec un souverain mépris qu'il lui répondit :

— La demande est aussi folle qu'insolente. Je n'ai que cette vie, et tu t'imagines que je veux être assez ou pour l'abréger à ton profit ! Sache donc bien qu'un seul jour de mon existence ne serait pas assez payé par toutes les perles d'Ophir... Tu t'es trompée, ma belle enfant, c'est aux Pharisiens que tu devais t'adresser.

Pendant deux pleines journées elle continua à mendier de maison en maison, parcourant toutes les rues de Jérusalem ; mais elle n'obtint que de mauvaises réponses, et parfois des injures.

A la fin du second jour, cédant au désespoir, elle se laissa tomber à terre, près de la porte de Damas, accablée par le chagrin, fatiguée à en mourir. Elle y demeura quelque temps, accablée par le sentiment de son malheur... Mais tout à coup la source des larmes se tarit chez elle, et un sourire, pareil à un rayon de soleil, éclaira sa face, ternie par la douleur. A présent, la fatigue n'était plus rien pour elle. Elle se leva vivement, et alla trouver l'apôtre.

— Eh ! bien, ma fille, lui dit celui-ci, avec une

sympathie pleine de tendresse, avez-vous réussi ?

— Hélas ! mon père, répondit-elle, les hommes ne connaissent plus la pitié ; le monde est méchant, et ses coupables désirs ne sont que de l'égoïsme.

— Vous avez raison, mon enfant, Dieu seul est compatissant.

— Oui, mon père ! aussi c'est à lui que je veux aller ! Personne ne voudra me donner un seul jour, et c'est de beaucoup de jours que j'aurais besoin pour rendre mon mari à mon amour. J'étais presque désespérée, quand, tout à coup, je me suis souvenue que j'avais une vie devant moi... et une longue vie, si j'en juge d'après ma jeunesse. Dis-moi, homme de Dieu, ce que je n'ai pu obtenir en détail de ces hommes au cœur dur, ne puis-je le donner, en le prenant tout entier dans le trésor de mes jours ? Mon mari, c'était la moitié de ma vie... cette moitié de ma vie qu'il la prenne donc ! qu'ensemble nous vivions et que nous mourions ensemble ? Mais s'il ne peut en être ainsi, eh ! bien, qu'il prenne tout ! Oui, que je meure, mais qu'il vive !

Et pendant qu'elle suppliait ainsi, de belles larmes coulaient doucement sur son joli visage... Mais, d'une main qui bénissait, l'apôtre toucha sa tête, et, profondément ému :

— Ma fille, lui dit-il, réjouis-toi! tu as trouvé grâce aux yeux du Seigneur ; va en paix... ton mari t'est rendu, et vous vivrez longtemps ensemble ! »

Voilà l'histoire — la dernière histoire de Lily. Ne me demandez pas de vous décrire l'impression qu'elle produisit sur moi. Il me sembla que c'était Lily qui me parlait, d'un autre monde. Mes larmes tombèrent sur la page, et je baissai la tête, me désolant — moins encore pour Lily que pour moi.

En ce moment, j'étais bien certain d'une chose : c'est que, si on me l'avait permis, j'aurais été heureux de lui donner la moitié de ma vie pour passer l'autre avec elle... Ah ! malgré mon égoïsme, c'est toute ma vie que j'aurais voulu donner pour sauver la sienne... car je l'aimais véritablement... Mais cette histoire, à quoi donc m'a-t-elle servi — si ce n'est à me tirer des larmes — quelques larmes que j'avais honte de montrer . . . .

. . . .

J'essaie de terminer cette lettre, avec le peu de lumière qui me reste... Je tremble, oui je tremble, à l'approche de l'obscurité que je vois approcher... Cette crainte vient, je le suppose, de la pensée qu'une de ces nuits — je ne sais pas laquelle — sera suivie du jour du jugement — terrible nuit qui nous amènera un jour plus terrible encore, celui où le Fils de l'homme apparaîtra, marchant sur les nuées du ciel.

Perdu ! quel effroyable mot, quand il comprend toutes les horreurs de l'enfer. Suis-je perdu — perdu pour toujours ?... Non ! pas encore ! une voix intérieure me dit que ma destinée éternelle n'est pas définitivement arrêtée ! Me reste-t-il encore quelque espoir ? Puis-je être sauvé ? Je ne saurais le dire ! Le *oui* et le *non* sont au-dessus de ma portée. Quelquefois, je fais un effort, et je cherche le moyen de me rattacher à une espérance — si faible qu'elle soit. Mais cette espérance me traverse l'âme comme une lueur d'éclair, et je suis absolument incapable de la saisir. Parfois, après de longues périodes de cruelles souffrances, une paix profonde descend sur moi... Osè-je penser que cette paix bienfaisante m'apporte le salut.

Hélas ! elle s'est évanouie déjà, et je doute même de l'avoir jamais goûtée.

... Je sais bien que ce n'est pas là un sujet de conversation qui soit de mise en enfer — mais j'ai peine à m'empêcher de demander s'il n'est point possible que ces terribles souffrances soient pour nos âmes, comme une préparation et une expiation ; si, à l'heure du grand jugement, il ne leur sera pas permis de voler vers le Sauveur, et de s'attacher à ses pieds en implorant sa miséricorde et son pardon... S'il en était ainsi... même dans des milliers et des millions d'années, une telle espérance ne nous serait-elle point infiniment précieuse. Ah ! comme je souffrirais volontiers, si longues que soient mes souffrances... s'il m'était donné d'entrevoir le salut final, le soleil éternel.

Lily ! Ah ! je sais qu'elle m'aime avec une tendresse céleste. Si le pouvoir de l'amour, ce merveilleux mystère, est autre chose qu'une fable, un lien existe encore entre moi et la vie... et ce lien — je connais ma Lily — ne sera jamais brisé — mais un lien qui ne peut ni être brisé ni amener l'union des deux êtres qui s'aiment, est-il susceptible d'exister à la face du ciel ?

Et, d'un autre côté, Lily pourrait-elle être heureuse, pourrait-elle jouir sans moi des joies du salut ? Pourrait-elle être heureuse de vivre, moi étant perdu ? Dieu lui refusera-t-il celui qu'elle aimait tant sur la terre, celui que, même dans le ciel, elle aime plus que tout, Dieu excepté ? Je ne puis pas le croire ! Il me reste donc une espérance —

une espérance dont Lily est le nœud et la force ; non point parce qu'elle a le pouvoir de me sauver ; mais parce qu'elle a été choisie pour me conduire aux pieds du Sauveur. Sans doute il lui sera donné de le faire dans un temps à venir.

Elle peut me montrer la croix — comme moi-même, tout indigne que j'étais, je la lui montrai à l'heure de la mort... Au moment de rendre le dernier soupir, n'a-t-elle pas dit que nous nous retrouverions ? C'est bercée par cette espérance qu'elle soit endormie dans la paix. Dieu aurait-il permis qu'elle me quittât ainsi avec un calme qui n'aurait eu pour cause qu'un mensonge, une illusion misérable, et cela à l'instant même où elle allait paraître devant lui... Non ! c'est là une chose complètement impossible ! La conclusion de tout ceci ne doit pas se faire attendre... Eh ! cependant, je n'ose pas la tirer.

. . . .

Voici que de nouveau l'enfer est sous la pression d'un pressentiment vague, encore indistinct, mais réel pourtant ; c'est qu'avant que le dernier mot ne soit prononcé — oui, avant la fin de tout — il y aurait une possibilité de rédemption. L'Espérance relève la tête, timidement sans doute... mais elle la relève, et c'est l'Espérance ! Dieu ne pourrait pas, étant ce qu'il est, permettre que des millions d'âmes infortunées fussent égarées par ce rayon d'en haut, s'il n'était qu'une déception... Il est le Dieu de la justice, et il donne à nos actes la rétribution qui leur est due. Mais il est aussi le Dieu de la pitié et de l'ineffable tendresse, et il ne peut trouver sa joie dans notre malheur. Il est le Dieu de la vérité, et il ne peut vouloir nous nourrir avec des mensonges ! Mais n'est-il point possible que cette illusion fasse partie de notre châtiment, n'est-elle point d'ailleurs, comme tant d'autre chose, le résultat d'une vie livrée tout entière aux déceptions du péché... Ah ! malheur à moi ! qu'est-elle devenue cette espérance qui, pendant un instant, illumina mon âme, comme par un reflet de l'éternité ?... Elle est partie... elle est partie, comme un crépuscule trompeur qui s'évanouit dans la nuit.

Je m'arrête... mon cœur se briserait si quelque chose pouvait se briser ici... Hélas non ! Les cœurs dans l'enfer sont assez solides pour porter le poids de toutes les misères ! Vous figurez-vous que tout ce que je vous écris là, je l'écris dans une agonie désespérée... Si vous pouviez me voir, vous vous détourneriez de moi, en frémissant d'horreur !...

bien que vous me donniez encore le titre d'ami. —
Ah ! puisse le ciel vous préserver de me voir jamais !

Mais j'oublie que je voulais finir cette lettre...
Il se passera longtemps, bien longtemps peut-être,
avant que vous n'entendiez parler de moi... si
vous en entendez jamais parler ! Je veux encore
vous appeler ami, bien que, si tout périt, l'amitié
doive périr aussi.

Adieu donc, mon ami, et fasse le ciel que nous
ne nous revoyions jamais !

. . . .
. . . .

J'écrivais ces lignes au moment où la nuit terrible étendait ses ailes sombres.... Oh ! comme je craignais de la voir s'abattre sur moi... c'est que chaque retour de l'obscurité nous apporte un nouveau, désespoir, une nouvelle agonie. Aussitôt que la lumière a complètement disparu, tout ce que notre imagination a longuement entassé dans l'enfer disparaît, comme balayé par un vent de tempête. Les villes, les châteaux, les maisons, les parcs, les églises, les clubs, tout s'évanouit, ne laissant à sa place qu'un désert vide et des âmes privées de tout, excepté de l'existence. L'enfer est alors comme une vaste prison, dans laquelle hommes et femmes, riches et pauvres, errent comme ils feraient dans un lamentable isolement. Tant que la lumière dure encore, si faible qu'elle soit — on peut s'arranger comme on l'entend ; on possède, ou, plutôt, on croit posséder tout ce que l'on désire. — Illusion si l'on veut ; mais, du moins illusion qui occupe ! Mais la nuit, la terrible nuit n'admet pas cette jonglerie,... Elle me laisse nu, pauvre, abandonné, sans foyer, sans amis, livré à la plus amère réalité. Je tremble dans mon misérable. moi, ne sachant ni qui je suis, ni qui peut bien être à mes côtés. Et je ne désire même pas le savoir... En réalité je ne sais qu'une chose, — et cette chose remplit ma pensée!... C'est que je suis dans le séjour des âmes perdues — perdu moi-même !

Les pensées mauvaises font le siège de mon âme, comme les impitoyables Romains firent autrefois le siège de la malheureuse ville de David. Ce siège aussi finit par une terrible destruction, et un paroxysme de souffrance comme le monde n'en vit jamais.

Comme il m'était arrivé jadis, je passai cette longue nuit, à frissonner, à trembler sous l'action du froid extérieur, tandis qu'un feu interne, me dévorait de ses ardeurs. Vous dites dans le monde, et vous avez raison de le dire, qu'il y a des batailles dans lesquelles succombent les hommes mêmes les plus forts. Eh! bien, ces terribles batailles nous semblent maintenant se présenter dans des conditions particulièrement heureuses, car la lutte prend une fin, comme si elle était trop bonne pour l'enfer. Il n'y a ici que de la rage et de la folie, — une sorte de suicide moral — mais il n'y a pas de lutte pour la victoire. Ici l'esprit est une victime abandonnée par toutes les puissances du bien. Chaque misérable petit démon a la permission d'enfoncer ses misérables crocs dans l'âme sans défense. Entendons-nous bien, pourtant ; ceci n'est qu'une manière de parler. Il n'y a autour de nous, d'autres démons que nos passions mauvaises, nos désirs coupables et nos pensées corrompues. Satan vient bien ici parfois ; mais, grâce à Dieu ! il n'a pas encore de pouvoir définitif sur nos âmes.

Il était présent dans cette nuit de malheur. Il était venu voir les infortunés qu'il aime à considérer déjà comme lui appartenant. Généralement — je ne dis pas toujours — il choisit les heures d'obscurité pour faire ses visites. Pareil à quelque tourbillon soudain — que l'on sent — mais que l'on ne voit pas — il arrive parmi nous, et l'enfer est glacé d'épouvante. Des milliers d'âmes frissonnent les unes contre les autres, dans l'agonie d'une inexprimable crainte, sachant qu'il y a au milieu d'elles un être qui ne connut jamais ni la pitié ni la clémence — le grand destructeur, tout prêt à les détruire. Et voilà bien la chose effrayante, c'est que certain de sa présence, — hélas! ne la sentant que trop! — aucun de nous ne peut dire : Le voilà! le voilà! Vous entendez un pétillement, — comme celui du feu — des serpents de flammes sillonnent l'espace ténébreux, indiquant son passage... Mais où est-il, lui, l'ennemi redouté? A cet instant même son œil dévorant est peut-être fixé sur vous, jouissant de vos épouvantes!... Et vous ne pouvez pas le voir!

Je me tairai. Je ne puis pas m'appesantir sur ces horreurs: qu'il me suffise de vous dire que, de nouveau, je me sentis sous la griffe du Méchant, qui semblait jouir de mon angoisse. Cette illusion prenait toutes les formes. Je ne veux vous en faire connaître qu'une seule.

Il me sembla tout à coup que j'étais changé en un Océan sans fond, dans lequel mes péchés nageaient comme des poissons. Le diable était assis sur le rivage, jetant sa ligne, et se servant comme d'un appât, tantôt de tel mauvais désir, et tantôt de tel autre ! C'était un habile en son genre, et il happait ses proies coup sur coup. Tout à coup le bouchon flottant disparut, plongeant dans les profondeurs de l'abîme -- belle prise sans doute ! Bientôt, il retira la ligne d'un air triomphant... Oh ! Dieu bon ! C'était mon cœur qu'il avait pris... Mon cœur saignant et se tordant de douleur. Horrible ! n'est-ce pas ? Oui ! horrible... Laissez-moi tirer le voile !

Ceci n'est peut-être qu'un effet de mon imagination, peut-être aussi qu'un méchant passe-temps du démon se jouant de nos faiblesses ! Ce qu'il y a de vrai c'est que, cette nuit-là j'ai souffert mille morts...

Enfin, enfin ! au bout de combien de temps, je ne saurais le dire ; mais l'enfer se trouva rendu à son état ordinaire, sortant, comme par un bond vigoureux, de cet épouvantable rêve.

J'éprouvai alors comme un véritable soulagement, en me retrouvant livré à mes mauvaises pensées. Être livré à moi-même, quand j'y songe, ne pouvait cependant que m'être funeste... et c'était une joie pour moi ! Comme auparavant, toute ma vie passée se déroulait devant moi — péché par péché, faute par faute, me déchirant le cœur jusqu'à ce qu'il ne fût plus qu'une grande plaie saignante...

Mais, au milieu de toutes ces souffrances, j'éprouvais un désir plus ardent, plus profond que tous ceux que j'avais pu éprouver jusque-là. Ce que je regrettais, ce n'était pas la vie que je laissais derrière moi, — le monde était bien mort à mes yeux, et ses plaisirs avec lui — mais c'était d'une âme vivante que j'avais soif... d'une âme pour me comprendre... Lily... mon père... ma tante Betty... dont j'étais séparé pour toujours... puisqu'un profond abîme se creusait entre nous... mais ma mère... ma propre mère ! entre elle et moi il n'y avait que la mort... et n'est-ce point une admirable vérité qui se cache sous cette parole « l'amour est plus fort que la mort ! » N'était-ce point le plus puissant de tous les liens qui existait entre ma mère et moi... Un lien formé par la nature même... Qu'y a-t-il dans le monde entier de meilleur que l'amour d'une mère... que je voudrais donc revoir la mienne ! Où es-tu, ma mère ! ma mère, où es-tu ?

Et ici, c'était une nouvelle peine qui venait m'accabler !... Combien, pendant ma vie, j'avais mal récompensé son amour !... N'avais-je pas été tout pour elle ?... mais elle, s'il faut être vrai... elle était bien peu pour moi... Comme je l'avais mal jugée, quand je voulais apprécier les motifs de sa conduite, la regardant comme une froide mondaine ; comme une nature égoïste, recherchant bien plus l'approbation du monde que la satisfaction d'un cœur généreux ; comme une femme pour laquelle le christianisme n'était qu'une affaire de convenance, et chez qui la foi et la charité n'étaient pas assez fortes pour lui apprendre à faire le sacrifice du monde et d'elle-même ; mais qui n'hésitait point, au contraire, à faire sur les autels du monde, et pour son plus grand avantage, le sacrifice des choses les plus saintes.

Misérable ingrat que j'étais, quelles indignes pensées j'avais eues à son sujet... Je m'en repentais bien maintenant. A coup sûr, elle avait été la meilleure des mères... la plus parfaite des femmes... une créature aimante et bonne.

Ces pensées pénibles m'énervaient... Je me sentis faible jusqu'à la tendresse.

— O mère ! chère mère ! criait mon cœur avec des sanglots d'enfant... Peu m'importe que vous vous moquiez de moi, mais j'en arrivais à éprouver pour ma mère cet instinctif désir du bébé qui a faim du sein maternel.

Pour la première fois j'éprouvai un désir ardent de retourner sur la terre. Une indescriptible puis-

sance m'attirait vers elle, sans que je pusse résister.
Tous les instincts de la nature s'agitaient en moi,
battant des ailes, et me pressant de partir... J'en fus
quitte pour crier ces deux mots :

— Ma mère ! Ma mère !

. . . .

Le crépuscule ne répandait autour de moi qu'une
lueur douteuse. Mon œil découvrit une ombre accroupie, déformée, sanglotante, affaissée, écroulée
en quelque sorte, tout près de moi. A sa vue, une
pensée impossible, — qui me remplit d'effroi — me
traversa l'âme... tout mon cœur se souleva par
battements fous — on eût dit un Océan fouetté
par la tempête.

L'ombre fit un mouvement et se tourna vers
moi... Dieu du ciel, ce visage terrible, grimaçant,
déformé... C'était... oui c'était ma mère !

Je m'élançai loin d'elle, dans une fuite éperdue... ne pouvant pas, ne voulant pas croire...

— Mais qu'importait, hélas ! ô mon ami, que je
crusse ou que je ne crusse pas... *C'était* véritablement ma mère !

Pauvre, pauvre mère ! Le coup qui me tuait, —
si l'on peut vraiment se servir ici d'un pareil mot,
— c'était ce dernier coup... Je croyais avoir

connu l'excès de la douleur... C'était cette épouvantable vue qui me le révélait...

Que vous dirai-je de plus ? les paroles sont impuissantes... le désespoir de l'enfer est une chose que vous ne pouvez comprendre. Ce serait, n'est-il pas vrai, une bien triste consolation, si, également malheureux ; nous pouvions du moins pleurer ensemble, et nous soutenir l'un et l'autre dans notre commune douleur... Mais cela même nous est refusé... Nous n'avons pas de larmes... et il n'y a pas ici de sympathie, puisqu'il n'y a plus d'amour. Nous ne pouvons que gémir l'un à côté de l'autre, pendant des siècles sans fin — chacun se renfermant en soi-même... Car ici, la compagnie est plus fâcheuse encore que la solitude. Nous n'avons plus un mot à nous dire... Nous n'osons même pas nous regarder... entre nous, tout est froid... tout est mort... Chacun de nous porte dans son âme le tourment du feu qui le dévore... et ce feu, qui jaillit de nous, est pareil à la lave qui jaillirait d'un cratère rempli des cendres du désespoir...

Mais je ne puis plus... Adieu, adieu !

FIN.

www.ingramcontent.com/pod-product-compliance
Lightning Source LLC
Chambersburg PA
CBHW050920230426
43666CB00010B/2255